JN117006

麒麟

エルフ

ペガサス

アピス

ケンタウロス

タイタン

グリフォン

ガルーダ

パーン

しょう！

本書には、あなただけの価値あるものを見つけるためのヒントが、たくさんちりばめられています。そのヒントを通して、「本当の自分を生きる」、「自分軸で生きる」ことへの目覚めが得られるでしょう。

そして、あなたの運気の流れを先読みすることができれば、あなたの個性は輝き、自分の本領を遺憾なく発揮することができるでしょう。

夢が叶うのです。

私は、長年にわたって直感やサイキック能力を深めた結果、ついに天からインスピレーションをもらいながら、本書を書き下ろすことができました。

大事なのは、目には見えない世界、神聖な世界を信じ、心を開くこと。

聖獣からの愛と導きに対して、感謝の気持ちを持つことです。それはつまり、あなた自身を信じることにもつながります。

本書が、あなたの資質を発見し、伸ばすことを助けてくれる最強のツールになれば幸いです。

本書を、聖なる神秘を愛するすべての方に贈ります。

もくじ

Ⅳ

27宿の聖獣 その特徴と運気の流れ・開運ポイント

I

シャングリラ占星術の世界

シャングリラ占星術の誕生

シャングリラ占星術は、この世でただ一つの「あなたの理想郷を探す」占いです。

あなたを守護する美しい聖獣が、その理想郷へとナビゲートします。

シャングリラ占星術は、宿曜占星術を基にしています。

宿曜占星術は、数ある東洋占星術の中でも的中率が高いといわれているもので、その起源は今から約３０００年前、インドで暦として発祥しました。日本には、平安時代（今から約１２００年前）に遣唐使として中国に渡った弘法大師空海によって伝えられました。

正式な名称は「文殊師利菩薩及諸仙所説吉凶時日善悪宿曜経」といいますが、あまりにも長い名前なので、「宿曜経」と呼ぶのが一般的です。

当時は「陰陽道」が平安貴族の間で大流行し、政治の判断基準として重宝されていましたが、「宿曜経」もそれと人気を二分するくらいに広まりました。

紫式部『源氏物語』の主人公である光源氏も、宿曜占星術からそのキャラクターが生み出されました。物語の中で「宿曜のかしこき道の人」と記述があることからも、その評判を知ることができます。

また、戦国時代には、武田信玄や徳川家康などの各武将が戦術として用いました。

宿曜占星術は月の公転周期（27・３２１６６２日）を基にした占いであり、月の満ち欠けが織り成す運命のリズムを伝えるものです。

月が地球の周りを一周する軌道を27に分けて「27宿」とし、生まれた日に月がどこに宿っていたかであなたの宿星（本命宿）が決まります。

月の運行と太陰太陽暦（旧暦）を基に、あなたの今後の未来の運勢を詳細に見ることができるのです。

諸説ありますが、「七福神」も宿曜占星術から生まれたといわれています。

「七福神」は福をもたらしてくれる神様で、最も庶民的な信仰です。日本の宗教の特徴は神仏混交・神仏習合といわれるように、神様と仏様が渾然と融合しています。「七福神」もその一つで、インド・中国・日本といった国境を超えた神仏が集まったものです。

宿曜占星術は的中率がとても高く、占いファンにも人気があります。私もこれまでに、関連の本やオラクルカードなどを数冊リリースさせていただきましたが、名称が難しいとか、漢字ばかりで面食らってしまうとか、さまざまなご意見がありました。

そこで、本書では、宿曜占星術の27宿を天からのインスピレーションを得て27の聖獣に分類し、わかりやすく、そして美しくキャラクター化しました。

ワールドワイドな27の聖獣

シャングリラ占星術に登場する聖獣たちは、日本、中国、インド、エジプト、ヨーロッパなど、さまざまな国で、今もなおその風土に根付き、愛されています。

たとえばインドでは、「アバターラは聖なる不死の存在」と考えられていて、アバターラは、アバター（分身、化身）として知られている言葉です。

シャングリラ占星術では、世界各国で愛され続けている神の化身を27の聖獣として発動させます。

あなたを守護する聖獣を通して、あなたは本当の人生の目的（Life Purpose）に気づかされ、自信を持って前に進むことができるでしょう。

シャングリラ占星術は、こうした世界各国の聖獣の叡智を結集した、地球単位の占いなのです。

シャングリラ占星術の使い方

巻末にある早見表で、あなたの生年月日から27宿を割り出してください。各宿の聖獣は左の一覧の通りで、たとえば「昴宿」なら「麒麟」、「参宿」なら「ハヌマーン」となります。

27宿と27の聖獣

1 昴宿 麒麟
2 畢宿 エルフ
3 觜宿 グリフォン
4 参宿 ハヌマーン
5 井宿 セイレーン
6 鬼宿 ユニコーン
7 柳宿 龍
8 星宿 天狗
9 張宿 スフィンクス
10 翼宿 ペガサス
11 軫宿 アピス
12 角宿 ガルーダ
13 亢宿 鳳凰
14 氐宿 八咫烏

15 房宿 ガネーシャ
16 心宿 アヌビス
17 尾宿 ウロボロス
18 箕宿 フェニックス
19 斗宿 ケンタウロス
20 女宿 タイタン
21 虚宿 パーン
22 危宿 サンダーバード
23 室宿 バロン
24 壁宿 ニンフ
25 奎宿 人魚
26 婁宿 サラマンダー
27 胃宿 シーサー

風の時代とは

今、信じられないような出来事が次々に起こっています。

けれど、占星術の視点で見ると、これは前哨戦にすぎません。これから始まる数年こそが、歴史の上でも特筆すべき時代、そう、まさに未曾有の大変化の時代となるでしょう。

「風の時代」という言葉が流布しています。

占星術では、エレメント（火→地→風→水）の順に、大きく時代が転換していきます。

1842年から2020年までが「地の時代」で、2020年12月から2219年までは「風の時代」となります。

「地の時代」は物質世界、経済的な世界、つまり、市場経済が支配的な力を持つ時代であり、物質的、経済的な成功を美徳とした時代です。

この先、約200年以上続く「風の時代」の口火を切るタイミングは、2020年12月22日です。

では、私たちが足を踏み入れる「風の時代」とは、どういう世界なのでしょうか。

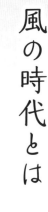

「風の時代」のキーワードは、知性・コミュニケーション・自由・移動・理想・希望・変革などです。

「風の時代」に向けて、社会の構造や価値観が大きく変わりつつあります。YouTubeやTwitterなどで一個人が全世界にメッセージを発信することができるようになり、十数年前であれば大きな組織や企業にしかできなかったことが、個人でも可能になりました。

風の時代は、社会の基本的な構造やしくみが根本的に刷新される、社会構造の大転換の時代となります。

経済的な危機や紛争、さまざまな混乱はまだ続きますが、その一方で、新しい希望を示しています。次の社会のヴィジョンを示す人が出てきたり、画期的なテクノロジー、エコロジカルな意識の本格的な目覚め、新しい連帯の誕生などが起こる予感がします。

いずれにしても、これまでとはまったく違う時代が始まりつつあるのは確かです。

この風の時代の根本的な刷新とは、モノやお金よりも情報や人脈に価値を置く時代といえます。今まで当然と思われていたことが劇的に変化する、大きなパラダイムシフトがすでに起こり始めています。

既存の文化に対して反旗をひるがえす運動は、いつの時代でも繰り返されてきました。

しかし、２０２０年12月22日以降の反体制的な宇宙の活動は、とても壮大に、グローバルに展開していきます。そしてすでにそれは、誰の目にも明らかになってきています。

「風の時代」になると、人はこれまで自分を縛っていたものから解放され、新しい環境を手にすることになります。「もっと自由に正直に生きたい」と願う人が増えてくるでしょう。

それは、一人一人の個性を自由に発揮できるようになる、美しいシャングリラの世界です。

誰かの役に立つことに意義を感じ、世界の人たちとつながり、その体験を通してみんなで成長できる喜び、そんな欲求が強まる世界がやってくるでしょう。

風の時代の3つのキーフレーズ

風の時代を生きるうえで大切なキーフレーズは、

「I think（私は考える）」

「I balance（私は調和する）」

「I know（私は知る）」です。

この3つのキーフレーズは、今後の約2世紀にわたり、天から降り注ぐ大切なメッセージでもあります。

1「I think（私は考える）」

数えきれないほどの情報収集と試行錯誤の結果、ひらめきが生じます。この考える作業と体験を通して、新しいアイデア、オリジナルな答えに到達します。人は思考と洞察を繰り返すことで、理解することができるのです。

風の時代に大切なことは、アインシュタインの言葉を借りれば「疑問を持ち続ける」ことです。その神聖な好奇心を失ってはならないのです。

Ⅰ
シャングリラ占星術の世界

あなたは、この社会の中で、あるいは今の状況の中で、満足していますか？「満足している」と自信を持って答えられる人は、少ないと思います。多くの人が、「何かが違う！」と疑問を感じているのではないでしょうか。今の状態に対して、どこかで不満を持っていると思います。「こんなはずではない」、「何かが間違っている」という不条理の感覚です。

その不満は、社会に向けられることもあるでしょうし、家族に向けられることもあるかもしれません。また、自分自身の現状に向けられていることもあるでしょう。

こんなふうに「世の中は不条理だ」とか、「変革したい」、「変わりたい」と真剣に考え始めた人であれば、2020年以降の風の時代はとても生きやすくなります。

それとは逆に、与えられた環境の中で「何も考えずに生きていければいい」とか、「現状を変えたくない」という考えであれば、風の時代は生きづらくなるかもしれません。

何も疑わず社会の常識がそのままあなたの常識になっていて、その中で生きていくことに満足しているほうがラクなのはわかります。でも、時代のうねりは容赦なく今までの常識を打ち壊していくことになるでしょう。

実際、あなたの周囲には、そんなふうに漫然と現状を生きている人がたくさんいると思います。「何かが間違っているのではないか」とあなたが感じたとしても、「みんなそうしているから」と、諦めてしまうこともあるでしょう。

でも、風の時代は「みんなそうしているから」ではなく、「自分がそうしたいから」と、自分の頭で考えて行動することが何よりも大切です。

シャングリラ占星術では、あなたらしい考え方ができるヒントを、たくさんちりばめています。

あなたらしい人生への働きかけが、「風の時代」を生き抜くための最初の一歩になるでしょう。

2「I balance（私は調和する）」

この変化の激しい時代において大切なことは、疑問や好奇心を通じて自分自身への理解を深めることです。そして、愛を持って他者と意見を交換しながら、周囲と調和することです。

神羅万象の自然の法則に素直に従って生きていれば、あなたの持って生まれた人生の目的（Life Purpose）は達成しやすくなります。自然の法則の中で調和の取れた方向に意識を向けない限り、いずれは消滅してしまいます。

この自然の法則、そして調和の取れた生活をするうえで、最も大切なことは「食」です。

日頃からバランスの良い美味しい食事を摂ることで、病気を予防し、治療しようとする考え方を「医食同源」といいます。

この「医食同源」という言葉は、中国の薬膳の思想から着想を得ていて、この言葉が一般的に使われるようになったのは、意外にも1990年代に入ってからとのこと。

食は、あなたの運命と深い関わりがあります。

飽食の時代に生きる私たちは、食に対してかなり無頓着になっていて、「お腹がいっぱいになればいい」とか、「美味しければ何でもいい」など、食べたものが自分の命にどんな影響を与えているか、あまり考えていない人が多いのではないでしょうか。

私たちが口にするあらゆる食材にはエネルギーが宿っていて、そのエネルギーの波動には、高いものと低いものがあります。食材は、自然のリズムに近いほど波動が高いのです。旬の食材が、いい例です。

波動の高いエネルギーとは、優しさ、豊かさ、溌剌さなど、元気の源となるエネルギーのことで、周波数の高いものを食べていると、幸せになるエネルギーが自然に出てきます。つまり、調和が生じるのです。

反対に、低いエネルギーのものを食べると、どんよりした気持ち、落ち込み、イライラなどが生まれやすくなります。

もちろん、現代の暮らしの中で、添加物を完全に避けることは難しいですし、忙しくてカップラーメンやコンビニ食が続くこともあるでしょう。

でも、そうしたバランスを欠いた食事ばかり摂り続けていると、命の持つエネルギーが鈍くなってしまいます。

命のエネルギーが鈍くなると、嬉しいことがあっても心が何も感じず、「それがどうしたの?」となってしまうでしょう。すると、幸運のチャンスが来ても、それを感じられなくなってしまうのです。

このように、食べ物は私たちに栄養を与えるのと同時に、実はとても密接に、心や性格、運命と関わっているのです。

本書では、私が日頃実践している開運食を、27の聖獣別に解説しています。「食」をきっかけに、風の時代に必要なバランス感覚に意識を向けるよう、心がけましょう。

3「I know（私は知る）」

私たちは皆、存在している限り、「答えを知りたい」という欲求があります。「自分には何が必要なのか」、「自分は今どうすればいいのか」など、欲求はさまざまです。

しかし、風の時代は「答えのない時代」といっていいでしょう。社会レベルで見ても、国際情勢から為替の変動、そして新型コロナウイルスまで、未知なことや予測不能なことばかりです。個人レベルでも、働き方、学び方、家族のあり方、育児、恋愛など、何一つ「これが絶対に正しい答え」なんてものはありません。

では、答えのない風の時代に必要になるのは、どんな能力なのでしょうか？

それは、考え方の軸を持つことです。絶対にこれが正しいという一つの答えを追求するよりも、いかに自分の頭で考え、自分で判断して行動するかということが、とても重要です。

自分にないものばかりを外に求めてしまうのは、愚の骨頂です。それよりも大切なことは、「今の私はどんな生き方をしたいのか」と考えることです。

また、「どうすればいいかわからない」と子どものように周囲を困らせて駄々をこねるのではなく、

「未来の私はどうなっていたいのか」という問いかけをし、自分の頭で考えてみましょう。「社会がこうだから」とか、「人がこうしているから」なんてことは関係ありません。風の時代は、ステータスよりも「どうありたいか」というスタンスがとても大事なのです。

今ある幸せを見ようとせず、自分にないものばかりを求め、欲しがるようでは、到底「あなたの理想郷」シャングリラの世界に辿り着くことはできません。それどころか、何もかもがズレてしまって、とんちんかんなことばかりが生じてしまいます。

そんな間抜けな人生にならないためにも、風の時代に向けて、あなたの本当のスタンス（あり方）に意識をフォーカスしましょう。

Ⅱ

エレメントで見る
あなたのタイプ

エレメントで見る
あなたのタイプ

各宿の〈ラッキースポット〉でも明記しているエレメントは、あなたの根源的な本質を表しています。

エレメントは、燃え上がる「火」、肥沃な「地」、吹き抜ける「風」、流れる「水」の4つで構成されています。

さらにこれらのエレメントが混ざり合うグループもあり、27の聖獣は7つのグループに分類されます。

火

本能で動く直感タイプ

エレメント「火」を持つ聖獣は、**天狗・ウロボロス・サラマンダー・スフィンクス・フェニックス・シーサー**です。

この聖獣たちは、理屈ではなく自分が「これ！」と思ったら、本能で行動を起こす直感タイプ。「思い立ったが吉日」とばかりに、いつも忙しくしているのが好きなので、自然と人の上に立つリーダー的存在に。周囲からは頼りにされ、何かと相談役になることもしばしば。

人生の目的においては、ひとたびその目標が決まると、周りがなんと言おうとどこまでも突っ走っていく情熱的な人です。

トップランナーとして、我が道を突き進むことこそが、「火」の聖獣たちの真骨頂なのです。

火と地

目標さえ定まれば、どんな大きな山でも動かせる

エレメント「火」と「地」を持つ聖獣は、**麒麟・ペガサス・ケンタウロス**です。

「火」と「地」は活火山のような働きが特徴。「火」の力でダイナミックに未来を切り拓きながら、「地」の安定の働きで土台も形作っていく、まるで破竹の勢いで進む長距離ランナーのようでもあります。

また、とても鼻が利くので、実益のチャンスは逃しません。

人生の目的においては、その「地」の粘り強さと「火」の行動力が良い作用となり、どんな大きな山でも動かしていきます。

「どう考えても無理でしょ」という大きなプロジェクトでも、力技で成し遂げて、後に語り継がれることもありそうです。

また、「火」のひらめきを地上に下ろし、「地」の実現させる能力を発揮する、魔術師のようなタイプでもあります。

地

現実的、実際的な人

エレメント「地」を持つ聖獣は、**エルフ・アピス・タイタン**です。

本物志向で職人的。また、現実的かつ論理的な思考の持ち主で、地に足を着けて生きていく堅実な働き者です。

何事も、自分の人生においてプラスになるか否かを、冷静な目で判断します。常にきちんとした分別を持ち、誠実な人間関係を築いていくので、周囲からの信頼は抜群です。

人生の目的においては、「今、ここにある現実」を楽しみ尽くし、大地に根付いた行動をします。

一度目標を定めたら、どんなに時間を要してもやり遂げる堅い意志が特徴。モノにもお金にも困らない人生ですが、その安定欲求が強まりすぎると、新しいことにチャレンジできないこともありそうです。

地と風

複雑怪奇な人

エレメント「地」と「風」を持つ聖獣は、**グリフオン・ガルーダ・パーン**です。

「地」の計画性と、「風」の理想がプラスに作用すれば、壮大な理想やビジョンでも形にしていきます。

ただ、性格に二面性があり、夢も大きいため、ままならぬ現実に苛立ちを感じて、言っていることとやっていることが、ときにちぐはぐに。その結果、理想と現実がぶつかり合って、アンビバレントな行動を取ってしまう場面も多そうです。

「風」は情報、「地」はお金を意味するので、人生の目的においては、情報をお金にしていきます。

また、「風」は世の中の動向や流行を意味するので、その流れをつかむ能力もピカイチです。風に乗って大地を移動する、渡り鳥のような人生を送ることも。

風

風

知的な
コミュニケーションの達人

エレメント「風」を持つ聖獣は、**ハヌマーン・鳳凰・サンダーバード**です。

好奇心旺盛で利発なタイプ。コミュニケーション能力に長け、言葉の使い方が巧み。最先端の情報をキャッチする能力もズバ抜けていて、その情報を元に人と人をつなげていくマッチングの才は抜群。「なぜこんな人と!?」と驚くようなネットワークを持てるのが、最大の強み。

人生の目的においては、変化や刺激を楽しみ、大いなる自由を確立すること、また、既成のルールや道徳観念を壊して新しくしていく使命があります。

クレバーで創意工夫が得意なので、どんな場所でも生きていけます。

「風」はものを冷やし、乾かす動きから、クールでドライな人が多く、暗い感情やドロドロとした関係は苦手です。

でも、人の感情と向き合うことが、あなたの人生の「裏テーマ」かもしれないことを忘れずに。

風と水

冷たいけれど優しいツンデレな人

エレメント「風」と「水」を持つ聖獣は、**セイレーン・八咫烏・バロン**です。

言葉巧みな「風」と愛情豊かな「水」の両方を持つあなたは、ときに知的でクール、ときにロマンスに酔いしれるような「ツンデレ」タイプ。

遠くまで見渡せる「風」の未来志向と、目に見えない世界への理解が深い人です。

「風」の時代をキャッチする能力と、「水」の芸術的な感性で、時代に合った、そのときベストな器に持ち前の能力を注いでいく役割があります。

人生の目的においては、ファンタジーとサイエンスといった対極にあるものを融合させて、流行らせる使命があります。

異質なもの同士を組み合わせ、そこから多彩な可能性を見出していきます。甘えたいけどベタつかれるのが苦手といった矛盾がジレンマになりがちですが、結論からいうと、理性で割り切ったほうが成功するタイプです。

水

繊細で敏感な芸術家

エレメント「水」を持つ聖獣は、**ユニコーン・龍・ガネーシャ・アヌビス・ニンフ・人魚**です。

心のひだでさまざまなことを感じ取る、感性豊かな人。

芸術、スピリチュアル、音楽や詩など、ファンタジーやクリエイティブな世界でセンスを発揮します。どこか神秘的で人を惹きつける魅力があり、現実よりも愛に生きる道を選ぶ場合も。

人の気持ちを何よりも大切にしたい「水」の働きが強まりすぎて、ときに相手に依存したり、他人軸で生きてしまうことも。

人生の目的においては、喜怒哀楽といった感情を震わせるような豊かな人生を歩む傾向が強く、そんなあなたの一生は、愛を求める巡礼の旅ともいえそうです。

境界線が曖昧なため、いろいろな人の言い分に振り回されたり、良くも悪くも周りの影響を受けやすいのが特徴です。

Ⅲ

9年間の運勢のサイクルについて

9年間の運勢のサイクルについて

毎年の運勢は、旧暦を基に2021年は觜宿そして2022年は参宿と、順に廻っています。年運の切り替わるタイミングは、旧正月です。たとえば、2021年の旧暦の元日は2月12日に当たります。よって、このタイミングから觜宿の年へと切り替わります。

運勢ワードは命・業・胎・親・友・壊・成・危・安・衰・栄の11で、主な年運の内容はこちらのページで確認できます。

「Ⅳ」では、9年間の運勢を27の聖獣別に詳細に解説していますので、そちらもご参照ください。

「命」の年

2021年　觜宿　2月12日～
2022年　参宿　2月1日～
2023年　井宿　1月22日～
2024年　鬼宿　2月10日～
2025年　柳宿　1月29日～
2026年　星宿　2月17日～
2027年　張宿　2月7日～
2028年　翼宿　1月27日～
2029年　軫宿　2月13日～

28年に一度訪れる「命」の年は、「現世のターニングポイント」となります。

生まれ直す年となるので、人生設計の見直しなど、基盤作りに最適です。物事の優先順位を見極める力を持つことが課題となります。運命のリズムにのる秘訣は、何となく過ごすのではなく、しっかりとした目的意識を持つこと。計画の軌道修正を行うのも得策です。そうすることで、人生を切り開くきっかけが得られ、将来につながる道が鮮明に見えてくるでしょう。

仕事面は、オンとオフの切り替えを上手にコントロールして、必要なものと不要なものをはっきり区別しましょう。また、能力を超える仕事量を割り振られる暗示があり、ストレスを感じることも。何事も自分のテリトリーを守り、手を広げすぎないようにしてください。

恋愛面は、運命に導かれて、ごく自然に恋が始まる暗示があります。深い絆やシンパシーを感じる相手が現れたら、気負いなく自然体で接してください。

ちょっとしたことに感動し、その幸せを積み重ねていけば、やがて大きな幸運に辿り着くでしょう。

「業」の年

28年に一度訪れる「前世のターニングポイント」となります。

過去から学ぶことが多く、あなたの背負う宿命が最も鮮明に現れる年となるでしょう。

運命のリズムにのる秘訣は、物事の重要性と優先順位を見極めて行動すること。過去にやってみたかったこと、叶えたかった希望があるなら、果敢にチャレンジしましょう。

仕事面は、大吉、飛躍の年となります。プランの推進や事業展開は、人生を飛躍させる契機となるでしょう。

あなたを中心に新たな旋風が巻き起こる暗示があるので、仕事に勤しめば予想以上の収穫があります。

恋愛面は、同僚の関係から、ひょんなことがきっかけで恋愛関係に進展する暗示があります。

相手を束縛したり制約したりするのではなく、付き合うことでお互いがプラスに発展するような関係を目指しましょう。

「胎」の年

28年に一度訪れる「来世のターニングポイント」となります。

運命のリズムにのる秘訣は、自分の未来の夢やビジョンに対して目を向けること。そうすることで、人生の次なるステージへとランクアップするチャンスに恵まれるでしょう。

仕事面は、新しい未来を手に入れたいなら、何らかのアクションを起こすことが大事。不要なものは整理して新しい挑戦をしたり、感覚や心の反応に目を向けたりしましょう。そうすることで、新天地や転職への足がかりが得られることも。

恋愛面は、この時期の人との出会いや交流は、運気を上げる最も重要な要素となります。相手のスケジュールばかりを気遣っていては、恋の進展は望めません。会いたいと思う気持ちを抑えないで、素直にアプローチすることが大事。

「親」の年

満ちた交友関係の発展が期待できる、運気最高の時期。情熱の向かう先に、最大のチャンスが待っています。

これまで頑張ってきた人は、大きなご褒美が与えられるでしょう。新しい出会いがきっかけでアイデアや才能が開花するなど、刺激的な連鎖反応が起こる暗示も。

運命のリズムにのる秘訣は、同じ志を持つ人と共に行動すること。新しい感動や喜びを共有でき、有意義な時間を過ごすことができます。

仕事面は、目標を達成するために何をすべきか、長期的な見地に立って考え、行動を開始するとよいでしょう。体力、気力共に上昇しているので、トラブルや困難な状況も難なく突破できます。

恋愛面は、自分から積極的に交流の場に出向いて、アグレッシブな行動力で幸運をキャッチしてください。ワンランク上の異性を狙ってみるのもいいでしょう。

「友」の年

文字通りコミュニケーション運が最高で、対人運、恋愛運共に上昇する幸運期です。

運命のリズムにのる秘訣は、出会いのフィールドを広げること。そうすることで、周囲に良い影響を与えることができます。また、行動力がチャンスの底上げを促す鍵となるでしょう。

仕事面は、ソフトで明るい物腰で対応し、人間関係の潤滑油のような役割を果たすことで、円滑に運びます。未知の分野の仕事や趣味に果敢に挑戦してもＯＫ。

恋愛面は、恋の応援者が現れる暗示があり、人との結びつきが生まれやすい時期。新たな恋の出会いも期待でき、舞い上がるような刺激的な恋愛が期待できそう。好きな人への告白も成功しやすいでしょう。また、友達から恋愛対象に変わる暗示もあります。

「壊」の年

災いを招きやすい時期です。波乱含みでなかなか思うような成果が得られないでしょう。仕事、人間関係、ライフスタイルなどのほころびや問題点が浮上する暗示があり、愕然とする場面に遭遇する

ことも。

運命のリズムにのる秘訣は、自分より他人や周囲のことを考えて、謙虚な姿勢を心がけること。「壊」の年だからといって、自暴自棄に陥る必要はありません。災難回避のキーワードはスクラップ・アンド・ビルドです。不要なものは処分して、新境地を切り開くための準備に勤しむことが大事です。

仕事面は、できる人のやり方や処世術を素直に受け入れることで、破壊運を払拭することができるでしょう。極力新しいことを始めないほうが得策です。

恋愛面は、悪縁がつきやすいので、誘惑は最初の段階ではっきりと断るようにしましょう。破局の暗示もあり、今までの状態が維持できなくなったり、つまらないことが原因で取り返しのつかない事態になる場合も。

「成」の年

何かを始めることに適していて、努力が実る時期です。とくに学業、仕事運が上昇するので、知識のブラッシュアップや高度なスキル、ライセンスの取得などすべて吉。

運命のリズムにのる秘訣は、自分の才能発掘のための投資を惜しまず実行すること。そうすることで、モチベーションがアップし、創造的な活躍が期待できるでしょう。

仕事面は、計画実現への情報収集に勤しむことで、運気はさらに上昇します。保証のない冒険に、あえてチャレンジすることで、払った犠牲以上の幸運が訪れるでしょう。

恋愛面は、欲望のままにやりたい放題になる危険性があり、これまで付き合ってきた異性とはまったく違うタイプに心を強く揺さぶられることも。

また、道半ばで閉ざされた関係に、復活の暗示があります。

「危」の年

公私共に刺激に満ちたエキサイティングな時期ですが、調子に乗りすぎると失態を招くこともあり、欲望に駆られて慢心する危険性があるので、自分なりに歯止めをかける努力を。

運命のリズムにのる秘訣は、活躍の場が増えても立場を鼻にかけず謙虚な態度を心がけること。今までとは別のやり方を試みるなど、自分と異なった考えを持つ人と交流することも大事。

仕事面は、本業とは別のビジネスや活動に興味を持つことが増えますが、機転が利く時期なので両立を図ってもOKです。

恋愛面は、行く先々で素敵な異性に出会える暗示があり、お手軽な恋を楽しむチャンスです。ただし、三角関係や不毛な関係に発展しやすいので注意して。

「安」の年

基盤作りのための出費は、開運へと導かれるでしょう。家や土地、車や家電など、大きな買い物をするのに適しています。

運命のリズムにのる秘訣は、興味を持ったことはあれこれ考えず即行動に移すこと。自分の欲求に素直に従うことで、存在感が高まり充実した日々を過ごすことができるでしょう。

仕事運は、自分の考えやアイデアをまとめたり、方向転換などをすることで、大きな成果が得られるはず。また、この時期に没頭したことは、将来必ず役に立つので、知識欲を旺盛に働かせましょう。

恋愛面は、ドラマティックな出会いや刺激的な展開を求めるより、精神的なつながりを求めてみましょう。悲しみも苦しみも共に味わい、支えたいと思う異性に出会ったら、迷わず関係を深めてください。注いだ愛情や優しさは、それ以上の形となって返ってきます。

「衰」の年

葛藤や不満が渦巻き、悩みが絶えないでしょう。努力が徒労に終わることが多い時期なので、新しいことを始めるのには向かない年です。

運命のリズムにのる秘訣は、無駄を淘汰して、等身大の自分に目を向けること。好きな趣味に没頭することが運気の充電になるので、習い事やスクール通いを始めるのは吉です。

仕事面は、不本意な現実や不当な評価に対して抗議しても、残念ながら勝ち目はないでしょう。状況を受け入れ、基本に立ち返って努力する必要があります。

恋愛面は、普段なら取らない行動に出たり、アンモラルな衝動に駆られることが多いかも。相手の些細な言動が鼻についたり、浮気を疑って勝手に妄想を膨らませて落ち込んだり、なかなか相手の気持ちを気遣うことができないでしょう。修復困難な関係には、冷却期間を置くことが得策です。

「栄」の年

結婚、留学、独立など、人生の岐路となる決定は大吉。勢いのある時期なので、予想以上のチャンスが舞い込むでしょう。

運命のリズムにのる秘訣は、ワンランク上のライフスタイルを目指すこと。そうすることで、ポテンシャルが上がり、華々しい幸運へと導かれるでしょう。

仕事面は、直感が冴え渡り、絶好調の時期。スキルのブラッシュアップが期待でき、現職ではポジ

ションアップが実現するでしょう。

モチベーションが上がる時期なので、ハードな予定も難なくクリアできるはず。

実績が認められて念願の異動や転職が実現したり、昇給や昇格が叶ったり、ラッキーなことが重なります。

ただし、突発的な出来事や事故には、若干の注意が必要です。

Ⅳ

27宿の聖獣
その特徴と運気の流れ・
開運ポイント

類いまれなる美のカリスマ

麒《き》麟《りん》（昴《ぼう》宿《しゅく》）

基本的性格

麒麟は極めて神聖な獣類の長。古くから麒麟の出現は、良いことが起こる吉兆として崇められました。そんな麒麟の守護を受けるあなたは、類いまれなる知力と美的センスの持ち主。礼儀正しくソフトな物腰で周囲を惹きつけます。

基本的に奥ゆかしく控えめですが、自分の信念を貫く軸の強さがあり、一度理想に目覚めると、勇気と燃えるような情熱を持って目的の達成に直進していきます。

とうてい不可能と思われるようなヴィジョンに向かって力を発揮していけるのが、麒麟の性質の最たるものでしょう。

でも、ときに繊細で、ときに大胆といった態度に出ることもあり、周囲からはそれがどっちつかずの態度と取られて誤解されるなど、八方美人と思われることも。

人生の目的と適職

麒麟は古くは、王が徳のある政治を行うときに現れる神聖な生き物とされ、救世主のように動乱の時代に姿を現すと信じられていました。そんな麒麟の守護を受けるあなたは、目上からの引き立てによる強い出世運を持ち、環境にも恵まれる運を持っているので、エリートコースをひた走るような人生です。

麒麟がすべての聖獣を束ねるように、あなたには本質を見分けながら、組織を束ね統率する役割があります。幼少の頃から秀でた才を示す子どものことを麒麟児と呼ぶように、優れた知恵を武器に人生を切り拓いて行くでしょう。

そして、忘れてはならないテーマは優美や耽美といった「美」です。「美しくあること」、それが結果につながり得る道なのです。芸術、芸能関係、美容関係、文筆業、評論、翻訳関係の分野にも向いています。とくに味覚が敏感なので、「食」に関与する仕事は有益です。

恋愛

セレブ思考で洗練された雰囲気を醸し出しているので、異性からの憧れの的になるケースが多い。年上からは可愛がられ、年下からは慕われるのは、本来の育ちの良さの表れでしょう。

ときに異性との交流も積極的で、快楽に走ることもありますが、どんなに楽しんでいるように見えても、他人が入っていけない閉ざされた部屋が心の奥に隠されています。そんな、慎重で臆病な一面を隠し持っているので、煮え切らない行動で相手をイラつかせることも。

ただ、一度心を許すと一転して、生涯を通して愛を貫きます。でも注意しないと、その貫く愛は独占欲や嫉妬心といったマイナス面となって、相手も自分自身も縛ってしまうことに。

開運食

暴飲暴食、食品添加物の摂りすぎに注意しましょう。腸に溜まる毒素は、肝臓にも脳にも影響し、心を痛めます。消化補助食品であるキャベツ、昆布、オクラなどを多く食べて腸壁を保護することが大事。また、食物繊維が豊富なミックスビーンズは、混ぜるだけでサラダとしてすぐに食べられるので、毎食の一品に取り入れてみましょう。

ラッキーアクション

ラグジュアリーな最高級の施設、ホテルなど、外界の喧騒とは一線を画した心地よく静かな美空間で、豊かなひとときを過ごしてみましょう。最高のホスピタリティーを受けることで運気がアップします。また、オーダーメイドなど、あなただけの服を仕立ててもらうことも、最高のラッキーアクションにつながります。

ラッキーカラー・スポット

赤色全般、とくにディープレッドを身につけるとラッキーを呼び込みます。「火」と「地」に関連するスポットは開運を招きます。美しい日本庭園や、ローズガーデンなどで英気を養って。

9年間のメインテーマ

2021年からの9年間のメインテーマは「個人と社会」、「自分と違ったバックグラウンド」です。多様な価値観に応じて複数の「個人の場」、「社会の場」とのつながりが強まります。今まで組織の一員として活動してきた人は個人活動へ。個人活動をしてきた人は、組織作りに勤しむ、または、その両方をバランスよく動かしていくような9年間となるでしょう。その働きを通して、個人の確立、社会的ステータスを手にすることに。

2021年 觜宿「友」

自分の意志やスタイルを明確にしていく時期。今期は、何よりも才能磨きを念頭において生活するように心がけて。毎日少しずつ続けられるような趣味や目標を作ることが、その土台となります。あなたは、趣味を実益にする運を持っています。5年、10年と続けていくうちに、それで稼いでいけるようになることも夢ではありません。そうすることで、本来の独立心も確立することにつながるでしょう。

恋に関しても絶好調。「手近なところで結婚を決めようか」なんて思わないことが大事。妥協は禁物と心得て、理想的な伴侶を思い描きましょう。玉の輿狙いのハイソな合コンに出席するなら、ぜひ着物姿で出かけたいもの。とくに、法律家や税理士など堅く知的な職業に就く異性の目を引くことができるでしょう。

2022年　参宿「壊」

あなた個人にとって望ましいことでも、それが社会を損なうことがあるし、それとは逆に、社会にとって望ましいことでも、あなた個人にとっては受け入れがたいことが生じるような、あなた個人の利益と社会の利益が対立してしまうといったジレンマを伴う時期です。人間関係では、ワガママや言いたいことをストレートにぶつけすぎて相手を傷つけてしまうなど、深くコミットするほど泥沼にはまってしまいます。

また、通信、移動関連のトラブルに注意を。パソコンやスマホなどの通信機器のメンテナンスを怠らないように。この時期の引っ越し、旅行は極力控えることも大切。ただ、転職は功を奏することもあるでしょう。

2023年　井宿「成」

才能が開花したり、今までの働きが認められたり、持ち前の名誉運を発揮しながら大きな財を獲得します。また、何らかの投資に意識が向かいます、それを通して経済や金融の知識が得られるだけでなく、人間として大きく成長することに。

大繁栄の運気となる2027年を見据えたアクションを、この時期に起こしておくことが大事。一見、リスクがあるように思えても、後になって必ず、「あのとき思い切ってやって良かった」と思えるでしょう。

2024年　鬼宿「危」

とりわけ、仕事運、社交運は上昇傾向。ただ、個人の目的のためだけに忖度すれば、事態は悪化を辿ります。周囲があなたに何を求めているかではなく、あなたが周囲に対して何ができるかを先回りして考えましょう。経営理念の実現、社会貢献といったパブリックな意識を持って目的を果たすことが大事。

職場では、上司やリーダーからの指示がなくてもやるべきことをやり、ときにはより良い方法を求めて、周囲と意見を戦わせることも必要な時期となるでしょう。お家騒動に注意の暗示。

2025年　柳宿「安」

お金に縁のある年です。資産運用や貯蓄計画など、長期的な計画を立てるのに適しています。家族の財産管理、相続といった問題が浮き彫りになる暗示がありますが、話し合いで解決できるので、心配ありません。

大きな買い物を決断するのも良いでしょう。旅行や引っ越しの計画など、ワクワクするような機会にも恵まれます。この時期の努力の積み重ねは、将来大きな実りにつながるので、地に足の着いた行動を心がけましょう。

2026年　星宿「衰」

収穫量が減る不作の運気です。ただ、2027年は一転して豊作の時期に入るので、この時期はそれを踏まえての準備、充電が大切です。あなたの能力がきちんと評価されず、イライラしたり、自暴自棄に陥ったり、何かとメランコリックな運気です。物事を大きく広げたり、無理に動こうとしたり、外にばかり意識を向けないで、今あるものに意識を向けましょう。

とくに、ここで生活スタイルをしっかり整えておくことが開運につながります。朝型の生活、規則正しい食事、節約や節制、お金の管理といったことにしっかり取り組みましょう。日々の生活リズムが整ってくると、頭も体もよく働くようになり、幸運をつかむタイミングも冴えてきます。

2027年　張宿「栄」

9年に一度の大繁栄の年です。プライベートとオフィシャル面、その両方に祝福のギフトが届く暗示。この時期は、あなたのこれまでの人生、そのすべての経験がパズルのピースのようにピッタリとハマる感じがするでしょう。現状に満足せず、さらに上を目指して努力を積めば、実力も結果もついてきます。創造的な意欲に満ちあふれ、仕事の楽しさが実感できる時期なので、企画提案やプレゼンなどは積極的に行いましょう。

この時期の取り組みは、すぐに終わるような小さなことよりも、長い目で見て大きな結果に結びつくことを選ぶほうが有益。結婚運もすこぶる上昇していて、とんとん拍子に祝福のムードが高まる暗示。フリーの人も未来のパートナーと出会う確率が極めて高いので、ピンときた相手なら、迷わず相手の胸に飛び込んでOKです。

2028年 翼宿「胎」

28年に一度の大きなターニングポイントです。自分自身の魅力や能力を周囲や世界に向けて押し出していきましょう。

海外に意識が向かうタイミングでもあります。世界の動向をつぶさに眺め、計画を立てて調査や手続きを行うにはうってつけです。

ただ、それを実現するためには、今関わっている人や組織を変えないと、絵に描いた餅に終わってしまう可能性も。そういう意味では、大胆なトランスフォーメーションに着手することが、必要になるでしょう。

2029年 軫宿「親」

今まで抱えていた問題が一気に解決し、急に華々しいポジションに立つチャンスが増えることに。最初は戸惑いそうですが、持ち前の高い実力で期待に応えていきます。恋愛運もすこぶる上昇。遊び感覚の恋を楽しむのもいいけれど、地に足の着いた堅実な恋が生まれる可能性が高いでしょう。見た目だけではなく、内面重視で相手を見たほうが結果的にプラスになりそう。

コミュニケーション運も上昇しているので、いろいろな人との交流が増えます。面白そうだと思ったことはどんどんやっていくようにして。仕事面では、事務的なスキルアップが吉。

優雅さの中の確固たる意志

エルフ（畢宿《ひつしゅく》）

基本的性格

エルフは、ゲルマン神話に起源を持つ北ヨーロッパの民間伝承に登場する種族です。丘や石の塚、森の中に住み、古くから自然崇拝（アニミズム）と密接な関わりのある精霊です。

自然と豊かさを司るエルフに守護されるあなたは、優雅で気品にあふれ、どっしりとした力強さがあり、そして何よりも美しく若々しい外見が魅力。

頑張り屋で忍耐強く、穏やかな風貌からは想像もつかないほどの確固たる意志を秘めています。

滅多に怒ることはありませんが、古来より突然の麻痺は「エルフの一突き」という表現があるように、堪忍袋の緒が切れると激しく怒りをあらわにし、絶対に相手を許さない執念深いところがあります。

群れで暮らすエルフは結束力が強く、家族や友人など自分の味方だと思った人は、とことん大切にします。ただ、無意識に自分の意見を押し付けすぎて、疎まれることもあるので注意して。

人生の目的と適職

エルフに守護されるあなたは、この世の生活を快楽優先で楽しむエピキュリアンな面があります。五感が発達していて、肉体感覚にも優れ、極めて現実的なセンスを武器に世の中を渡っていきます。大地との関わりがとても強く、土地のローカル性を基盤に活動するでしょう。

「エルフ」という語には先祖崇拝という意味もあることから、あなたは先祖が眠る大地を守る使命を課せられています。新しいことや未知なることに簡単に足を突っ込まないのは、その大切な楽園を守るために全身全霊をかけているからです。

芸術、美術関係全般に適性があります。また、資格が必要な専門職、お金に関与する仕事、職人的な資質も強いので、生涯を通して徹底的に何かに打ち込み極めていくような生き方がベスト。

恋愛

恋に対してなぜか防衛本能が働いてしまうのは、傷つくことを恐れているからでしょう。自分が本気になってしまうと、なかなかあとに引けなくなることを、心のどこかで感じているからかもしれません。

温かみがあり、穏やかなので異性からはモテます。安定した恋愛を本能的に求める傾向が強く、一つ一つの恋愛をとても大切にします。多少のトラブルでは別れたりせず、永続的な愛を育むでしょう。

ただその反面、寝ている間に髪の毛がもつれてしまうことを「エルフロック」と呼ぶようにいたずら好きで、異性に対しても、「困らせてやれ」とばかりにからかったり、相手の痛いところを突くことも。

また、恋愛への執着心は人一倍激しく、独占欲も旺盛です。自分と同様の深い愛と忠誠を相手に求めるので、相手の裏切り行為は絶対に許せないはず。

開運食

ブロッコリースプラウト、ルッコラ、ワサビ菜、小松菜、白菜、大根などのアブラナ科の野菜を多く摂りましょう。アブラナ科の野菜は、幸せホルモンといわれるセロトニンの原料、トリプトファンを含むので、心を安定させる効果があります。また、抗炎症、抗酸化作用もあり、ガン予防に役立つイソチオシアネートも豊富。サラダはもちろん、白菜や大根は煮物、あんかけなどにして、バリエーションを楽しんで。

ラッキーアクション

家庭菜園がおすすめ。種や苗から育て、その過程と時間を楽しんでみましょう。どんなふうに実っていくのかが実際に目で見てわかるので、毎日の成長を楽しめます。そして何よりも、あなたにとって土いじりが最高の癒しとなり、なおかつラッキーを呼び込むアクションにつながるので、ぜひ実践してください。

ラッキーカラー・スポット

地球の大地や植物などを連想させるアースカラー、また果物のようなオレンジ色もOK。

「地」に関連するスポットは開運を招きます。山深い隠れ里や自然の森の空気を思いっきり吸い込めば、気分もリフレッシュできます。

9年間のメインテーマ

2021年からの9年間のメインテーマは、「社会的立場」、「キャリア」です。秩序や社会性を基に成熟度が増していく9年間を辿ります。よって、視線が個人（プライベート）よりも、集団社会（オフィシャル）に向き、そこに価値を置くことに。

責任感を感じる場面も多く出てきますが、今の仕事がもっとうまくいくにはどうしたらよいか、そういったことを考えるにはうってつけの時期に。

いずれにしてもこの期間、とくに後半は、プライベートなことよりも、どうしても仕事や学業のほうに目が向いてしまうでしょう。

2021年 觜宿「親」

潜在能力が高まる時期。能力の限界を自分自身で決めつけていては、成長する機会を妨げてしまいます。この時期に必要なことは、目標に対しての恐怖心を取り払うことです。

恐れは、あなたの行動を抑制し、行動範囲を狭めてしまいます。「何もしないで成功するよりも、何か大きなことにチャレンジして失敗したほうがいい」と、自分に言い聞かせることで、目先の問題は不思議と消え去っていくでしょう。ピンチやトラブルはラッキーの前兆と、都合よく解釈して正解なのです。

2022年 参宿「友」

交友関係を広げる時期です。SNS関連であなたの考えを発信すれば、それが反響を呼び一石を投じることに。普段はあまり口をきかない人とも交流を持つことで、新たな発見が見つかる絶好の機会です。

恋愛運も上昇傾向。立場や国籍、性別や年齢等の違いを超えた、分けへだてのない自由な精神でディスカッションしてみて。そうすることで、物事を公平に見ることのできるグローバルな視点があなたに備わるでしょう。情報交換を通して友情を育めば、あなたにとってまたとない魂の成長をもたらしてくれるでしょう。

2023年 井宿「壊」

大切なものが壊れる時期です。相手の趣味には聞く耳を持たず、自分の好みだけを他人に押しつけるやり方には注意しましょう。意固地で頑固な態度は衝突を生むだけです。柔軟な姿勢と相手を受け入れる気持ちを心がければ、周囲との摩擦も軽減されるでしょう。自分だけが得をするようなやり方は、最終的に何もかも失う結果を招くことにつながるということを心に留めておいて。

また、兄弟姉妹のいがみ合い、親子の諍いといったお家騒動が勃発する暗示も。「自分には合わない」と思う人や物、場所などには見切りをつけましょう。「合わないものが合うようになる」ことは、まずないので、不要なものをそぎ落とす勇気を持ちましょう。そうすれば、本当に必要なものが見えてきます。

2024年 鬼宿「成」

名誉や威信といった社会的ポジションがアップするタイミングです。さらに上を目指すなら、社会の常識を鵜呑みにしないで、それを覆すような発想の転換が大事。従来の方法を改めて、より良いものにする努力が必要不可欠となるでしょう。

人間関係では、お互いの違いを認め合いながら共同作業に従事しましょう。そうすればあなたの知的レベルはグレードアップするはず。努力や才能がどんなにあっても機会に恵まれなければ成功はしないもの。規則や常識にこだわらず、よい機会とタイミングを逃さないことが大事です。家の建て替え、先祖供養やお墓の購入はこの年が最適。

2025年　柳宿「危」

期待と緊張の入り混じった時期。新しい環境で厳しい洗礼を受けたり、実力不足を感じてへこんだり、現実の厳しさを思い知らされるような出来事が起こるかもしれません。今まで努力して獲得した手柄は、その輝きを失い「あの頑張りは一体なんだったのか」と失意のどん底を味わうことも。

吉凶が入り混じる時期ですが、嘆いてばかりだと成長はありません。とりわけ仕事運、社交運は上昇傾向なので、自分磨きやスキルアップに勤しみ、新たなチャンスを呼び込んでください。あえてプレッシャーを楽しむようにすれば、運気の追い風が吹くことに。

2026年　星宿「安」

イマジネーションに身を任せて、想像力と直感力を働かせましょう。この時期は、あなたの中に眠る発想力と豊かな創造性を掘り起こし、目覚めさせてくれるような場所に恵まれます。旅行や引っ越しにも最適。自分の才能を発揮するための努力をしていれば、あなたの願いは天へと届くでしょう。

文系の世界や芸術分野の活動では、インスピレーションに恵まれます。常識や組織に縛られないで、のびのびと新しいことを考えてください。お金にも縁がある年で、あなたのやりたいことが、収入に結びつくときです。転職や副業は有益に働きますので、迷わず実行して。

2027年　張宿「哀」

思い通りに事が運ばずに、不平などを感じるアンフェアな出来事に遭遇しやすいでしょう。何をするにも自信が持てず、「もっと他の方法があったかも」と後悔や迷いの感情に駆られてしまうかもしれません。また、人に指図する場面では、とくに気をつける必要があります。権力を振りかざせば、周囲からの猛反発を受ける結果になるでしょう。人間関係では、「近からず遠からず」といった関係が居心地よく感じられそう。

なす術もなく、すべてが不可能と思えるような状況に陥っても、最後は必ず幸せが訪れると信じれば、天からの導きを得ることができます。

2028年 翼宿「栄」

2027年の落ち込みが嘘のように、光り輝く繁栄の運気です。この年の幸運を余すところなく享受するためには、リスクを恐れないこと。ハイリスクに思えることでも、必ずハイリターンで返ってくるので安心して。「なるようになる!」の精神で、勇気を出して飛び込めば、あなたの価値観をガラッと変えるような、大きな幸運の転機が訪れます。

結婚を考えているカップルは、年内に一緒に住み始め、入籍だけでもしておくといいでしょう。

フリーの場合でも、運命的な出会いからとんとん拍子にゴールイン、なんてこともあり得ます。

2029年 軫宿「胎」

28年に一度の大きなターニングポイントです。人生について、「このままでいいのだろうか?」と考えるなど、意識は未来に向けられ、改革していきたいと思うようになるでしょう。仕事面では分析力、交渉力、判断力が冴える時期なので、商談では実力を発揮できます。頑張り次第で有力者の右腕になれる可能性も。昇給や出世の話が出てきたら、喜んで受け入れてください。

何か困ったときは、全部一人で解決しようとしないで、家族やその道の専門家などに相談してみると、強力な助っ人が現れて成功へと導いてくれるでしょう。

雄々しさと高く飛翔する自由な心

グリフォン（觜《し》宿《しゅく》）

基本的性格

グリフォンは、下半身は大地に鎮座するライオン、上半身は大空を駆け巡る鷲の姿をしています。また、「グリフォン」という語は鉤形に曲がったくちばしを意味します。知恵を象徴する珠を足の鉤爪で握る姿は、何かをしっかりと守り、保護していることを表し、宝物の守護者、キリストの保護者など多くの異名を持ちます。

そんなグリフォンの守護を受けるあなたは、大地にどっしりと構えた雄々しく勇ましい面と、大空を羽ばたく自由人といった二面性を持ちます。物静かで落ち着いているように見えても、要領の良さでは誰にも負けない策士ぶりが目立ちます。

臨機応変にさまざまなことができるタイプで、推理力、分析力に長け何事も器用にやっていけるのが一番の強み。ただし、あれもこれもと手をつけて、どれも途中で投げ出してしまう危険性があります。

人生の目的と適職

幅広い知識を武器に、その時代に応じた情報を的確に収集し、発信する能力があります。持ち前のアイデアを活かしながら商才を発揮できるでしょう。

世間体を気にするほうで、やや権威主義的な面もありますが、あなたの思いつきや着眼点は、周囲からの受けが抜群なので、理想を現実に落とし込み、具現化させる能力があります。自分で言ったことに責任を持って、実行することができれば、たとえ時間を要したとしても成就の日の目を見ることができるでしょう。

王家の紋章としてもてはやされ、紋章学では「黄金を発見して守る」という言い伝えがあるグリフォンのあなたは、先物取引や金融、物流に関与する仕事に向いています。マスコミ、出版、広告関係も吉です。また、創造力の必要なクリエイター、技術職全般も有益に。感性を光らせるためには、何か一つ技術を磨いて、身につける努力が必要です。

恋愛

愛想よく話し好きなので、多くの異性に愛されます。押したり引いたり、恋のテクニックも巧み。恋をしてもどこか冷静で、「相手に夢中になって何も手につかない」なんてことはありません。相手の素性がはっきりしないうちは、今一歩踏み込めずに理性がブレーキをかけてしまう面があります。その反面、恋の策略を巡らす駆け引きの上手な面もあり、狙った相手は必ずロックオンする策士な面も。

また、ときに悪知恵を働かせて引っ掻き回したり、ライバルがいたり、誰かに挑発されたときには大胆な行動を取ることも。度が過ぎた恋の駆け引きは、本当の愛を見失うことになるので注意しましょう。尊敬できる面や認められる才能と経済力を持つ人でないと、あまり長続きしないようです。

開運食

キャベツには疲労の回復、肌荒れなどに効果があるビタミンC、骨の形成を促進するビタミンKが豊富。中でもレッドキャベツには1・5倍以上含まれています。また、キャベジンと呼ばれるビタミンUを含み、胃腸の粘膜の再生や胃潰瘍の予防にも効果的。キャベツ料理はバリエーションが豊富ですが、一番のオススメは塩昆布あえ。手軽にできるので、毎日の副菜として取り入れてみましょう。

ラッキーアクション

美味しい物の食べ歩きがオススメ。中でも、最新スポットに出かけることがあなたの好奇心を満たしてくれます。目や耳だけでなく、舌で実感する風土を思いっきり楽しんで。また、あなたは移動にとても縁があるので、各種ターミナルや道の駅などで過ごす時間は癒しにつながります。

ラッキーカラー・スポット

オレンジとパープルがラッキーを呼び込みます。「地」と「風」に関連するスポットが開運を招き、たなびく風と大地を踏みしめながら移動する運動はとくに有効。ゴルフ場には、あなたが必要とするエネルギーがすべて揃っているのでイチオシです。

9年間のメインテーマ

2021年からの9年間のメインテーマは、「ステータス」、「旅」です。好奇心が広がり、いろいろなものに関心が向き、あてどなく移動することになるでしょう。自分にとって未知の場所やグループと接近することで、新たな発見をしたり、それを通してステータスがアップすることに。

この9年間で必要となるのが、自分の棚卸し。自分の経歴を洗い出し、人生の強みになるポイントを拾い集めてみること。可視化することで自分の経験値を改めて認識できます。自分では小さく思えたことでも、社会に対しては大きく貢献できることもあるはず。

2021年 觜宿「命」

28年に一度の大きなターニングポイントです。あなたの今生における目的が鮮明に現れる年です。あなたの人生では、人脈と情報は最大の武器であり、多ければ多いに越したことはありませんが、この時期を機にその人脈、情報の質が変化することに。数よりも質を意識し始めることになるでしょう。目の前にある情報が事実なのか、その信憑性を疑うような出来事が生じるかもしれません。いつ、どこで、どう作られた情報なのかを見極め、ちゃんと吟味してみましょう。

この時期大切なのは、相手のツボを心得るということ。押していいところといけないところを把握して、相手を喜ばせるツボをうまく押してあげるように心がけて。そうすれば相手は嬉しくなり、おのずと関係性はよくなっていきます。

2022年 参宿「親」

自分のインスピレーションを信じて積極的に攻めていきましょう。この時期の大切な心得は有言実行です。周りに自分の夢を宣言することにより、実行へのモチベーションを上げることができます。また、友人、知人、家族からの支援も受けやすくなるはずです。口にしたことは何が何でも成し遂げる実行力があれば、自然と壁を突破でき、気づいたときにはこれまでとまったく違う立場に。

また、従来の習慣を覆すような新しい発想やアイデアもたくさん浮かぶ時期です。目に見えない世界に意識を向けることで、協力や援護を受ける暗示も。事実が物語る本質に目を向けるよりも、イメージを大切にすれば、ラッキーを引き寄せることになるでしょう。

2023年 井宿「友」

コミュニケーション運が上昇する時期です。家族やパートナーなど、大切な人への愛情が強まる時期です。人間関係のトラブルを抱えている場合は、解決の暗示がありますから、持てる優しさで相手に接してみましょう。そうすることで、お互いの気持ちが通じ合い、自らも喜びで満たされます。

新しいことをスタートする場合は、個人プレーより、周囲の力を借りながら、コラボまたはグループで取りかかったほうが有益に。他の人の力を借りたほうが、何事も効率的かつ短期間で進めることができますし、今まで思いもよらなかったアイデアを得るなど、願ったり叶ったりの流れに。

2024年　鬼宿「壊」

家族やパートナーなどへの思いが強すぎて、束縛や執着といったネガティブな側面が顔を出しそう。しがらみや血のつながりからくる感情的な確執が、問題の解決を困難に。そんな厳しさを噛みしめることになりそうです。親しき仲にも礼儀ありの精神で、境界線を保つことを忘れないでください。

いずれにしても、これまで漠然と当たり前と思われてきた旧習に変化が訪れそう。家族だけでなく、仲間や団体、グループ活動にも変化が。この時期にこじれた関係はなかなか修復しにくいので、その場の感情で行動するのは控えめに。ただ、別離や絶縁という結果になったとしても、何を捨て、何を選択するかという次のステップへのスタートと心得て、前向きに捉えましょう。

2025年　柳宿「成」

2024年の状況を立て直し、一気に勢いを盛り返す時期。あなたの周りにたくさんの人が集まり、社会的成功につながるコネや有益な情報を手に入れることができるでしょう。伸び悩んでいたことに解決の糸口が見つかる暗示があるので、物は試しの精神で、何事も気軽にチャレンジすれば幸運に結びつくでしょう。公募やコンペなど、ピンときたら迷わずトライしてOK。

また、恋愛面は復活愛の暗示があります。同情心から恋が始まることになるでしょう。ただ、依存心が強まる暗示もあるので、その点には注意して。

2026年　星宿「危」

夢と現実のギャップを感じて、ストレートに行動に移すことができないかもしれません。道理に合わないことを強引に正当化しようとして詭弁を弄しがちなので注意して。

この時期は、自分にしかできない独特の世界観を築くことに専念しましょう。壁にぶつかったときは、問題の本質に立ち戻り、原因を突き止め、それを正す努力を。世間体を気にして優等生になる必要はありません。自分を責めたりせず、心がワクワクするような独創性を発揮しましょう。

2027年　張宿「安」

困っている人を助けたり、逆に助けられたりと、他人に感謝の気持ちを抱く出来事が多いでしょう。人脈を生かしたネットワーク作りがビジネスに大いに役立ちそう。金運上昇につながる情報が、仕事で知り合った人や、友人知人からもたらされるので聞き逃さないように。

海外移住や留学、海を越えたビジネスなど、なにかと遠方に出向いたり、または、遠方からの客人をもてなしたりすることが増えそうです。どちらにせよ、旅を通して、人生が大きく変わるような場所や人物に出会うことがありそうです。新規ビジネスの立ち上げを任されてプレッシャーを感じることもありそうですが、臆することなくチャレンジして。

2028年　翼宿「哀」

何かうまくいかないことがあると他者のせいにしたり、自分勝手な面が出やすい時期です。自分の尺度で人を批判したり、善悪を決めつけないことが大事。悩みすぎると不安や恐怖は現実化し、ますます事態は悪化するもの。できる限りのことをして、あとは天に任せましょう。

この時期は表舞台に立つよりも黒子を演じていたほうが得策。また、病気と縁がある時期なので、普段から体調管理を心がけることが大切です。

2029年　軫宿「栄」

9年に一度の繁栄のタイミング。結婚運上昇のタイミングでもあります。幸運の追い風が吹く年なので、これまでの努力が実り、確固たる社会的地位を確立することに。一見、敷居が高くて尻込みするようなことでも、この時期は思い切って飛び込んでみましょう。

物事が急速に進みすぎたり、予想外の展開で驚いたり、動揺するかもしれませんが、すべての出来事はラッキーにつながりますので、思い切りアクティブに過ごしましょう。

理知的でクールな「風の時代」の申し子

ハヌマーン（参宿《さんしゅく》）

基本的性格

風の神ヴァーユと天女アンジャニーの間に生まれた、素晴らしい知恵と神通力を持つハヌマーン。その守護を受けるあなたは、非常に理性的かつ理知的でクールな人。インド神話ではハヌマーンは、自由自在に空を飛び、不死、強さ、英知の象徴とされ、『西遊記』の孫悟空のモデルともいわれています。

たなびく風のように柔軟性があり、コミュニケーション能力が高いので、どんな人ともうまくやっていけます。でも、友好的な態度の裏で、クールに相手を観察したり、相手の痛い所を突いたりする二面性も持ち合わせています。なかなか表に出さない、あるいは自分ですら気が付いていないような奥深い葛藤が心の中に潜んでいます。

一見とても爽やかでライトな感覚が魅力ですが、四つの猿の顔と一つの人間の顔を持つハヌマーンのように、一筋縄ではいかない多面性があります。

人生の目的と適職

目まぐるしく変わる「風の時代」にフィットする

タイプです。状況に応じて変幻自在に体の大きさも変えるハヌマーンのように、巧妙なレトリックを反射的にやってのけます。

情報を伝えるスポークスマン的な役割、人と人をつなぐ役割があり、それによって相手の人がそれぞれ喜ぶようなウィンウィンの状況を作り出します。そして誰かに何気なく伝えたことが、その人の人生を変えるほどのインパクトを持つことが少なくありません。

持ち前の情報収集能力により、ありとあらゆることをリサーチし、関連する知識を整理することができるので、マスコミやIT関係、ツーリストなど、情報化社会を自由に飛び回って成果を出します。

ただ、好奇心旺盛が故に、あちこち手を出した結果、かえって自分自身を混乱させてしまったり、余分なエネルギーを注いでしまうことも。思考力に優れているので、教師、調査、出版、ライター、通訳、経営コンサルタントなど知的労働に向いています。

恋愛

相手の関心を引きそうな話題を次々に提案し、巧みな話術と明るさで相手の心を引き寄せます。常に新鮮な恋をしていたいという気持ちが強く、相手が自分に夢中になりすぎたり、感情的なドロドロした関係に巻き込まれたり、先が見えてしまうと、他の異性に気持ちがシフトします。

どこか冷めた面があり、感情より理性の比重が高いので、恋に溺れることはないでしょう。

「なんとなく好き」といった曖昧さではなく、この人のここが素敵とか、これは欠点だ、ということを明確に認識します。尊敬できる異性との恋の発展が期待できますが、飽きっぽさが災いして、次から次へと恋の浮名を流すことも。

開運食

ファストフードやラーメン、お酒、チョコレート、コーヒーなどをなかなかやめられないのは、ドーパミンによる依存性のせいです。極力控えるよう心がけて。玄米、雑穀、おからなどを多く摂りましょう。

低カロリー、低糖質、高タンパクで、食物繊維も多く含み、栄養素をしっかり摂取できます。

ラッキーアクション

取得した情報をアウトプットしましょう。新聞やニュースサイトは活字を追うだけ、本を読んだら読みっぱなしなど、インプットに時間を使うだけでは、ただの時間つぶしになってしまいますから、多くのメッセージを自分ごととして実践しましょう。SNSなどを通して発信し、習慣化すれば、より良い情報や素晴らしい人と出会えるようになります。

ラッキーカラー・スポット

ディープブルー、黄緑色を身に付けることで幸運を呼び込みます。

「風」に関連するスポットが開運を招き、学生街や図書館など知的好奇心をくすぐる場所ならどこでもOK。休日はセミナーに参加して出会いを増やしたり、ドライブを楽しんだりすれば、思わぬ場所や人から有益なサインを受け取ることに。

9年間のメインテーマ

2021年からの9年間のメインテーマは、「海外」、「専門分野」です。世界を股にかけて活躍したい、自分の可能性を開花させたい、といった欲求が芽生える時期です。また、多様な専門性を活かして総合的な判断をするジェネラリスト的な役割を担うことに。

海外の文化や教育事情を探究することで、既成概念が打ち砕かれ、あなたの器が拡大することになるでしょう。新たな専門性を身に付けることが求められる可能性もあります。

2021年 觜宿「栄」

仕事もプライベートも鰻上りに運気が上昇する時期です。9年間のメインテーマ「海外」のキーワードが飛び込んでくる可能性大。そのサインは身の回りにあるものや、ふと目にした情報、何気なく漏れ聞こえてきた会話からキャッチできます。あなたの肌に触れる風の感覚を研ぎ澄ませば、人生のバージョンアップが期待できる流れとなります。

かなり強烈なインパクトのある人物との出会いを通して、あなたの人生が劇的に変化する暗示も。

2022年 参宿「命」

生まれ直す、ターニングポイントの運気です。新しい目標を探すのではなく、原点回帰の精神で生活環境や仕事、パートナーシップを大切にし、継続させることに尽力してください。

多くの縁の導きや、いろいろな情報を入手する中で、多少の軌道修正が発生することも。小さな出会いでも喜びを見出すことができ、ちょっとしたことに感動し、その幸せを積み重ねていれば、やがて大きな幸運に辿り着くことに。運命的な伴侶はすぐ目の前にいるかもしれません。

2023年 井宿「親」

マル秘情報を入手して、希望通りに事が運ぶタイミングに恵まれる時期。スピードが勝負の決め手になるので、スマホ、パソコンなど、情報に関わる機器は最新のものにしておくことが大事。この時期の情報はあなたの運を左右するので、肝に銘じておいて。

この時期は、同じことの繰り返しの中にチャンスはありません。マンネリを感じたら率先して変えてみましょう。その変化が呼び水となって運のスピードも加速します。恋愛運もすこぶる上昇傾向です。とくにネットで知り合う人とは、楽しい恋愛に発展します。

2024年 鬼宿「友」

コミュニケーション運上昇の時期です。とくに家族との時間を大切にしましょう。一人暮らしの人は、実家に帰る機会が増えそうです。部屋の模様替え、家のリニューアルにも有効の時期。家庭、家族の問題を抱えている場合は、この時期に話し合いの場を設ければ、スムーズに解決へと運ぶでしょう。

2023年に得た情報をさらに具現化するタイミングになります。そうして実際に行動に移すことで、多くの実りをもたらすことになるでしょう。恋愛運も絶好調です。一人の異性に絞らず、多くの異性との交流を楽しんで。

2025年　柳宿「壊」

電撃的な変化が生じる運気です。自分の中にある根深い問題点を克服して、新たな希望を見出すことに。「ちょっと自分には難しいかも」と思えるような課題が表面化する暗示があり、その挑戦は、向こうから来るのではなく、自分から挑んでいく形になるでしょう。その経験を通して、新たなチャンスを引き寄せることに。

家庭、家族の問題に関して、2024年に力を入れて取り組んだ場合はさほど心配はありませんが、そうでない場合はそれらの問題が肥大化してしまう危険性があります。仕事面はコンプライアンス違反に注意を。

2026年　星宿「成」

大きな成功へと導かれるタイミング。根拠のない自信が功を奏して、物事がとんとん拍子に運びます。

一流のモノ、人と出会う暗示もあり、そのモノや人を通してチャンスを引き寄せます。嬉しい、楽しいという感情を多くの人たちと分かち合える時期でもあります。とくに芸術や音楽、クリエイティブな世界と関わることで、体の細胞一つ一つにプラスの波動が流れ、内側から喜びを感じることに。

2027年　張宿「危」

吉凶混在の運気です。行き違いやすれ違いが原因で、周囲からのバッシングに遭う恐れが。約束を破る、やると言ったことをやらない、期日を守らないというのも、いつも以上の信用失墜になることを心得ておきましょう。

この時期は、自分の協力者を作ることが、仕事をスムーズに運ぶことにつながります。いざというときに力を借りられる人がいるかどうかで仕事の出来が決まることも多い時期なので、間違っても単独行動で暴走しないように。

2028年　翼宿「安」

安定した運気です。着眼点やアイデアが冴え、今まで自分の考えがまとまらなかったことや、はっきりとした方向性がつかめなかったことでも、挑戦によって、大きな成果が得られるはず。金運も上昇。今まで培ってきた専門スキルや知識が、この時期大きく花開き、実益に結びつくことに。

特別なチャンスが巡ってくる暗示があるので、未来に向けての投資は吉と出ます。さらに、移動運も上昇。頻繁に遠出することによって、有形無形の喜びを得られます。人間関係、恋愛面は、偶然の重なりや不思議な縁があったり、何かに守られているような出来事が多いでしょう。

2029年　軫宿「哀」

人間関係で気を使いすぎて疲れたり、ストレスを溜め込んでしまうかもしれません。それが原因で病気を引き寄せる危険性も。トラブルの発端はあなた自身の日頃の生活習慣によるものです。まずは自分が蒔いた種なのだと自覚し、体質改善に取り組みましょう。

いずれにしても、軽はずみな言動に注意が必要です。新しいことを始めるのも、極力避けたほうが得策です。無理に事を進めると、争いや思わぬいざこざを招いてしまい、窮地に陥ることに。過ちを認める潔さを身に付ければ、災いから身を守ることができるでしょう。自分の言葉には責任を持って、一言一言を慎重に選ぶ努力を。

ミステリアスでクールな流麗の人

セイレーン（井《せい》宿《しゅく》）

基本的性格

半身が女性で半身が魚（または鳥）のセイレーンは、ギリシャ、ローマ神話では、歌うもの、リュートを奏でるもの、パイプを吹くものという意味があり、サイレンの語源とされています。

そんなセイレーンの守護を受けているあなたは、表向きはとても爽やかで淡々としていて、ポーカーフェイスです。常に落ち着いていて冷静、論理的に物事を判断します。危機的状況にあってもパニックを起こしたりせず、喜怒哀楽をむき出しにするようなところもないので、周囲からは、謎めいた人と思われるようです。

楽器を奏でるような流暢な話し方が魅力的で、誰に対しても臆することなくコミュニケーションをとることができます。

でも、そんな友好的な態度の裏で、クールに相手を観察したり、批判したりする二面性を持っています。情緒性もあり優しいのですが、それを表に出さないところがあります。

人生の目的と適職

移動の多い人生で、人脈のネットワークや情報交換を通して運が拓けていきます。マーケティング、トレンド、専門性を身に付けることも大切。

刻一刻と動いている状況を把握しながら、それに適応したアイデアを出していくような仕事において、適性を発揮します。一見全く性格の異なる誰かと誰かを結びつける能力があり、それがあなたに与えられた大きな使命でしょう。

大企業の歯車の一つになるよりも、フリーランスで活動するなど、自由な環境を選ぶことがとても大切。緻密なデータや情報を扱う仕事、外交手腕が必要とされる仕事もＯＫ。また、生活に密着した、服飾、食品、住宅、飲食、インテリア、サービス業全般は大成功の暗示。

恋愛

岩場に棲み、通りかかる船乗りを歌で誘惑するセイレーンのように、あなたは異性を惑わす魔性の持ち主。セイレーンの持つ櫛や鏡は虚栄の象徴で、自分をより魅力的に、そして大きく見せようとします。

相手に本心を見せられないところがあり、恋の場面ではどうしても、自分自身に仮面をつけてしまうようです。相手にいいところを見せようと無理をしてしまうと、互いに疲れてしまい長続きもしないので、その点は注意して。

また、セイレーンの裸体には激しい性衝動という意味があり、新しい異性と肌を重ねるたびに、新たな快楽に目覚め、恋の渦に呑み込まれてしまうことも。どちらにせよ恋多き人生となり、次から次へと恋の対象が移り変わることは否めないでしょう。

開運食

高脂肪食は胃腸にダメージを与えるだけでなく、心の状態も悪化していきます。高脂肪食品であるピザ、ポテトチップス、揚げ物全般、ハンバーガーなどは、衝動的に食べたくなり、外出中につい購入してしまうことが多いはず。そんなときは、代わりに小魚を購入しましょう。シシャモ、シラス、煮干しなどであれば、必要な栄養がすべて含まれています。

ラッキーアクション

季節の変わり目に、いち早く旬のものをいただく、オープン日に合わせて最新スポットに出かけるなど、実際に食べたり、その場に行ってみたりすることが大事。また、吉祥の情報を得るにはスペースの確保が重要。不要なメールやブックマーク、連絡先などはスッキリ削除しましょう。あなたにとって情報機器は最高のラッキーアイテムなので、常にピカピカにしておくことはもちろん、最新機種に取り替えることも忘れないで。

ラッキーカラー・スポット

ペールイエロー、ミルク色が幸運を呼ぶカラーです。「風」と「水」に関連するスポットは開運を招きます。美しい岩場が続く海岸線、港、湾岸エリアは最高のラッキースポットです。また、テレビ局や大きな図書館など、情報に通ずるスポットに足繁く通えば、幸運を引き寄せることに。

☆ 9年間のメインテーマ ☆

2021年からの9年間のメインテーマは、「思想」、「引き継ぐ」です。「生きる意味」といった心理の探求に意識が向かう時期です。宗教や哲学を通してさまざまな学びを得ることになるでしょう。それは異世界への旅であり、知的冒険に満ちた世界です。行動範囲が飛躍的に広がり、慣れない世界での対応力が鍛えられることに。また、誰かから価値のあるものを譲り受けたり、人から大切なものを託されたり、技を伝授されるようなことも多いでしょう。

2021年 觜宿「哀」

サービス精神が裏目に出やすい時期。やみくもに動くと間違った方向に進んでしまうかも。また、悪い選択をしやすく、衝動に駆られて愚考を繰り返す危険性があります。世俗的な欲望や性的な誘惑に注意しましょう。新しいことを始めたいという思いに駆られても、この時期は極力控えたほうが得策です。「何かが違う」という、モヤモヤした気持ちに苛まれたり、自分が本当にしたいことがわからなくなったり、こうした状況が続くと自分で自分を偽ることになるかもしれません。

2022年 参宿「栄」

2021年のモヤモヤが嘘のように一転する、大繁栄の時期です。

恋愛、人間関係、仕事、金運、健康運など、すべてにおいて勢いがあるこの時期は、川の流れがいつかは大海原に辿り着くように、これまで積み重ねてきた活動が誰かに認められ、ビッグチャンスをつかむことに。仕事面でブレイクしたり、自分の居場所が変化したり、人生を変えるような出会いがあるなど、インパクトの強い出来事が起こるでしょう。

異文化に触れたり、信仰や信念といった人生の骨格となるような世界観に新しく出会えそうです。

2023年 井宿「命」

28年に一度のターニングポイントの運気です。原点回帰、生まれ直すといった出来事が生じやすいでしょう。新しいことを始めるよりも、2022年に始めたことを継続させるほうに尽力してください。

この時期は、楽なほうへ流されないように、とくに注意が必要です。オフィシャルの時間とプライベートの時間をしっかり使い分けるようにしましょう。今まで棚上げにしてきたプライベートな問題に正面から取り組むことで、運気も安定していきます。

2024年 鬼宿「親」

恋愛面でモテ期到来です。相手の社会的ステータスや収入よりも、お互いへのリスペクトと精神的なつながりを重視して。そうすることで、本当の幸福を手にすることができるはず。たとえ片思いであっても、あなたがその気にさえなれば、すべて思い通りの結果が期待できるかも。

また、親戚縁者と交わる機会が増えるなど、普段は滅多に会わない親類と、この時期は密に交流することになるかもしれません。家族、家庭問題を抱えている場合は、解決の兆しが見えるでしょう。

2025年　柳宿「友」

コミュニケーション運上昇の時期です。ひらめきに従うすばやい行動力で、次々と目標を見つけたり、今までとは別のことに心を奪われたりして、意外にあっさり、それまでの生活や仕事などを手放すケースが多いでしょう。やりたいことや好きなことを地球の果てまで追いかけていけるようなパワーにあふれています。

探究心を持つのも大事なキーワード。気になったことを検索するうちに、実際に行ってみたくなったり、体験したくなったり、その働きを通して多くの知識と雑学を養う結果に。出会い運、恋愛運も上昇傾向なので、楽しい時間を過ごせるでしょう。

2026年　星宿「壊」

「人をコントロールしたい、自分の思い通りにしたい」といった感情から、いったん解き放たれてみましょう。自身の中に内在する欲望の檻から気持ちを解放するレッスンがこの時期には大切です。心を柔軟にして他人の意見に耳を傾ければ、真実の答えが見つかりやすくなるでしょう。

この時期に大事なことは、固定観念や自分を制限するようなコンプレックスを思い切って捨てること。また、行ったことのない場所に出向くと視野が自然に広がり、魂の換気ができます。人間関係、恋愛面は、愛情が深まるほど嫉妬心や独占欲が強まる暗示があるので、感情をセーブすることを忘れずに。

2027年　張宿「成」

2026年は何かと試練の多い時期でしたが、今期は新たな可能性が拓けてくると同時に、それが将来的な基盤にも直結してくる発展期。高い目標を掲げて努力すれば、一つ上のステージへ昇格することができます。とくに、絵画や音楽、物づくりなどクリエイティブな活動を行うのはオススメです。その作品をコンクールに応募したり、仲間とライブや個展を開いたりして人前で披露するのも◎。

また、一つのものを徹底的に掘り下げ、突き詰めるのも悪くないでしょう。そうしたことが、あなたの感性を刺激して、新たなチャンスや才能が花開くことに。

2028年　翼宿「危」

あなたに刺激を与えてくれる仲間ができる暗示があるので、新しい人間関係を築いてみましょう。いつもと同じメンバーでの会話や、同じ意見に飽き始めて、新しい風を求めているときかもしれません。新しいことを受け入れて古いものを消去しなくてはならない状況に陥ったときは、その「振り分け」の基準を人の意見や考えに頼るのではなく、自分自身できちんと判断することが大切。

またこの時期は、家に仕事を持ち込んだり公私混同したりと、プライベートとオフィシャルな境目がなくなりがちなので、スイッチの切り替えを忘れずに。この時期の浮気は後で必ずバレるので、注意して。

2029年　軫宿「安」

安定した運気です。とくに金運は上昇傾向なので、目標に対して時間をかけて丁寧に取り組めば、確かな成果と実益へと導かれるでしょう。また、引っ越しや旅行など、移動に関係することはすべて大吉です。

仕事面では、厳しい状況に立たされても「なんとかなるさ」の精神で乗り切れるでしょう。周囲の空気を巧みに読みながら、上司の要求を先読みし、そつなくこなすように心がければ喜ばれます。恋愛面は、絆を深めていくことが大切なときです。誠実な関係を築くことで、二人の間に新しい愛の形が生まれるでしょう。

ユニコーン（鬼宿《きしゅく》）

基本的性格

ユニコーンは、森の奥にひっそりと棲み、人間に近づかず、美しい貴婦人だけに心を許します。とくに処女にしか近づかない、処女マリア信仰と結びつく聖獣です。

そんなユニコーンに守護されているあなたは、とても家庭的で実に優しい性格です。男女問わず母性的で情緒的なつながりを求める傾向があり、他の人なら気が付かないような相手の心の痛みに敏感に反応し、ときにおせっかいだと思えるほどに、相手をきちんとケアすることができる人です。

自分が気に入った人にはとても献身的に尽くしますが、気に入らない人にはそっけなく接する排他的な面があり、いったん恨みを抱くと執念深く憎み続ける激しい面も持っています。

自分の仲間や家族を守るためなら、どんなものでも突き通す角を武器に戦います。良く言えば従順ですが、人に依存しやすく移り気なので、一貫した自主性に欠ける面があります。

人生の目的と適職

ユニコーンの角には治癒力があり、角から削り取った粉末は、毒消し、病気除けになり、死者を蘇らせるとも。そんなユニコーンの守護を受けるあなたは、困っている人に手を差し伸べることが自然にできる人。精神医療やセラピストのような、人々に安らぎを与える仕事に適しています。

保育、育成、教育、料理、インテリア関連にも向いていて、宗教や形而上学の分野に興味を持つ場合も。マネージメント、人事担当、カウンセリング業、慈善事業などに従事すると、あなたの思いやりのある面が大いに活かされるでしょう。

取り越し苦労は、あなたの才能を台無しにしてしまうだけです。自分がとるべき行動をきちんと頭の中で組み立て、行動を起こせば、自分の真価を発揮することができるでしょう。

恋愛

愛する人を守るためにはどんな犠牲もいとわないあなたは、人付き合いも良く、多くの人に好かれ、家庭運にも恵まれています。

相手に必要とされれば、かなり無理な要求でも応えようとするのは、恋人から感謝されたり、喜ばれたりすることで心が満たされるから。でも、いったん不安を感じ不信感を抱くと、正面からそれに立ち向かおうとせず、逃げ腰になってしまうところがあり、それが原因で気分も沈みがちに。

相手への依存や、感情に流されてしまいがちなところは改善しましょう。見返りを期待することなく愛を与え続けることができれば、あなたらしい本当の愛を手にすることができるでしょう。

開運食

自分の生まれた土地の郷土料理や食材をたくさん食べましょう。

食事のお供は、抗酸化作用のあるポリフェノールやカルシウム、鉄、マグネシウム、セレンなどのミネラルが豊富なルイボスティーを。ビタミンCが豊富なローズヒップ、消化を助けるカモミール、ミントもオススメです。

ラッキーアクション

食べ物は体を作り、身体機能だけでなく運気も円滑に動かします。偏った食事をしていると気の流れは確実に乱れます。どんなにパワーの強い開運グッズを持っていたとしても、気の流れが乱れていては、本末転倒。毎日の料理で最大限に運気をアップさせましょう。自分が作った料理には自分の気が宿りますから、家族や友人と一緒に食べることで、お互いの価値観が共有でき、気持ちや考え方までもつないでくれます。

ラッキーカラー・スポット

幸運を呼ぶカラーはバイオレットです。

「水」に関連するスポットは開運を招き、とくに川や湖がオススメ。また、非常に敏感なあなたが心の平安を保つためには、ゆったりとした空間と時間が必要です。空間の中で毎日見るものが、あなたの心身に大きな影響を与えることに。常に家の中を整理整頓し、観葉植物などを置いて家の中で過ごす時間を楽しみましょう。

9年間のメインテーマ

2021年からの9年間のメインテーマは、「能力」です。人生に対して深い意味を求めるようになり、感情面と能力面で大きな変化が生じます。野心を原動力にして積極的に、そして率先して行動を起こし、大きなプロジェクトを成功させます。また、徹底して何かのテーマを掘り下げたり、専門的な技術を習得したり、よりプロフェッショナルな世界に身を投じることになるでしょう。また、譲り受ける、託されるといったテーマも。

2021年　觜宿「安」

金運、移動運上昇の時期です。仕事で必要なスキルを磨くことで、評価も上がり、キャリアアップにもつながるでしょう。また、異業種交流会、仕事関係のセミナーやイベントなどには積極的に参加しましょう。そこから得た知識をもとに今後の金運もすこぶる上昇します。とにかく動けば動くほど、将来に必要な情報や有力なコネを獲得できるでしょう。

引っ越しや旅行にツキのある年でもあります。また、知識欲が高まるときなので、資格取得を目指して、通信教育やカルチャーセンターなどで勉強を始めると良いでしょう。

2022年　参宿「哀」

やる気が起きなくなり、怠け癖がついてしまうとき。依存心が強まるこの時期は、プライドを傷つけられると、さらに自分の世界に引きこもりがちに。

また、悲恋の時期でもあるので、悲しい別れを経験することになるかもしれません。言い寄ってきた異性とその場限りの恋愛を楽しむのは、寂しさを埋めるためとはいえ、後で必ず後悔することに。愛されることばかりを求めないで、相手に関心を持って愛することを忘れずに。病気に縁がある年なので、体調不良、情緒不安定といった異変を感じたら無理をせずに休養しましょう。

2023年　井宿「栄」

あなたの能力が最大限に発揮できる時期です。また、新たな才能が芽生えるタイミングでもあるので、自分の個性や感性を周囲にアピールしましょう。独自の発想が大ヒットにつながる暗示があります。たとえ周囲からドン引きされたり、反対されたりしても、ミッションを遂行してください。

この時期だけは大きな理想を掲げ、行動力と向上心を持って、自ら周囲を引っ張っていきましょう。ダメ元と気軽に考えれば、さらなるツキを呼び寄せます。

2024年　鬼宿「命」

欠けていたピースが埋まるような運命的な出来事があります。持ち前の霊感とサイキックな能力が高まります。初めての場所なのに「来たことがある」と感じたり、初めて会う人だけど「どこかで会った気がする」と思うのは、何らかのサインなので決して見過ごさないように。あなた自身のパワースポットやソウルメイトが見つかるかもしれません。

また、原点回帰の年でもあります。「自分にとって家族とは何なのか」というような問いかけを通して、家族はしがらみでもあるし、大切な絆でもあるといったことに気づかされることに。

2025年 柳宿「親」

新しい家族が増える暗示があります。また、部下や後輩を育てたり、地域社会のために活動したりと、他人のために力を使ってこそ意義のある年となるでしょう。

恋愛面は、モテ期到来です。出会いも多く、波長が合い、楽しさを共有できる異性が現れます。とんとん拍子に話が進んで、次のステップに進む場合もあるでしょう。

2026年 星宿「友」

交友関係が広がる運気です。思わぬポジションに抜擢されたり、責任ある立場で活動することを求められたり、あなたのセンスが評価されて、周囲に強い影響を及ぼすことに。目標に向かって、少々無理をしてでも前進すべきです。そうしたあなたの決意を好意的に理解し、積極的にサポートしてくれる人にも恵まれそうです。

引き続き、恋愛運は上昇中です。オフの時間は、映画や舞台などを鑑賞してみたり、自らが主人公になりきってその世界に浸ってみることが大切です。そうすれば、恋愛運もさらに上昇し、未来の伴侶をゲットすることに。

2027年 張宿「壊」

運命の波にただ翻弄されるばかりの怒涛の一年に。抗おうとしても無理。柔軟にその場その場に対応していくことがベストな対処法です。

心と身体の分裂を感じるときでもあります。たとえ、笑顔で人とコミュニケーションを取っていたとしても、心の中ではまったく笑っていない自分に気づくでしょう。そして、その逆で、楽しくて嬉しいのになかなかその楽しさを表現することができません。初めて会う人、仕事関連の人など、友人やパートナーに対しても、素の自分を出そうとすればするほど、相手は誤解する可能性があるので、この時期は受け身でいたほうが良いでしょう。

２０２８年　翼宿「成」

２０２７年の落ち込みが嘘のように跳ね上がる最高の年です。リスクを恐れずにパイオニア精神を持って新しいことに取り組みましょう。さらなる前進を目指すには、心の中に浮かんだイメージを現実世界に具現化させる必要があります。そして何を成し遂げたいのかを明確にしておけば、満願成就に向かうスピードは加速することに。長年取り組んできた大きなプロジェクトが大成功する暗示も。恋愛面では、道半ばで閉ざされた関係に復活の暗示があるので、一度終わった恋でも再生可能でしょう。

２０２９年　軫宿「危」

吉凶混在の運気です。仕事、学業面では野心が強まります。プライベートの充実を考えるよりは、オフィシャルなことに集中して取り組むと良いでしょう。ライバルの足を引っ張ることを考えたり、ゴシップを探すよりは、地位や権力のある人とのコネクションに奔走したほうが将来的にも役に立ちそう。目立とうとしたり、自分だけがいい思いをしようとすればトラブルになります。また、両親、とくに父親との関係性を修復することで、社会的地位の向上が望めるでしょう。

神秘の力をもつクールなインフルエンサー

龍《りゅう》

（柳宿《りょうしゅく》）

基本的性格

龍は、一言でいうと地球を守る存在です。また、新羅万象、天気、運気など、さまざまな流れを生み出します。皇帝の地位との関わりがあり、権力と強さの象徴でもあります。

そんな龍に守護されるあなたは、どこかしら謎めいたミステリアスな魅力があり、頭の回転が速く、人の心を読み取る術に長けています。家庭的な面があり、自分を必要以上に飾ったり、つくろったりすることはありません。

常に流動的な天気のように、感情の起伏が激しく、温かい包容力を見せたと思ったら、突然、落雷のような勢いで怒ったり、威圧したり、自分でもコントロールが利かなくなることもしばしば。見かけとのギャップに驚いて、周囲が引いてしまうこともあるかもしれません。

人生の目的と適職

人々の願いを叶え、救済する龍の守護を受けているあなたは、人や環境を守り保護する役割があります。慈善事業に関わったり、地域のボランティア活動にも精力的に参加したりするでしょう。

あなたは、より親密であることを重視しますので、仲間、ファミリーになっているかどうかが、とても大切。自分のテリトリー以外の人には排他的に振舞ったり、思いのほか冷淡だったり、あるいは自分の仲間たちを守るために、あえて攻撃的になったり。

世の中の流れに敏感に反応し、流行をキャッチするのがとても早いので、人気商売や、たくさんの女性を対象とする仕事で成功します。特に衣食住などの生活に密着した業種である服飾、食品、住宅、飲食、サービス業全般が吉。

あなたが発言したことは、良くも悪くもあっという間に広がり、それが思わぬ事態を招くことも。他人への褒め言葉は自らの高評価にもつながるので、実践してみましょう。

恋愛

魂で共感できる真実のパートナーを常に求めています。献身的に尽くすところがあり、相手からも深い愛情を望みます。

長く一緒に過ごした仲間や仕事相手といった共通点の多い異性や、同級生や幼なじみなど、ごく身近なところで恋を育む傾向があります。共通の友人や知人が多いほど長続きします。

ただ、その優しげな包容力は、場合によっては息苦しい束縛へと転じることも。恋愛以外でも、いったん親しくなった人が、自分の身内から離れていくのを非常に恐れることが多いようです。また、相手の罪悪感に訴えかけるような方法を無意識のうちにとることも。

開運食

自律神経を整え、体温調節を助けてくれるショウガを食事に取り入れましょう。生のショウガに含まれるジンゲロールには、解熱や強い殺菌作用、末梢血管を拡張する効果があり、体内にこもった熱をとり除き、体温調整に役立ちます。冷え性の改善には加熱したショウガを。また、オクラやモロヘイヤなどのネバネバ食材もあなたの体を潤す開運食です。

ラッキーアクション

家の中の環境を整えることがとても大切。室内に水晶を置いたり、水の音を流したりすると開運につながります。とくに、キッチンやトイレ、バスルームなどの水回りを日々入念にお掃除することを日課にすれば、守護神の龍も喜んで、お金も人間関係も円滑に回り始めます。

ピュアな感情表現と行動が、あなたの存在をより良く見せてくれます。形にこだわらず、相手の要望をさりげない形で叶えることで信頼は大きくなり、さらにラッキーを呼び込むことに。

ラッキーカラー・スポット

幸運を呼ぶカラーはペールブルーです。「水」に関連するスポットが開運を招き、水辺はもちろん、すべての川が注ぎ込む海もＯＫ。月との縁が深いので、月光浴を目的に旅行に出かけてみるのも。龍神が祀られている神社仏閣はマストです。

9年間のメインテーマ

２０２１年からの９年間のメインテーマは「権力」、「権威」です。特定の人との深い関係の中で、新しい自分を作り直そうとする時期です。人との関係だけでなく、深く結びつく対象は、組織や研究テーマ、興味のある題材などの場合も。

また、引き継ぐこと、人から何かをもらうことなどに関与します。各分野で最高の権力を持っている人物との接見も予想され、根回し、裏工作といった、かなりディープな世界に足を踏み入れるタイミングになるかもしれません。

２０２１年　觜宿「危」

仕事面に力を注げば社会的な評価を受けることに。ただ、誠実に努力してきた場合は良い年になりますが、怠惰に過ごしてきた場合には厳しい評価が下るかもしれません。約束を破る、やると言ったことをやらない、期日を守らないというのも、いつも以上の信用失墜になることを肝に銘じておきましょう。

オフィスや取引先の人間関係が問題になりそう。相手の機嫌を損ねたりして厄介なことに。より多くのものを手に入れようと突っ走ってしまうと、かえって損をすることになるので、よく考えてから行動を起こすこと。

2022年 参宿 「安」

安定期です。目をみはるような出来事は少ないかもしれませんが、日常の中に幸せを感じることができる時期です。金運、移動運も上昇傾向。大きな買い物や、旅行、引っ越しは大吉。車の買い替えにはうってつけの運気なので、この時期に乗り換えを。

何か新しいことをしたいのであれば、勉強か自分磨きが向いています。とくに語学のスキルを上げることで、キャリアアップにつながります。あなたの頑張りが噂になって、高収入、好条件でヘッドハンティングの誘いを受ける可能性も。

2023年 井宿 「哀」

不満が爆発する運気です。あれもできない、これもできないと、ダメな部分だけに意識をフォーカスすることに。アルコールやギャンブルに溺れて、家族や職場に迷惑をかけてしまうかもしれません。

頑張ろうと心では思っていても、体が言うことを聞きません。お誘いが多いときですが、すべてに対応できない自分にもイライラしてしまうでしょう。人間関係にはとくに注意が必要です。周りの人を振り回す傾向にあるので、誤解されないためにもその場の気分で話さないように心がけましょう。

2024年 鬼宿 「栄」

9年に一度の大繁栄期。これまで頑張ってきたことが実を結んだり、軌道に乗ったりするなどすべてにおいて良い展開へと進みます。2023年に抱え込んだ問題も解決へと向かいます。強い権力を持つ人物からの寵愛を通して、ワンランク上のステージに昇華します。

結婚運も上昇傾向です。出会いも多く、とんとん拍子に話が進んで周囲から祝福を受けることに。また、家族内でお祝い事が増えたり、嬉しい知らせが続々と届く暗示も。仕事面も栄転や昇級など、今までの努力が認められるようなことが増えます。

2025年　柳宿「命」

信頼関係について深く考える時期です。言うべきことははっきりと発言し、目的を共有できない人からは距離を置く必要があるでしょう。そうすれば、滞っていた流れが吹っ切れて、精神的にも肉体的にも解放の兆しに。

もう一度、これからの未来に何が必要か、必要でないかをリストアップしてみて。文字にすることで、頭の中にインプットされ、自然と行動も淘汰されていくでしょう。

また、3年以上連絡していない人の携帯電話の番号などは、思い切って消去すれば、あなたが求めていた理想の友人と出会えるでしょう。

2026年　星宿「親」

大いに楽しみ、幸せを感じるイベントが目白押しの一年になりそうです。家族や恋人、同僚など、普段から身近に接している人との関係が深まる年に。積極的に関係作りを行いましょう。恋愛面は、ハッピーシャワーが降り注ぐ時期なので、婚活中なら理想の相手との出会いがあるかも。交際中なら関係が次のステージに進展しそうです。

この時期に関わる相手は、あなたが密かに抱えている深い悩みを感じ取ってくれるでしょう。秘密を共有することで、コミュニケーションに光が射し込むことに。

2027年　張宿「友」

いつも以上に人との交流が増えます。ヘアスタイルやメイク、ファッションなど、自信をつけるための自己投資を行いましょう。大胆なイメージチェンジも吉。

昨年に引き続き恋愛面はモテ期です。キューピッド役の友人が、あなたの恋愛を全力でサポートしてくれるでしょう。結婚式、誕生日パーティー、チャリティーやスポーツイベントなどの社交イベントに招待されることが増えるかもしれません。同情心を持って、ボランティア活動などに意識を向ければ、愛の波動が高まります。

2028年　翼宿「壊」

なかなか思うような成果が出ないもどかしい年。積極的に自分を売り込んでいくよりは、陰の立役者として他人のサポートをしたり、舞台裏を支えたりするほうが得策。そうした努力が2029年以降に活きてくるので、できるだけ努力することを忘れずに。ここ数年続いている腐れ縁の相手や、脈のなさそうな片思いの異性も、この時期に決心して切ることが有効です。深追いすれば弊害が生じるので注意しましょう。旅行、移動に関係するトラブルに注意です。

2029年　軫宿「成」

物事を新しく始めるのに向いた年。自分で行動を起こさなくともそうした状況が訪れることになるかもしれません。潜在的に秘めた才能が思わぬきっかけで日の目を見ることになります。また、得意としていることがにわかに引っ張りだことなって、脚光を浴びることに。

多額の財を引き継いだり、大きな権利を自分のものにしたり、新しくチャレンジしたことは、あなたにとって大きな財産となるでしょう。

誇り高き太陽の化身

天狗《てんぐ》（星宿《せいしゅく》）

基本的性格

神通力で自在に風を操る天狗は、記紀神話の神、猿田彦と同一視されています。また、武士道や山岳信仰と強い結びつきがあり、権威、修行、自然崇拝の象徴です。

そんな天狗を守護に持つあなたは、周囲を圧するような威風堂々とした人。周囲を明るく照らす太陽のように、とても陽気ですが、その分、濃い影を感じさせるところも。プライドが高く、特別な存在になりたいという非常に強い欲求を持っています。

豊かな創造力に後押しされ、決断力もあり、とても働き者。寛大で思いやりがありますが、自分の考えを貫く意思が強く、無知な人や愚かな言動には我慢ができず、苛立ちを抑えることができません。

そんなところが、ときに不遜な態度となって、周囲からは自己中心的に見え、攻撃性や傲慢さとして映ることも。

人生の目的と適職

クリエイティブな才能があり、本物志向で凝り性です。自信家なので、人に追従することはなく、人の意見にもあまり耳を貸しません。いったん目標が決まれば、神通力を操る天狗のように、不動の精神で強さを発揮します。

出世を目指せば、大変なエリート志向になります。派手な仕事や生活をしているようで案外、地道な努力も惜しまないので、周囲からの人望が厚いでしょう。しかし、支配的な行動がすぎたり、権力を振りかざすばかりでは、人がついてこなくなるので注意が必要です。創造性を活かせるクリエイティブな業種のほうが、本来の能力を発揮できます。

ショービジネスやエンタメ、芸能、プロデュース業、監修、また学問、政治、研究職も吉。土地や山にとても縁があるので、建築や不動産関連は大吉となります。どんな職種に就いても持ち前のセンスを活かし、芸術的で創造的な活動を心がけることで大成します。

恋愛

独特の色気を醸し出しているので、異性からの人気を集めます。愛情表現はとても誠実で、気持ちが表情や態度に出やすく、口に出さずとも周囲や相手に恋心がバレてしまうことも。

でも、振られたらカッコ悪い、というプライドが恋の場面でも働いてしまうので、相手も自分のことが好きだと確信できるまでは行動に移さないところがあります。

デートで大枚をはたいたり、ファッションにお金をかけたりしがちで、表向きは派手ですが、意外にお付き合いした人数は少ないかもしれません。

いつも自分が相手の中心でありたいと思っているので、少しでも粗雑に扱われると、すぐに機嫌を損ねてしまいます。サプライズで相手を楽しませたり、喜ばせたりしますが、見返りとして自分への忠誠を望むところがあるようです。

開運食

筍、きのこ、山菜、山芋、木の実など、山の幸がもたらす栄養を多く摂るように心がけましょう。また、イワナやアユ、ドジョウといった川魚や、有機野菜、天然の水だけで自生している食材は、すべて開運食です。これらの山の幸は、薬効成分を多く含み、老化を防ぎ、健康で病気になりにくい体を作ります。

ラッキーアクション

高野山や富士山、熊野、英彦山など、山岳信仰にゆかりのある場所に出かけましょう。ハイキングやトレッキング、山菜採りなどを通して、四季の自然を満喫しましょう。また、朝日が昇るタイミングに出かければ、さらに運気倍増です。とにかく、自然界のすべての現象や事物に霊魂が宿るとする考え方、アニミズム的な行動はすべてOKです。

ラッキーカラー・スポット

幸運を呼ぶカラーはオレンジ、ミントグリーンです。

「火」に関連するスポットは開運を招きます。地球のエネルギーを全身で感じる火山、想像力を掻き立てる劇場や映画館も吉。

9年間のメインテーマ

2021年からの9年間のメインテーマは「交渉」、「トレンド」です。周囲に調和と美をもたらしたいという欲求が出る時期です。

社交性を発揮しながらフェアプレーを心がければ、あらゆる契約事を通して、大きな利益や喜びを得られることに。また、トレンドを生み出す時期でもあり、世の中の動向を読み取りながら、相手のニーズに自分を柔軟に合わせる訓練が必要となるかもしれません。

2021年 觜宿「戌」

これまで困難だと思っていたことが解決し、意気揚々と新しい道を進み始めるとき。逆境に打ち勝ち新たな一歩を踏み出すタイミングです。充実感に満ち、怖いほどツイている時期なので、善は急げの精神で、思いつくことは片っ端から実践して。

とくに、交渉、契約、共同事業は有益に。ビジネスパートナーとの間で共通の目標に向かえば、嬉しい成果が得られるので、全力投球で臨みたいところ。ただし、強気になりすぎて他人を攻撃すると、評判を下げるので注意しましょう。

2022年　参宿「危」

これまでとは違う環境に飛び込むことになる時期。そこで大きな刺激を得ることで、今後のキャリアやプライベートの満足度が大きく変わりそう。専門学校や大学などスクールに通うのはとくにおすすめ。また、勉強会の主催、ネットでの情報収集と発信などはどれも◎。ただ、目先の印象だけで情報収集をすれば、役に立たない無駄な知識ばかりを拾い集めることに。

人間関係では、誤解やすれ違いが生じることも。相手の言葉の表面的な意味ばかりをなぞるのではなく、背後にある真実を探る姿勢を持つことが大事。怪我や事故にも注意が必要。

2023年　井宿「安」

金運、移動運上昇の時期です。偶然居合わせた場所で、たまたま小耳にはさんだ情報が、大きな利益へと発展する暗示があるので、コミュニケーションの場面では聴き耳を立てておくこと。この時期の金運を上げる効果的なコツは、話題になっているからといって、あれもこれもと手をつけないこと。また、コストにも注意を払いましょう。無頓着な考えでは、せっかくの利益が吹っ飛んでしまうことになるので、まずはコツコツと一定の結果を出すように心がけましょう。

旅行、車、家の建て替え、購入など、大きな買い物には最適の時期。また、契約事にも縁あり。ここでの契約は後に大きな財をもたらすことに。

2024年　鬼宿「哀」

家族や恋人など、身近な人との関係で深刻な問題が勃発する暗示。とくに、これまで家族や一族の人たちに支えられ、身内に深く依存して生きてきた場合は、否応無しに関係が刷新することに。周りの人の感情を踏みにじるような言動を取ったり、無視したりすれば、現状はさらに悪化するので用心を。

この時期学ぶべきことは、お互いに弱体化させるような依存を引き離して、それぞれが自立した豊かな関係を引き寄せることです。また、誰かに強く執着し、もたれかかっていた過去の習慣を清算するタイミングでもあります。病気にも縁がある時期なので、体調管理を怠らないようにしましょう。

2025年　柳宿「栄」

9年に一度の大繁栄の年です。2024年に生じた家族問題などは一気に解決の運びに。自由を謳歌する喜びに満ち、健全なサポートにも恵まれます。結婚運も上昇。さらに自立して生きていくことに対する自信が得られる時期なので、起業や大きなプロジェクトをスタートさせることも有効。

また、有益なトレンドを発信し、それを通して天賦のリーダーシップを発揮することに。あなたが主張するものが多くの人たちに支持され、組織や集団では優位性を発揮します。心から求めている社会的賞賛や報酬が、この時期、束になってやってくるでしょう。

2026年　星宿「命」

28年に一度の生まれ直すタイミングです。原点回帰を通して、あなたの人生の目的が如実に現れることに。「みんなと分かち合える喜びを表現することこそが、原点」ということを思い返せば、自らの創造力を存分に発揮できるでしょう。それにはそれなりの責任が伴うことを、学ぶ年になるかもしれません。

今後どんな理想を掲げ、何を求めているかを具体的にイメージしましょう。そうすれば、あなたを取り巻く環境は大転換を迎えることに。

また、運命的な出会いの暗示も。その人物は、あなた本来の純粋で無邪気な精神に同調してくれる強力なサポーターです。

2027年　張宿「親」

コミュニケーション運、人気運上昇。人間関係、恋愛面では追い風が吹いています。何事も楽しみながらできるかどうかが、運を左右する決め手に。やらされていると少しでも感じれば、思うような成果は得られません。自分の信じた道を突き進みましょう。そんなあなたの熱心さが周囲の心を動かし、思いがけず大きな援助を受けることも。謙虚な気持ちで教えを乞えば、より多くの有益な知識も伝授してもらえそうです

2028年　翼宿「友」

引き続き、コミュニケーション運、人気運上昇の時期。あなたの言葉や表現が周囲に大きな影響を与えるでしょう。持ち前の魅力が輝く時期です。とにかく自分から動くことを心がけましょう。あなたから働きかけることで人との距離が縮まり、憧れていた人とも親密になれるような展開が、期待できるでしょう。

イメージチェンジを狙うなら、この時期がチャンスです。古い価値観を脱ぎ捨てたとき、新しい世界が見えてくるかもしれません。また、海外との縁が生じるタイミングでもあります。視察を兼ねた長期旅行や留学、また「遠征に打って出る」なんてこともありそうです。

2029年　軫宿「壊」

周囲からの辛辣な批判や誹謗中傷に悩まされる時期です。それを通して、精神的な苦痛を引き起こし、能力も萎えてしまうでしょう。さらには仕事上のトラブルも引き起こし、それが引き金となって健康上のトラブルにまで発展しかねません。また、他人の期待に十分に応えられないかもしれないという恐れから、自分を枠の中に閉じ込めたり、自ら鎖で縛ったり、かなりのストレスを感じる年に。

自分に辛く当たるようなことは極力避けましょう。この時期は、自分の弱点を認識するだけでOK。

無理にそれを乗り越えようとせず、ただ受け入れることに意識を集中して。

威風堂々、明るく情熱的なリーダー

スフィンクス（張宿《ちょうしゅく》）

基本的性格

スフィンクスはライオンの体と人間の顔を持つ聖獣であり、王の権力の象徴です。また、ギリシャ神話では人間に謎かけをする怪獣としても有名です。

そんなスフィンクスに守護されるあなたは、他の追随を許さない百獣の王ライオンのように、どこか堂々としていて威厳があります。人生を楽しみたいという気持ちが強く、明るく情熱的な性格です。どこにいても人気と話題をさらうスター性があり、それを自負しているので、堂々とした王者のような振る舞いをします。

才気にあふれ、何をしてもキラッと光るものがある、魅力的な人。一方で、見栄っ張りで、好き嫌いが激しく、おまけに頑固。独立心も旺盛で、自己表現したい気持ちも人一倍強いため、なかなか人には従いません。

人生の目的と適職

あなたは「創造性」と「権力」といった、一見関連性のないような能力を武器に世の中を渡っていきます。自分が望むものをちゃんと自覚していて、その欲求に対しても正直に行動します。また、謎かけをするスフィンクスのように、芸術や言葉によって物事をアピールする能力に恵まれています。

文芸やコンポーザー、デザインなど、創作性を活かす仕事に才能を発揮します。また、プレゼンテーション力に優れ、人前でも物怖じしないため、芸能人や講演家も吉。監督業やプロデューサーのような、全体をまとめる統括的な役割で人生の目的を遂行します。注目され、賞賛を浴びる場所を手に入れることで、より輝く運命を持っています。

恋愛

華やかでゴージャスなことが大好きなあなたは、少し浮世離れしたようなドラマティックな恋愛を好みます。常に人の輪の中心にいて、何かと注目されるので、異性からはモテます。恋愛面でも、人に軽んじられたり、さげすまれたりすることを嫌います。一方で、おだてに弱く、騙されたり、担がれたりして道を誤る危険性も。

恋人ができると、周囲に見せびらかしたくなる無邪気なところがあります。ただ、それは逆に言うと人から羨ましいと思われる相手でないと嫌ということ。性格が好きでも、容姿やステータスに難があると、付き合うまでには至らないことが多いかも。秘密の恋は性に合わず、日陰の身で満足することは皆無です。

開運食

夜更かしと朝寝坊に気をつけましょう。早起きして、毎朝太陽の光を全身に浴びることが何よりの開運法です。豪華なディナーもいいですが、朝食に気を配ることが大切です。アブラナ科の野菜（ブロッコリー、ルッコラ、小松菜）を多く摂り、極力、グルテンや砂糖、アルコール類を控えるように心がけましょう。

ラッキーアクション

休日は家でゴロゴロしないように、注意しましょう。踊ったり歌ったりなど、フィジカルな表現はすべて開運につながります。また、朝の勉強やイベントの参加といった朝活は、あなたの運を後押ししてくれるので、積極的に実践して。

ラッキーカラー・スポット

幸運を呼ぶ色は、ゴールドとイエロー。スポーツ観戦や演劇・映画鑑賞など、エンタメスポットに出かければ、ラッキーを呼び込みます。また、「太陽」を連想するような海水浴場やキャンプ場も吉。

9年間のメインテーマ

2021年からの9年間のメインテーマは「人間関係」、「パートナー」です。これまでの人間関係が劇的に一新するような出来事が多いでしょう。

自分が所属している団体だけでなく、違う価値観を持つ団体とパートナーシップを組んだり、渡り歩いたり、そんな多様な人間関係の変化が、あなたの人生を動かす原動力となるでしょう。

2021年 觜宿 「壊」

突発的な人間関係の変化が起きやすい年です。さまざまな関係性が一度解体され、再構築される暗示があります。

出会いも別れも突然で、しかも、かなりインパクトの強い形で生じます。「搾取」や「縛り」といったネガティブなキーワードを抱えている場合は、そこから離脱する勇気が湧いてきます。

この年は、今まで決して壊せなかった壁を壊し、自分本来のあり方を見つけ出すような経験ができるかもしれません。それは電撃的であり、とても刺激的な出来事です。

2022年　参宿「成」

数段飛ばしで成長できる年です。2021年は、大きな変化の勢いにのみこまれて、何が起こっているかが、よくわからなかったかもしれません。2022年は、昨年起こったことの意味や可能性に、腰を据えてじっくりと取り組んでいける時期となるでしょう。

有益な情報や、あなたに協力したいという人も自然に集まってくるでしょう。あなたの描く大きな夢は、他人には実現不可能に映るかもしれませんが、この時期だけは実現可能な目標となって、本当にそれを叶えてしまうことに。

2023年　井宿「危」

この年はさまざまな気が交じり合うので、いろいろなことがぶつかり合って混乱するかもしれません。たとえば、オフィシャルとプライベートのバランスでは、「あちらを立てれば、こちらが立たず」など、どちらかが極端におろそかになる危険性も。パートナーとの間に何らかの問題を抱えている場合は、この年は向き合わざるを得ない局面となります。恋と仕事、家庭と出世、どちらも大事ですが、この年はオフィシャル面を優先したほうが得策でしょう。

2024年　鬼宿「安」

穏やかな年です。2023年に生じた問題は終息に向かい、とてもバランスの取れた運気です。アップダウンの多かった過去3年間でしたが、そんな山あり谷ありの期間の中で、あなたは古い常識や考え方を乗り越えてきたはず。古い価値観に縛られていた自分に気づき、そこから自分を解放し、もっと広い世界に行ってみたくなる年となるでしょう。

金運も上昇の時期。有益な人材との出会いがあり、夢や目標を共有する仲間を通して、人との関わりが活性化します。また、長期出張や留学など、遠く旅に出ることになるかもしれません。

2025年　柳宿「衰」

動こうと思ってもモチベーションが上がらなかったり、周囲との歩調が合わなかったりして、うまくいかないことが多いかも。目の前のやるべきことをしっかりとやってさえいれば、そんなに心配することはありません。

専門性を高めるために勉強に打ち込むのもいいでしょう。というのも、翌年（2026年）の1年間は社会的にひとまわり大きなステージに上がる時期だからです。大繁栄の運気に備えて知識の充電をしておくのも得策です。

2026年　星宿「栄」

名誉や賞賛といった実りある時期です。9年のサイクルの中で、キャリアが一つのピークに達し、大ブレイクの暗示があります。大きなプロジェクトがスタートしたり、重要な役割を任されたり、昇級や独立などで、肩書きが変わる場合も。ここまで積み重ねてきた経験や知識、人間関係などの集大成のような活躍が期待できます。

このタイミングで出す結果は、あなたが次の大きな運勢のサイクルに向かうための礎となるでしょう。

2027年　張宿「命」

28年に一度の大きな転換期です。これまでの28年間で培ったパズルをいったんバラバラに解体し、新たに作り始めるような、再統合のチャンスが巡ってきます。

これまでの人生を振り返り、内観を通して、あなたの心の奥に目を向けましょう。これまで培った魂の成熟を一つに束ね、統合させることで、優しさにあふれる理想のコミュニティーを実現することになります。精神世界のメンターやリーダーに導かれる暗示もあります。

2028年　翼宿「親」

人間関係が円滑に運ぶ年です。誰かと深く愛し合う体験によって「本当の愛」を学ぶことになるかもしれません。ペットへの愛、趣味への愛、仕事への愛など、どんなことでもあなたにとってかけがえのない愛であれば、それは成就へと向かうでしょう。

念願叶って子どもを授かることもあるでしょう。すでに子どもがいる場合は、子どもとの関わりを通して多くを学ぶことになります。

2029年 軫宿「友」

引き続き、人間関係が円滑に運ぶ、コミュニケーション運上昇の年。クリエイティブな活動に取り組んでいる場合は、大きなチャンスです。勇気が増し、周囲にもあなたの情熱を受け入れてもらいやすいでしょう。

これまで人に言えずに苦しんできたことを、カミングアウトすることになるかもしれません。そんな自己肯定を通して、友人の輪が拡大することになるでしょう。

周囲を魅了する完璧主義者

ペガサス（翼宿《よくしゅく》）

基本的性格

優美な翼を持ち自由に空を飛ぶペガサスは、ペルセウスが怪物メデューサの首を切ったときに飛び散った血から誕生しました。不死の象徴であり生命の泉と深い関わりがあることから、霊性、創造性、インスピレーションを司ります。

そんなペガサスに守護されているあなたは、表向きは穏やかですが、内面はとても気性が激しく、どこか近寄りがたいほど堂々としていて、おごそかなイメージを醸し出しています。

プライドが高く優越感に浸るところがあり、ほとんど条件反射のように自分の魅力を周囲にアピールしながら引きつけます。

また、完璧主義な面があり、他人の評価が気になる人です。他人に批判される前に先回りして、格好つけるところがあり、ときに皮肉めいた言葉で相手を突き刺すところも。「こうでなくてはならない」という厳しいルールが、心の中に内在しているようです。

人生の目的と適職

言葉や音楽、芸術的表現を通して多くの人に影響を与えます。ゼウスの雷を運ぶという名誉ある役割を授かるペガサスのように、あなたにはカリスマ性があり、良くも悪くも青天の霹靂の連続のように人生が展開します。また、毅然とした強い義務感を備えていて、物事を分析し、効率良く物事を進める才能があります。

ただ、他人の何気ない反応も自分に向けられたものとしてピリピリと神経を尖らせたり、細かいところばかりに意識が捉われてしまうことも。

周囲に細かい配慮ができるのはあなたの美徳ですが、ともすると、そんな緻密な性格が災いし「間違い探しの人生」になってしまう危険性があるので、注意しましょう。

海外と関わりがある業種や語学関係、移動を伴う仕事に向いています。几帳面で整理能力は抜群なので知識の収集、プランニングや分析力を要求される業種、教育、出版、看護師、衛生、秘書なども◎。指導的立場、または自分なりのやり方が通せる自由業、広報、販売促進業、ショービジネスやエンターテイナーで名声を得ることも。

恋愛

しなやかで若々しく、人を惹きつける魅力があり、大胆な面と慎重な面が混在しています。恋愛よりも現実を優先するところがあり、精神的にも物質的にも豊かな人に引かれます。異性にモテるタイプなので、遊びの関係は多いかもしれませんが、本当の恋の数は意外に少ないでしょう。

自分のやるべきことに厳しい分、相手への要求も厳しく、ときに辛辣です。温かく広い心で接するかと思うと、細かいところばかりあげつらったりして疎まれることも。

相手が自分の高い理想を満たさないときには、批判的になりがちです。愛する人に対しては、心理戦は避け、正直に向き合ったほうがいいでしょう。

開運食

オメガ3脂肪酸を含むナッツ類を多く食べるよう

にしましょう。中でもクルミがおすすめです。クルミには、心を乱す炎症を抑える働きがあります。また、クルミ一つかみのポリフェノールの量は、グラス一杯の赤ワインよりも多いとか。そのまま食べるのもいいし、細かく砕いて、和え物やサラダにふりかけるだけで、食感も楽しめます。

ラッキーアクション

テーマパークやアミューズメントなど、日常を離れた異空間で童心に戻って思いっきり遊びましょう。またあなたは、海外、乗り物にも縁があるので、旅行を通して本場の料理を楽しんだり、異国の文化に触れたり、現地の生活を体験したりすれば、運気アップにつながります。

ラッキーカラー・スポット

幸運を呼ぶカラーはコバルトグリーンです。「火」と「地」に関連するスポットは開運を招きます。四季折々の風景や美しい自然がたっぷりと感じられるリゾート地で、心身の疲れをほぐしましょう。

9年間のメインテーマ

2021年からの9年間のメインテーマは「バランス」、「訓練」です。他人の言うことや情報を鵜呑みにしないことが、いかに大切かという体験を通して人生のステージを上げていくことに。

十人十色のように、全体像を見極める習慣を身に付け、人それぞれ異なる動機や欲求、そして喜びがあることを学ぶサイクルとなるでしょう。

2021年 觜宿「友」

脇役から突然主役に抜擢されるような変化があるかもしれません。コミュニケーション運、ショッピング運も良好。大きな買い物も吉です。知的好奇心を満たしてくれるようなイベントに進んで参加し、人との交流に時間とお金を費やしましょう。

また、周囲とのコミュニケーションに対して妥協は禁物です。「このあたりで手を打っておこうかな」と思うのは後悔のもと。あとになって「言っておけばよかった」とならないように、発言すべきことは遠慮しないで。

思い切って相手の領域に踏み込めば、今まで気づかなかった相手の考えに刺激され、びっくりするような展開に発展するかもしれません。

2022年 参宿「壊」

人間関係を通して、あなたがずっと抱え続けていた問題やコンプレックスが浮上するかもしれません。「○○はこうに決まっている」とか「○○さんはこういう人だ」といった、偏った考えや関係は一度解体される暗示も。そして、強制的にその関わりから切り離されることになるかもしれません。

長い間うまくいっている関係でも、その関係性が新しい形に進化を遂げるでしょう。どちらにせよ、あなたの立場、力関係、役割分担が、この時期一度解体され、まったく新しい形に再構築されるチャンスが訪れます。痛恨の極みと思えるような出来事でも、後に「○○が壊れたから今がある」というように思えるはず。

2023年 井宿「成」

この時期の大切な心得は有言実行です。口にしたことは何が何でも成し遂げる実行力があれば、自然と壁を突破でき、気づいたときにはこれまでと全く違う立場に。従来の習慣を覆すような新しい発想やアイデアもたくさん浮かぶ時期なので、新しいことを始めるのが有益です。

何事も現実的な視点で取り組めば、大きな成功を手にすることに。ふわふわとした裏づけのない空論よりも、事実が物語る本質に目を向けましょう。自分が発言したこと、訪問した先など、詳細な記録を取るように心がけることが大切。

2024年 鬼宿「危」

なぜか思考回路が短絡的になりやすい時期。深く考えずに行動すれば、手痛い失敗をすることに。ただ、悪いことばかりでもありません。物事を大局的に、そしてシンプルに考えることで、問題解決の糸口が見えてきます。

人間関係は不安定なものとなり、予測不能な出来事に翻弄されてしまうことも。人の話を聞かずに独断での行動がすぎるとトラブルが生じます。とくに家族やパートナーなど、大切な人たちとの関係決裂という悲劇を招いてしまうかもしれません。とりわけ仕事面は有益な時期ですが、自分の要求を押し通そうとすれば分裂を引き起こすことになるので、言動には注意を払ってください。

2025年 柳宿「安」

周りの人との、情緒的な結びつきが強まる時期です。周囲のサポートや励ましにより、夢や目標を実現していくでしょう。仕事面では信頼できる仲間が増えたり、プライベートでは家族が増えたりすることに。そんな出来事を通して、自分の中にある思いやりの心や豊かな愛情に気づきが生じるでしょう。

お金にも縁がある年です。株式運用や投機も吉。ただ、稼いだそばから使ってしまうことのないように注意。家の建て替えや土地の購入、家族のためになる投資などは有益。転職、引っ越しにも良いタイミングです。

2026年 星宿「衰」

いつもなら難なく乗り越えられるような問題でも、この時期だけはネガティブなほうへと考え込んでしまうかも。先行きの見えない恋や将来の不安が原因で、あなたを現実逃避へと走らせてしまうでしょう。

こんなとき自分を甘やかすのは、かえって逆効果。隙間の時間を有効利用して学習に励んだり、調べ物をしたり、ちょっとしたノルマを課したり、知性と教養に目を向けるように心がけてください。何かを検索するうちにふと気になったことが派生して、多くの雑学を養う結果になるのでぜひ実践してみてください。また、宗教や哲学に目を向ければ、多くのことを学べるでしょう。

2027年 張宿「栄」

引く手あまたの、9年に一度の大繁栄の年です。長年叶えたかったことがあるのなら、実現させる好機到来となるでしょう。果敢に行動することで、ラッキーな出来事が面白いくらいに重なります。そして、高い目標に挑めばワンランク上のステージに昇格するでしょう。

また、ちょっと嬉しいミッションに誘われる暗示があります。一見小さく見えても、その案件は後に大きく開花する気配が濃厚です。恋愛面でも異性との急速な発展が期待でき、タナボタ式の幸運が訪れます。誘いも多く、誰かがあなた好みの人を紹介してくれたり、お膳立てをしてくれたり、人を介したチャンスに恵まれます。玉の輿など、ビックリするような展開になることも。

2028年 翼宿「命」

「自分はこういう人間だ」というセルフイメージを見つめ直すタイミングです。また、生活習慣や労働条件の見直しにも適している時期です。真面目に頑張っていれば誰かが助けてくれるはず、なんていう期待は残念ながらこの時期は通用しません。自分のことは自分で片付ける、自ら交渉に臨む、という姿勢を心がけてください。

新しい関係を求めてもなかなかうまくいかず、むしろそれまで結んだ関係を深める期間です。意識を「外」に向けるのではなく、内観をするなどして、意識を「内」に向けることが大切。担当業務や依頼が急に増え、パニックに陥るかもしれません。そもそも一気にすべてをこなそうとするのが、間違いのもと。まずは優先順位を整理してスケジュールを組むように心がけて。

2029年 軫宿「親」

自分の内なる強力なパワーを感じる時期。友人やパートナーとこれからの未来について語り合いましょう。そうすれば、予期できなかったことや、気づいていなかったことを指摘され、これからの未来にプラスになる情報を得ることができるはず。

また、グループの中でも役員や幹事を率先して引き受けることで、周囲からの信頼を得ることができ、人から一目置かれる存在に。有形無形を問わず、新しいプロジェクトを立ち上げるために資金を集めたり、逆に、誰かの夢に共鳴して出資したり、どちらにせよ、みんなをまとめる立場に身を置くことになりそう。

果てしないロマンと合理性の絶妙なバランス

アピス（軫宿《しんしゅく》）

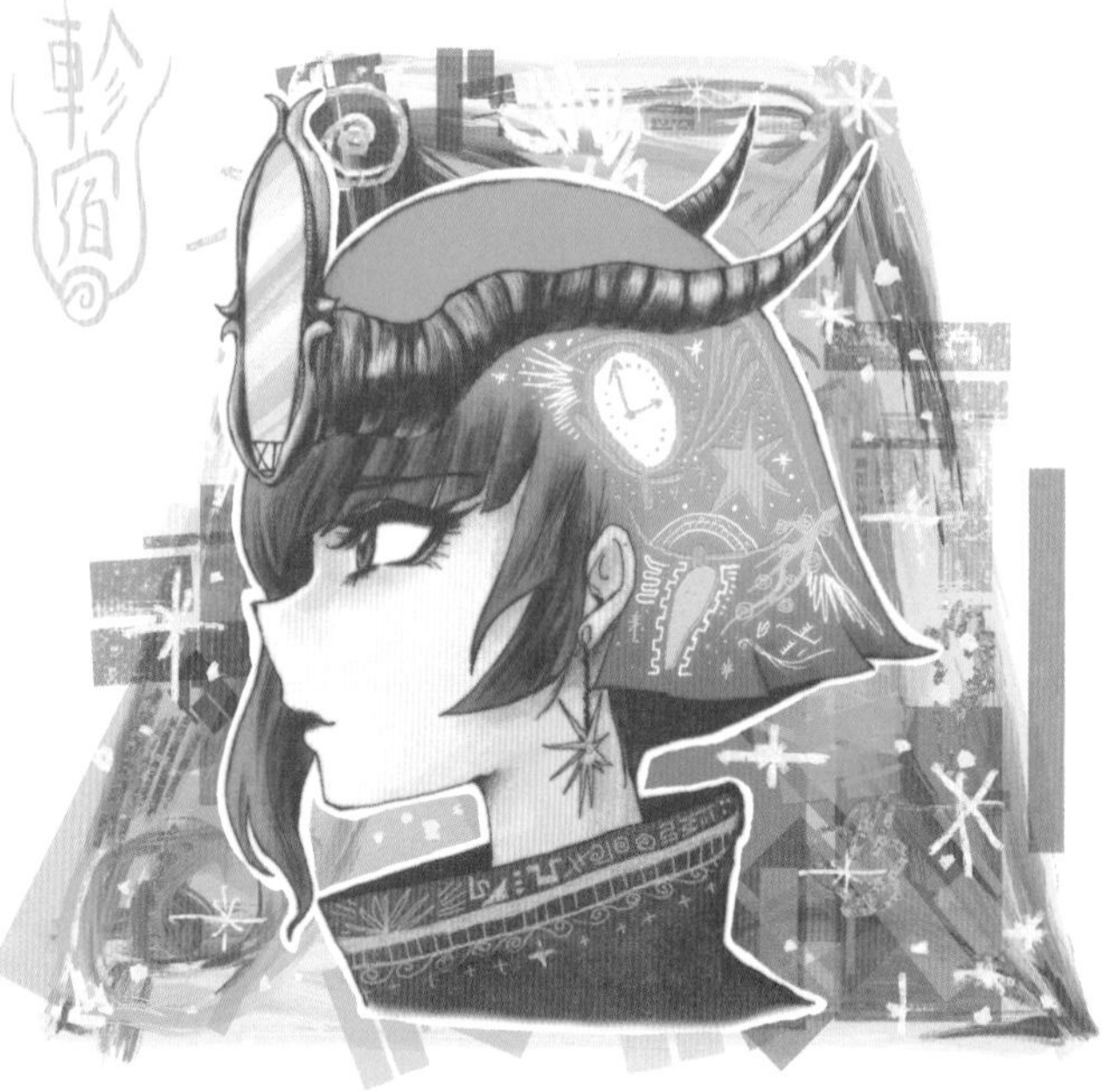

基本的性格

きらめく地平線と大地を守護するアピス。エジプト神話の超自然的な聖牛であり、神々の鍛冶屋プタハ神の使いです。角の間に付けた王家の太陽円盤は、権威、名声を司ります。そんなアピスに守護されているあなたは、しっかり地に足の着いた現実主義者。果てしないロマンを持ちつつも、夢よりも現実を美徳としています。知的で思慮深く、細かい配慮ができる人なので、周囲からの信頼は厚いでしょう。

繊細で細かいが故に、ささいなことをいつまでも気にしたり、いい加減さを嫌ったり、潔癖症で完璧主義な面があります。その完璧を求める気持ちから相手を批判したり、ときには自己否定となって現れます。物事はこうあるべきだ、という厳格な基準を持っていて、社会規範に反するような間違った方向に流れていくことを、極端に恐れているところがあるようです。

人生の目的と適職

アピスは超自然的な聖牛であることから、平和や安定を望む気持ちが強いでしょう。味覚が発達していてグルメ。神々の鍛冶屋プタハ神とも関わりがあることから、指先が器用です。

実際に見聞きした実体験に基づいたことしか信じない、強さがあります。奉仕の精神も豊かで、誰よりも清く正しく、人の規範となる人生を歩んでいけるでしょう。

でも、過剰な道徳、倫理観はあなたを苦しめ、その結果、がんじがらめの窮屈な人生になってしまうので、その点は注意が必要です。

実用的な分析能力を活かせる仕事、知識の収集やプランニングを要求されるような職業や、健康やコミュニケーションに関連した業種、文学、経理、通信、情報、出版、交通、旅行関係は吉。とくに編集能力に長けているので、エディターとして大成する可能性大。

恋愛

表向きは清らかで純粋な恋にときめきたいという気持ちが現れていますが、恋に夢中になって何も手につかない、ということはありません。

また、尊敬できる面や認められる能力を持つ人とはうまくいきますが、そうでない場合、ある程度付き合うと飽きてしまうため長続きはしないようです。

お節介で重箱の隅をつつくように口うるさい面も出やすく、相手のネガティブな面が気になりだすと、あれこれと口を出します。

辛辣な愚痴を言うようなシニカルな面も出やすく、理想もすこぶる高いので「この人」と思える相手がなかなか見つからず、恋人がいない歴を重ねてしまうことも多いでしょう。

開運食

腸内を潤す水溶性の食物繊維を多くとりましょう。オススメは葉酸、カルシウム、ミネラル、食物繊維が豊富な海藻類です。良質な油と一緒に調理すると吸収も良くなります。ワカメやとろろ昆布などは、どこのスーパーにも置いてありますから常備して、汁物に入れたり、サラダで野菜と和えたりして、パターン化すると続けやすくなります。

ラッキーアクション

手先が器用で美意識も高いので、彫金やハンドメイドのアクセサリー作りがおすすめ。自分でデザインや色を決め、持ち前の集中力を発揮して細かい作業に取り組むことで開運につながります。お料理好きなら、栄養学について勉強するのもいいでしょう。

ラッキーカラー・スポット

幸運を呼ぶカラーはアースカラーです。「地」に関連するスポットは開運を招きます。草原や牧場に出かけて、大自然の景色はもちろん、植物や動物との触れ合いを通して運気もアップします。

9年間のメインテーマ

2021年からの9年間のメインテーマは「義務」、「役割」です。あなたの人生で割り当てられた役目を果たすタイミングです。

他者への奉仕の活動を通して、心の均衡と安らぎが得られます。精神と肉体と魂といった三位一体のバランスを取り、統合していくことの大切さを学んでいくでしょう。

2021年 觜宿「親」

パートナーシップが大事になってくる時期です。誰かとコンビを組んで仕事をする機会も増えそう。その際、相手とのコミュニケーションを図り、相互理解を深めることが大事。お互いの考えをすり合わせ、目指すイメージに向かってクリエーションしましょう。

恋愛運も上昇しています。自分好みの異性と出会う確率は濃厚です。その出会いを通して、結婚を前提としたお付き合いが始まったり、同棲したり、親密な関係に発展します。

2022年　参宿　「友」

引き続きコミュニケーション運上昇の時期です。一人で行う仕事の場合でも、仕事仲間との連携は密に取りましょう。そうすれば、役立つ情報を仕入れられ、仕事も活性化します。

また、浮かんだアイデアを現実に落とし込む方法を論理的、合理的に考えるクセをつけましょう。どうしたら効率よくこなせるか、この企画を実現するには何から手をつけたらいいか、どう対応すれば上司や得意先とうまくやれるか……。すべてそういう思考法で仕事をこなすこと。それが実質的な成果をもたらします。

2023年　井宿　「壊」

「自分の基準が必ずしも相手の基準と同じではない」ということを意識させられるような出来事があるかもしれません。

今までは、こうすればいい評価が得られる、ということが、当たり前の常識として存在していたでしょう。しかし、それはローカル・ルールでしかなく、自分の世界以外では通用しないことがわかってくることに。

我を通したり正論を吐いたりすることが、かえって自分にとって不利な状況を招くこともありますから、この時期は正論の使い方を学ぶ必要があるかもしれません。人間関係の他には、移動に関連することや、研究開発、通信トラブルにも注意が必要。

2024年　鬼宿　「成」

仕事、学業、社交面で最強の運気です。もちろん努力は必要ですが、本気で欲しいと思ったものはすべて手に入るでしょう。自分にできるかどうかなど考えず、とりあえずやってみること。最短最速で結果が出ます。

人が敷いたレールの上をただ走るのではなく、あえて脱線してみるのも得策。これまでの経験や知識が強みとなって、新境地を開拓することに。家庭運も円満の運気。家の建て替えや購入などはこの時期がベスト。恋愛面は、復活愛の暗示。同郷、幼なじみ、同級生に注目して。

2025年　柳宿「危」

何事も、押せば主張は通るものの、その引き換えに敵を作りがちな危うい運気です。ここは損を覚悟で、周囲の希望を優先してみましょう。そうすれば、物事や計画が不思議なほど順調に運び、感謝されて人気もツキも倍返しですが、大したことはないとタカをくくっていると、形勢逆転を強いられることに。つまらないことで人と争ったり競ったりすれば、必ずといっていいほど後で後悔することになります。

今期は、何事もチームワークを大切に、そして、関わった相手への感謝の気持ちを忘れずに。また、火遊びやギャンブル的な勝負は避けましょう。散財が多く割とつまらないことに使ってしまいそうです。必要以上に自分を良く見せようとしたり、背伸びしたりすると失敗します。

2026年　星宿「安」

あなたの考えや、政策や戦略、方針などを発信していきましょう。あなたの発言が、鶴のひと声さながらに状況を変えたり、場を盛り上げるきっかけになったりすることも。また、その働きが金運上昇にもつながります。

ただ、不用意な物言いで誰かを傷つける暗示も。それが原因で、思わぬ妬みを買うなんて恐れもなきにしもあらず。適切なフレーズと表現を心がけましょう。旅行や引っ越しなど移動に関与することはすべて有効です。株やギャンブルで大きな収入を得ることも。人にすすめられたものではなく、あくまでも自分の目と分析力で選ぶことが大切です。

2027年　張宿「衰」

運気は下り坂です。深い沼のような心のぬかるみに足をとられてしまう恐れがあるので、朝型の生活、規則正しい食事、節約や節制、お金の管理といったことにしっかり取り組みましょう。日々の生活リズムが整ってくると、頭も体もよく働くようになり、幸運をつかむタイミングも冴えてきます。
恋愛面も停滞モード。真面目に考えすぎて、気楽に異性の誘いに乗れないようです。異性に対する目も自然と厳しくなり、「あの人は、ここが嫌」、「この人もイマイチ！」と、自分のことを棚に上げて、なかなか気持ちも盛り上がらないでしょう。また、天邪鬼な面も出てくるため、好きな相手と話せて嬉しいのに、わざとツンとして、思いと裏腹な態度をとったりしそうです。

2028年　翼宿「栄」

9年に一度の大繁栄の運気。キャリアアップの好機到来です。現状に満足せず、さらに上を目指して努力を積めば、実力も結果もついてきます。仕事の楽しさが実感できる時期なので、企画提案やプレゼンなどは積極的に行いましょう。この時期は、あなたのこれまでの人生、そのすべての経験がパズルのピースのようにピッタリとハマる感じがするでしょう。そんな実感から、かつて願った人生に近づいていると、感じることも多いでしょう。

この時期の取り組みは、すぐに終わるような小さなことよりも、長い目で見て大きな結果に結びつくことを選ぶほうが有益。結婚運も上昇。恋愛中の人は、お互いの家族に紹介するタイミングです。そうすればとんとん拍子に祝福のムードが高まる暗示。フリーの人も未来のパートナーと出会う確率が極めて高いので、ピンときた相手なら、迷わず相手の胸に飛び込んでOKです。

2029年　軫宿「命」

28年に一度の原点回帰のタイミングです。あなたの人生での役割や使命が如実に現れる年に。その過程で体と精神のバランスを崩し、健康を害したり、仕事が思い通りに運ばなかったり、あまり好ましくない結果を招くかもしれません。「進むべき道に進んでいるか」自問自答してみましょう。もし道を外れていると気づいたら、ゆっくりでいいので軌道修正を試みて。

絶妙なバランス感覚を誇る愛されキャラ

ガルーダ（角宿《かくしゅく》）

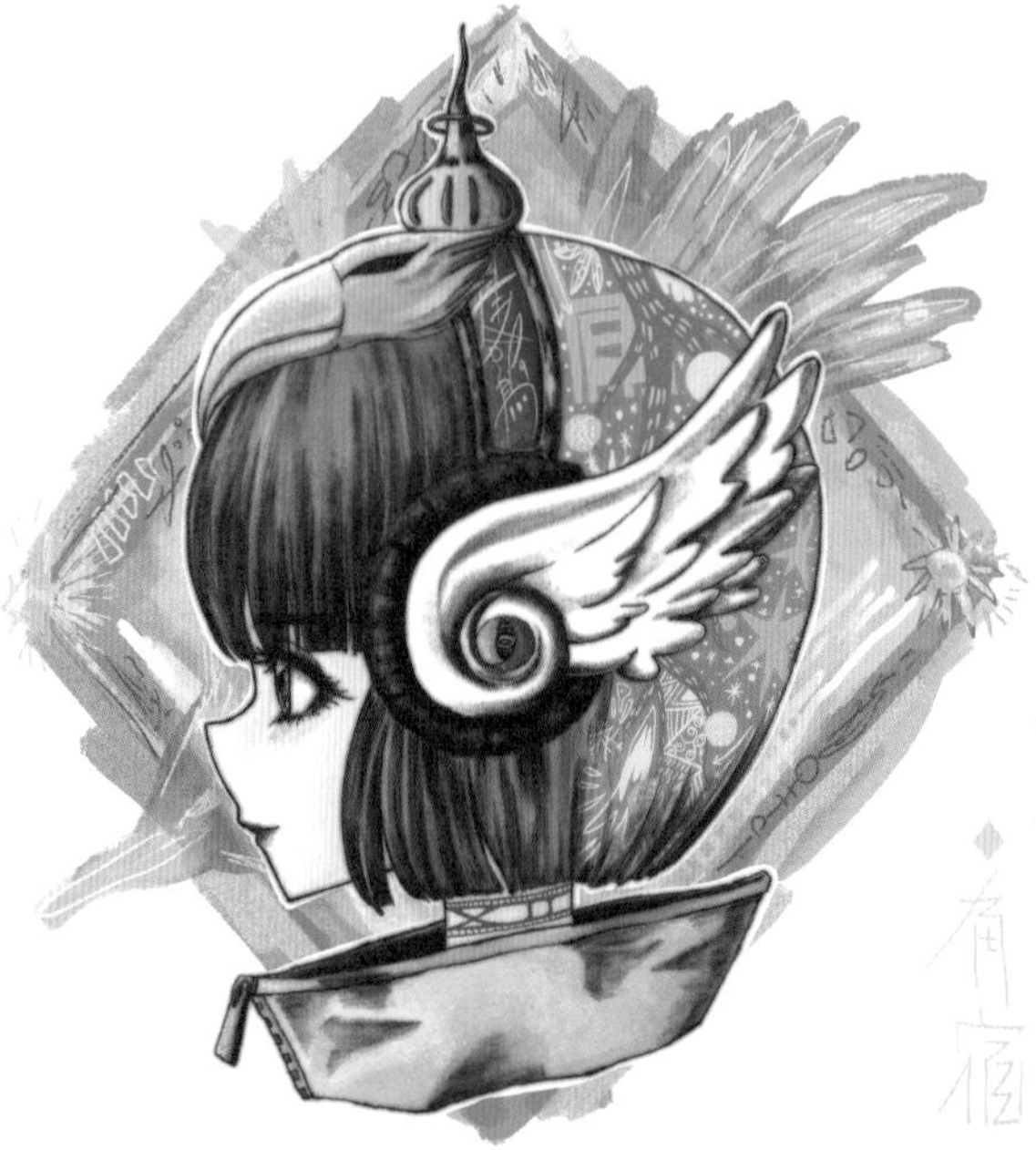

基本的性格

宇宙に遍満《へんまん》する維持の神として崇められているヴィシュヌを乗せるガルーダ。インド神話において聖鳥として崇拝され、黄金色に輝くガルーダは、神々の言葉、そして聖なる生命のシンボルです。

そんなガルーダに守護されているあなたは、美的感覚が鋭く、とても華やかな人。緻密で頭の回転が早く、器用です。社交性もあり、人当たりも良く、周囲の意見や状況にうまく合わせられる絶妙なバランス感覚が魅力。

ただ、八方美人な面があり、二面性もあるので、誰にでもいい顔をしすぎたり、天邪鬼な態度で周囲を困惑させたり、少しつかみどころがないようです。

ときに厳しく指摘をしたり、辛辣なダメ出しをしたり、何でも用意周到に緻密な計画を立てるなど、完璧主義なところも。巧みに状況をコントロールし、自分の思い通りに動かそうとする、策士な面もあります。

人生の目的と適職

混沌としたところに秩序をもたらし、必要な力を注ぎ込む役割があります。つじつまが合っている状態にする整合性を取る能力に長けていて、外交の才も授かっています。

自由業やサービス業もいいですが、独立して働くよりも、組織の中での活躍のほうが居心地がいいかもしれません。ヴィシュヌ神に寵愛を受けたガルーダのように、目上の人から可愛がられやすく、引き立ても受けやすい人です。また、ガルーダは移動を司るので、旅行、貿易関係も適職です。

都会的な生活を好み、美意識が高いことから、美容、健康、アパレル、ファッション業界、芸能分野も◎。また、法のもとで判断を下すような役割もあります。幅広い人脈とネットワークで人生を切り開いていくでしょう。

恋愛

都会的なセンスが魅力的なので、ハイスペックな異性からの人気があるでしょう。相手との釣り合いを常に意識し、容姿や社会的立場を優先することも多いようです。

感情よりも理性や現実が勝るため、愛のぬかるみにハマることは、ほとんどありません。

モテる人ですが、自分からアプローチすることは少なく、自分好みの異性に思わせぶりな態度で誘ってくれるように仕向けるような、恋愛の上級者でもあります。

ただ、ときに優柔不断な面も出やすく、強引な異性に弱いので、押し切られて付き合うパターンもあるでしょう。「人前ではいつもいい人を演じなければならない」といった、捉われた考えを捨てることができれば、もっと自由な恋愛を楽しむことができるでしょう。

開運食

体を温めるフルーツであるりんご、ぶどう、サクランボ、オレンジ、桃などを多く摂りましょう。とくに、りんごはオススメです。りんごには食物繊維のペクチンがたくさん含まれていて、加熱調理すると栄養成分が高くなるので、煮りんごや焼きりんごにして食べましょう。また、美容や健康のための定番である白湯を飲む習慣をつけるように、心がけましょう。

ラッキーアクション

美顔や痩身、最新の美容アイテムの購入など、美しくなるための自己投資は惜しまず行いましょう。また、好きな色が変わったら、波動が変わったシグナルです。ファッションはもちろん、インナーウエア、ヘアーメイク、インテリアも変えてみて。オフの日は美術館で優雅に過ごしましょう。

ラッキーカラー・スポット

幸運を呼ぶカラーはピンクです。「地」と「風」に関連するスポットは開運を招きます。風によって運ばれた砂が堆積してできた、砂丘や砂漠などに出かけてみましょう。風に吹かれるとストレスも飛んでいきます。

9年間のメインテーマ

2021年からの9年間のメインテーマは「労働」、「表現」です。仕事に意識が向かう時期です。また、厳密な取り決め、決まった枠組みから飛び出て、自由な表現をしていく時期でもあります。

自らのワクワクに従い、楽しいことを追求して、子どものように心を解放できるような取り組みに従事することになるでしょう。

2021年 觜宿「業」

キャリア、社会的立場、責任が問われる年です。自分が損をしないようにと、利己的な判断や計算高さが目立てば、間違いなく周囲の信用を失うことに。単独行動よりも、組織の中で自分を活かしていくほうが運気の波に乗れるでしょう。

過去のトラウマが再び浮かび上がってくるような出来事に、心をぐらつかせてしまうかもしれません。あえて自分自身に負担をかけることで、価値観が広がり、人生の基礎体力が大きく向上するでしょう。

2022年 参宿「親」

コミュニケーション運、人気運上昇の時期。面倒くさいからといって何もしないでいると停滞感が増すばかりです。今期はやりたいことを実行しましょう。「やりたいこと」を明確にして、実際に「発言してみる」「行ってみる」「作ってみる」「食べてみる」など行動に起こしましょう。

好奇心のアンテナは感度良好。「これから、どう成長していくのか」と、次の一手を考えるチャンスが到来するでしょう。

ブームや流行を先取りして、それを仕事や実生活に活かす方法を考えましょう。ここで始めたことは、あなたの血となり肉となる可能性大です。

2023年 井宿「友」

引き続き、コミュニケーション運上昇の時期。興味本位で始めたことが予想以上の良い結果に導かれるでしょう。存在感もひときわ輝き、周囲からの注目度も上昇します。人脈を広げるために、積極的な意見交換と有言実行の姿勢を心がけてください。

さらに、人間関係を円滑にする秘訣は、「私」を主語にすること。とくに相手にアドバイスするときは、「あなたはこうすべきだ」といった物言いでは、支配的な表現になりがちです。「私」を主語にすると、「私はこうするのがいいと思う」となり、コミュニケーションも円滑に。出会いも多いので、最高の恋愛ができるでしょう。

2024年 鬼宿「壊」

運気は乱調ぎみ。野心が表に出てしまうと、人間関係のしがらみに阻まれ、ジレンマと閉塞感に悩まされることになるでしょう。また、数字やデータを扱う作業は細心の注意が必要です。ミスが多発する暗示があるので、ダブルチェックを怠らないように注意しましょう。

痴情のもつれが原因で、家庭、家族のトラブルが勃発する暗示も。自己主張が激しくなり、家族からの助けも「当たり前」として捉え、感謝の気持ちを持てなくなるかも。仕事面でも「親しみ」よりも「冷徹」といった傾向が強まりがちなこの時期は、良からぬレッテルを張られ、評判を落とすことになるかもしれません。ただ、無理にいい人を演じるとボロが出やすいので注意して。

2025年　柳宿「成」

今期は新たな可能性が拓けてくると同時に、それが将来的な基盤にも直結してくる発展期。高い目標を掲げ勝利を目指して努力すれば、一つ上のステージへ昇格することができます。とくに、絵画や音楽、物づくりなどクリエイティブな活動は有効。その作品をコンクールに応募したり、仲間とライブや個展を開いたりして人前で披露していくといいでしょう。また、一つのものを徹底的に掘り下げ、突き詰めるのも悪くない時期です。そうしたことが、あなたの感性を刺激して、新たなチャンスや才能が花開くことに。家族問題は解決に向かいます。

2026年　星宿「危」

行き違いやすれ違いが多い時期です。メールの返信を怠ったり、割り当てられた当番をサボったりなど、それが原因で、周囲からのバッシングに遭う恐れが。約束を破る、やると言ったことをやらない、期日を守らないというのも、いつも以上の信用失墜になることを肝に銘じておきましょう。

オフィスや取引先の人間関係が問題になりそう。相手の機嫌を損ねたりして厄介なことに。仕事とは関係ない話にも付き合ったり、たまには食事に誘ったりして、相手を上手に持ち上げておくことが必要。

2027年　張宿「安」

欲しいものが手に入る時期です。手に入れたいものを明確にしましょう。ただ、周りに奪われないように予防線を張ることを忘れずに。人に幸せを還元するのではなく、自らの心を満足させることだけに焦点を当てましょう。また、パートナーとは良い距離感を保ちながら過ごすことができそう。一緒にいると穏やかな気持ちになり、シンパシーを感じられるでしょう。

戻れる場所があるという安心感は、想像以上にあなたを強くします。この時期は言葉で何かを伝えるよりも、いつも笑顔でいることが、相手にも自分にも必要だと気付くでしょう。

2028年 翼宿 「衰」

衰弱の運気です。病気に縁がある時期なので、睡眠や食事といった基本的な生活習慣を見直しましょう。また、メンタル面にも注目を。「頑張らなければ」と焦ったり、他人と比較して自分を否定したりするよりも、自分を肯定しましょう。

この時期は、自分を苦しめる意見や嫌味を言う人とは距離を置くことが有効です。他人の意見に一喜一憂するばかりでは、それによって生活や体調のリズムを崩してしまうことになるでしょう。そうした落とし穴から脱出し、あくまで自分のリズムを大切にして。旅行の計画や引っ越しなどは、2029年にズラしたほうがスムーズです。

2029年 軫宿 「栄」

9年に一度の大繁栄の運気です。考え込むより、むしろ直感的に物事を判断し、それに従って行動したほうが成功します。初顔合わせ、未体験の娯楽など、ワクワクすることに挑戦しましょう。そうすれば、視野や価値観が広がり、従来の自分から脱皮できて、理想像に近づきます。

未体験なことに踏み込んでも自力で切り開いていけるパワーがあるし、転んでちょっとくらい痛い思いをしても、大きなダメージにはならないので大丈夫。自分の夢をまっすぐに追いかけて、冒険すべきです。

調和とバランスを重んじる頼れるリーダー

鳳《ほう》凰《おう》(亢宿《こうしゅく》)

基本的性格

高貴な装飾のシンボルとして知られる鳳凰は、天地創造の根源の力という意味があり、その姿は絢爛豪華な青・赤・黄・白・黒の五色を備え、仁・義・礼・智・信の五徳を司り、古くから社会の安定と調和を維持する力を持つ霊鳥だと信じられてきました。

そんな鳳凰の守護を受けるあなたは、調和とバランスを何よりも美徳とする礼儀正しい人。表向きは社交的で人当たりがよく、上品でノーブルな魅力が漂っていますが、内面は反骨精神が旺盛なアグレッシブな人。

冷酷で厳しい一面もあり、教養のある人間のように振る舞おうとするスノッブな面もあります。ときに自分の本心を偽って相手に合わせすぎたり、どこかで相手があなたの望むような配慮を期待したり、誰に対してもそつなくいい顔をするところがすぎると、八方美人と揶揄されることもありそうです。

人生の目的と適職

「鳳凰」には「見定める」という意味があり、あなたは、社会の風潮や世の中の動向、そして周囲の意見や状況にうまく合わせながら、達成困難と思われることを成し遂げる要領の良さがあります。

常にバランスよく客観的に、その場の状況に引きずられることなく自分のビジョンに基づくスタイルを貫きます。臆することなく理路整然としているので、周囲の支持や協力を得てリーダーシップを発揮します。ただ、自己弁護や言い訳がすぎると悪循環となるので注意しましょう。

規制や法に関与した仕事、コンサルタントやカウンセリング業、補佐、調整、交渉、相談役として働く場合はとても有利です。

また鳳凰は、羽衣や天女に関係が深いので、美しいものに関心が高く、ファッション関係、美容業界での活躍は、可能性を大きく広げます。

恋愛

恋愛に関しては、あくまでも相手とフェアな関係でいたいと願っています。相手が喜ぶポイントもよく知っていて、気の利いた言葉でスマートに伝えます。

また、引き際もよく知っているので、相手のことが気になって、四六時中一緒にいないと気が済まない、というようなところはありません。互いを尊重しながら、パートナーシップを築くことができます。ただ、ときに相手を天秤にかけたり、生々しい感情の触れ合いを遠ざけたり、痴情のもつれといった面倒なことを極力避けたがるところがあります。

ドロドロした嫉妬や束縛を強いられると、あっという間に恋心が覚めてしまうようです。反面、誰からも好かれたいという八方美人な面から、その気のない相手でもつい優しくしてしまうので、厄介な人に好かれたり、恋の誤解が生じてしまうことも。

開運食

オススメの食材は、食物繊維が豊富な高野豆腐。腸内環境を整える万能食材の高野豆腐は、大豆製品の中でもとくに優秀です。ミネラル、タンパク質、ビタミンを含み、タンパク質の量は、納豆の約3倍、木綿豆腐の約7・5倍も含まれ、脂肪の燃焼を助けるアミノ酸まで含まれているので、ダイエット効果もあります。炒め物やお味噌汁に入れるなど、バリエーションも楽しめるので、常備しておきましょう。

ラッキーアクション

田舎より都会のほうが、エネルギーを高めることができます。各都市のファッションストリートに出かけて、先取りの装いを試みましょう。また、オーダーメイドの香水を作ったり、フラワーアレンジメントを習うのもいいでしょう。たとえばカフェなど、社交場となるようなお気に入りの場所を確保しておくのもOK。

ラッキーカラー・スポット

幸運を呼ぶカラーはラベンダー色です。

「風」に関連するスポットは開運を招きます。美術館や画廊、美しい花が咲き誇る庭園がオススメ。中でもバラの庭園は、瞬時にエネルギーを高めてくれるスポットです。

9年間のメインテーマ

2021年からの9年間のメインテーマは「クリエイティブ」、「遊び」です。周りの目を気にせず、未知の世界に向かって表現、冒険していく時期です。日常の制約に捉われず、恋愛や刺激的な遊びを通して自らを解放していく時期となるでしょう。

2021年 觜宿「栄」

9年に一度の大繁栄の年です。今期は何を差し置いてもスピードが大事。「善は急げ」の精神で、ピンとくる情報を見つけたら、すぐに行動を起こすくらいの感覚でいましょう。「じっくりと考えてから決めよう」などと悠長なことを言っていては、ラッキーは逃げてしまいます。

課題やルーティンワークはなるべく前倒しで進めるのがツキを呼ぶ裏ワザに。物事が急速に進みすぎたり、予想外に展開したりで動揺するかもしれませんが、思いきりアクティブに過ごしましょう。

2022年　参宿「業」

28年に一度のカルマの年です。キャリア、社会的立場、責任が問われる時期です。自分が損をしないようにと、利己的な判断や計算高さが目立てば、間違いなく周囲の信用を失うことに。単独行動よりも、組織の中で自分を活かしていくほうが運気の波に乗れるでしょう。

「過去に意識を向ける」働きかけが必要な時期。どんな人の中にも、過去に捉われすぎての心のゆがみや矛盾などが、必ず隠されているものです。過去にまつわるネガティブな記憶は、ここで一気に吐き出すのが正解。それらに光を当てたとき、あなたの生き方が変わることになるでしょう。

過去の日記やメールには、今を、そして未来を拓くヒントがあるかもしれません。この時期にじっくり読み返してみましょう。

2023年　井宿「親」

コミュニケーション、人気運上昇の時期です。仕事よりもプライベートの充実に意識を向けてみてください。普段とは違うあなたを演出し、冒険してみるチャンスです。初めての土地やお店に行ってみたり、今まで着る機会が少なかったファッションに挑戦してみたり、髪型も大胆にイメージチェンジしてみましょう。

また、周りからちょっとエキセントリックに見えるようなものでも、とりあえず経験だと思って試してみると、新しい楽しみにワクワクするかもしれません。

2024年　鬼宿「友」

豊かなイマジネーションに導かれるでしょう。いわゆる「シックスセンス」を発揮する出来事に遭遇するかもしれません。目には見えないその場のムードを感じ取ったり、虫の知らせを受けるといった体験をすることも。そういった、自らの内面に起こる変革を思いっきり楽しみましょう。かなり個性的な美的感覚を宇宙のエネルギーによって授かるでしょう。他人に受け入れられなくても、自分がいいと思うものであれば迷わず実践しましょう。周囲の目を気にせずに、自分の感覚を大切に育んでいけば、あなたのオーラは活性化され、ますます魅力的に。

出会いを求めている人は、家族や友人の紹介で恋がスタートするかも。また、同郷や同級生といった共有する話題が多い相手ほど、恋も発展します。

2025年　柳宿「壊」

否定的な言動が目立ち、思い詰める時期です。人から良いアドバイスをもらっても「やろうと思っているけれど今は忙しくて」などと、あれこれ理屈をつけてできない理由ばかりを考えてしまうでしょう。また、いろいろやりたいことがあっても、どれを選んで良いのか迷いが増えて立ち往生してしまうかも。家族や家庭問題が明るみになるかもしれません。また、子どもや人の世話に追われて過剰なストレスを感じることも。

目立つことをすると足を引っ張られたり、思わぬところで裏切られたりと、自暴自棄に陥るかもしれません。不本意かもしれませんが、周囲に合わせ、穏便に物事を進めていくのが賢いやり方です。忍耐力は必要ですが、得るものもあるので腐らずに過ごして。

2026年　星宿「成」

成功に導かれる運気です。自分にはムリそうだと思えることでも、この時期は、勢いで乗り切れる勝負強さがあります。失敗したらそのときはそのとき、くらいに考えてチャレンジしましょう。

また、この時期はリーダーシップを発揮するように努めましょう。「立場が人を作る」ということを念頭において行動すれば、意外な自分に出会えるはず。パーティーや飲み会などでは存在感を出せるように、普段のファッションにも気を配る工夫をしてみましょう。いつも同じテイストばかりではなく、ときには思いっきり冒険してみても良いでしょう。

2027年　張宿「危」

気持ちのずれを感じやすいとき。家の中でまったく何も話さずに過ごしているときもあれば、仲間とワイワイ騒いでいるときもあるなど、陰と陽のバランスが極端に現れます。「本当の自分は何なのか？」と、どちらかを否定して自分を決めるのではなく、いろんな側面があるものだと、まずは認めることが大事。

また、人に対しても常に「統一性」を求めていたことに気付き、そのことからも解放されます。疑うことからではなく、信じることから始めるように心がけましょう。

2028年　翼宿「安」

ひらめきに恵まれ、革新的で進歩的なアイデアが浮かぶ時期です。そして、何かの研究や開発といった、知的好奇心が刺激される出来事があるかもしれません。それを通して金運も上昇し、思いがけず大金を手にすることも。また、周囲との連帯感も強まります。仲間からの協力を得て、目標に向かって士気も高まるでしょう。

「常識を疑ってみる」リベラルな発想はとても良い働きをしますが、奇をてらった突飛な言動をしたり、屁理屈ばかりの発言には注意しましょう。

2029年　軫宿「哀」

今まで、見て見ぬふりをしてきた問題が表面化したり、気になっていたことが具体的な困難となって現れたりする可能性があるので、何事も正面から見据える心構えが必要。

たとえ困難を強いられるような問題に直面したとしても、その状況を根本から改善するきっかけになります。隠されていたからこそ肥大化した問題に、決着をつけることができるのです。そんなふうに現状を改善する行動をしていれば、意外な人があなたのサポートをしてくれるでしょう。この時期は、極力大きなお金は動かさないほうが得策です。

底知れぬ強い信念と持続力

八《や》咫《た》烏《がらす》（氐宿《ていしゅく》）

基本的性格

日本神話において、神武天皇を大和の橿原まで案内した八咫烏は、天の神々の使者として古くから信仰されています。八咫烏の「八咫」とは大きく広いという意味。太陽の化身でもある八咫烏の足は三本あり、この三本の足は、それぞれ天・地・人を表しています。

そんな八咫烏に守護されているあなたは、表向きは明るく溌剌としていますが、底知れぬ強い信念と持続力があり、困難なときも粘り強く戦い抜く逆境に強い人。

怖いもの知らずの面があり、人が足を踏み入れるのを躊躇するような闇の世界、超自然的なものに興味を持ち、徹底した集中力と強い目的意識を持っています。

人一倍欲望が強く、ちょっとやそっとのことでは満足できない性格。やられたら、やられた分以上にやり返す復讐心も旺盛で、目的のためなら手段を選ばない狡猾な面も。

人生の目的と適職

神々の案内人である八咫烏のように、先を見通す目を持つあなたには人を導く使命があります。不思議なインスピレーションにも長けているので、人が抱えている闇の部分やタブーと向き合い、魂を癒す能力に恵まれています。

洞察力もあり、とくに美しい世界、芸術分野に精通していますが、表面的な美よりも、その裏に潜む美の本質に意識が向かっています。

精神医療やカウンセラー、各種コンサルタントの業種にも向いていて、独特の審美眼と判断力を武器に活躍するでしょう。

また、コツコツと研究を重ねる業種、調査や分析に関与する仕事も適職です。物事を公平にジャッジする能力に優れているので、法のもとで判断を下すような業種にも向いています。

あなたの人生の目的は、権力の使い方をマスターし、心の闇に隠されている創造性あふれる宝を見つけ出すことです。人の心を読み取る能力を、建設的な目的のために使いましょう。

恋愛

相手と深い一体感を得たいという気持ちが強く、意外な異性と密かに付き合ったり、リスキーな恋を楽しんだり、恋人や異性のパートナーがいないと物足りなさを感じます。

かなりの確率で相手を落とし、自分の思い通りにコントロールする恋の達人でもあり、とても情熱的。表向きにはわかりませんが、嫉妬心と独占欲も渦巻いています。

あなたにとってセックスは、単なる肉体の交わり以上の意味を持っているようです。それは、とても神聖かつ霊的なものなので、パートナーを選ぶ際、この点はとても重要。

ただ、不毛な恋に走ったり、ときに、大して好きではない人に対しても、無意識に愛想良く振る舞ってしまうので、誤解を招いてしまったり、異性のトラブルは絶えないでしょう。

開運食

「森のバター」といわれるアボカドを食事に取り入

れましょう。ビタミン、ミネラル、食物繊維も豊富で、高血圧や脳梗塞の予防にもなります。空気に触れると色が悪くなるのでレモン汁をかけて色止めを。オリーブオイル、アマニオイル、ビネガーとの相性も抜群です。

ラッキーアクション

読書の時間を楽しみましょう。ジャンルは推理小説がおすすめ。物語の中の刑事や探偵などの主人公に感情移入して、謎解きをしてみましょう。不安や緊張感を煽り、手に汗握るサスペンスもオススメ。

ＴＶドラマ、映画、漫画、ゲームなどでも楽しめます。

ラッキーカラー・スポット

幸運を呼ぶカラーはマリンブルー、ブラックです。「風」と「水」に関連するスポットは開運を招きます。湾岸、海岸の夜景スポットに出かけましょう。美しいイルミネーション、そして潮風に吹かれれば、運気アップ間違いなしです。

9年間のメインテーマ

２０２１年からの９年間のメインテーマは「愛」、「ルーツ」です。過去を振り返るタイミングなので、過去への郷愁やふるさとへの望郷の念にかられる場合も。

また、愛の本質を学ぶ時期でもあります。あなたの心の傷を癒してくれるような人間関係が形成されるでしょう。

２０２１年　觜宿「哀」

オフィシャル、プライベート共に問題が矢継ぎ早に降り注ぐかもしれません。「どうせ明日はどうなるかわからないから、今が楽しければそれでいい」なんていう刹那的な快楽ばかり追い求めていては、衰運を招いてしまう結果になるでしょう。

この時期は自分の居場所をないがしろにしないことが必要。特定の場所に根を下ろし、生活拠点の充足を心がけましょう。そのことをしっかりと胸に刻み、ライフスタイルの見直しに尽力してください。

病気にも縁がある時期なので、アルコールや中毒性があるものに注意が必要です。取引や交渉の場面では、誤解や錯覚が生じやすいので、契約や条件に関しては慎重に取り交わすことが大切です。

2022年 参宿「栄」

思い通りにことが進む、9年に一度の大繁栄期。「こんなにツイていて大丈夫⁉」と心配になるくらい、夢や願望が叶えられる年です。多少の困難は気合で乗り越えられます。やりたいことは躊躇しないで行動あるのみです。間違っても自分で自分の可能性にフタをするような、バカな真似は慎むことが肝心。

情報通の人物がキーパーソンになります。その人物を通して有益なコネクションを得ることになるでしょう。上にのし上がりたいという野心があるなら、周囲にわかりやすくアピールすることが大事です。結婚運も上昇傾向なので、とんとん拍子に話が進む可能性も。気力も体力も十分にあるので、フルに力を発揮して楽しみましょう。

2023年 井宿「業」

過去の因果が生じるターニングポイントの運気です。あなたの役割や使命が鮮明に現れます。とりわけ学業、仕事面は吉なので、一度諦めた資格取得にリトライしたり、ボツになった企画をもう一度練り直すなど、再挑戦しましょう。

仕事について、もういちど真剣に考えてみることが大切。この時期に下す決断は、あなたの力を何らかの意味で再生させることにつながります。「過去に成し遂げられていなかったこと」に意識をフォーカスすれば、さまざまな気付きを得て、成就へと導かれるでしょう。人間関係、恋愛面は、運命的な出会いの暗示があります。なかなか思いが通じない相手がいるなら、自分からアクションを起こして運命の糸を手繰り寄せてみて。

2024年 鬼宿「親」

家庭円満の時期です。両親や家族、年長者に対して敬意を払いましょう。疎遠になっている親類縁者に連絡をしてみるのも良いでしょう。フリーの人は、出会いの多いモテ期に入っています。趣味がぴったりと合う理想の相手と刺激に満ちた恋愛を楽しめそうです。

知識だけではなく、経験から得たマニュアル化できないルールを学ぶ時期でもあります。そして、人間関係や仕事は浅く広くではなく、狭く深くをモットーに過ごしてください。深く交わることで、いろいろな気づきがあるでしょう。

2025年 柳宿「友」

人との交流が増え、活躍の場を広げる年です。すぐに大きな何かが形になる可能性は低いかもしれませんが、目先の損得に捉われず、未経験のことにも積極的に取り組んでいきましょう。この時期は長い目で物事を見るのも有効です。とくに、2027年を見越した活動は良い働きをします。

活躍の場を広げるには、家族や友人といった、あなたを親身に応援してくれる人たちの協力が必要です。他人に対してなら簡単にできるその優しさを、身近な人に向ける努力をしてみましょう。

両親や長年連れ添った相手や親友などに、改めて感謝の気持ちを伝えてみましょう。サプライズを計画したり、プレゼントを贈るのも喜ばれます。

2026年 星宿「壊」

考え方が根本的に覆されるような、驚くべきことが起こる時期です。今まで権力を掌握してきた人にとっては、それを手放すことになるかもしれません。それは青天の霹靂のような形で訪れます。その大きな変化を通して、従来の自分の考え方が大きく変わることに。何事も逃げずに受け入れる姿勢を持つことが大切です。古い考えやしがらみを手放すことも、この年の大きなテーマに。

いろいろな問題がこんがらがって身動きが取れない状態に苦しむ年となりそうですが、力ずくで解決することはまず不可能でしょう。刷新に向けて根本から見直しを図り、問題解決を試みることが必要です。他人から相談を持ちかけられることも多い時期ですが、まずは自分の問題を解決することに意識を集中してください。

2027年　張宿「成」

何かと妨害や障害が多かった2026年から一転して、大成功に導かれるラッキーイヤーです。中途半端に現実と折り合って、やりたくもない仕事に追い立てられているようでは、せっかくの運気が台無しです。いつまでも現実の夢に対して正面から取り組めない、永遠の夢追い人にならないように注意しましょう。

独立して新しい事業を立ち上げるなど、一念発起のチャレンジはすべて有益に。欲しいものがある場合は、とことん交渉、調整する努力を。今期、とくにあなたが失ってはならないものは、瑞々しい精神。そのためには学びの場に足繁く顔を出すことが必要不可欠です。

2028年　翼宿「危」

口が災いのもとになる時期です。無口が開運の鍵に。自分からは多くを語らない姿勢が、信頼につながったり、大物に見えたりして何かと得。会議や交際の場でも、最初は相手の話を黙って聞き、最後に自分の意見や要望を切り出すと通りそうです。

この時期は、何事もまずはじっくりと観察してみましょう。物事の細かいところまでつぶさに見ることも、ときには必要なのです。一見、下働きのような役割であっても熱意をもって働き続ければ、バックオフィスの人からの信頼も高まるでしょう。また、年長者は福の神。自ら積極的にコミュニケーションをとってください。もちろん聞き役に徹することが大事。事故や怪我にも注意が必要。

2029年　軫宿「安」

金運、移動運が絶好調の時期です。好奇心を働かせながら、壮大なビジョンに基づいたことを考えましょう。たとえば、視野を広げるために海外の文化に目を向けたり、地球儀や世界地図など、広い世界をイメージできるものを見ながら今後のことを考えると、豊かなインスピレーションに導かれるはず。

強いオーラを放つ圧倒的な存在感

ガネーシャ（房宿《ぼうしゅく》）

基本的性格

学問と財を司るガネーシャは、母親の垢から生まれました。父親のシヴァ神は、間違えてガネーシャの首を切ってしまい、その代わりに象の頭頸部を移植しました。これはインド神話のお話です。

そんなガネーシャに守護されているあなたは、打ち込める対象を見つけると、並外れた集中力を発揮し、冷静に物事を捉えながら深く探求する思慮深い人。心の奥深くにマグマのような感情が渦巻いていて、強いオーラとフェロモンを発しています。

夜空に浮かぶ月から笑われたことに激怒し、その仕返しとして月を占拠し隠したガネーシャのように、復讐心も旺盛で、一度抱いた恨みは一生忘れない執念深い面も。

凄みのある態度や言葉で人を追い詰めるところがあり、誰もがたじろいでしまうような攻撃性を内に秘めています。

人生の目的と適職

ガネーシャのお供え物は富を意味しているので、

一生お金に苦労することはありません。また、財や権利を引き継ぐ運も持っています。

学問や専門技術、思想、心理学など、特定の分野に関して深い関心を持ち、人々が抱えるダークな闇をよく理解しています。実力者や権力者からの影響で政治、経済活動に興味を向けるところもあり、一度握った権力は手放しません。

一度や二度、裏切られたとしても、時間を要するかもしれませんが、人を信じ続けることが何よりも大事。なぜならあなたの人生は他者との深い関わりなくしてはあり得ないからです。

信頼関係によって、他人の資産や権利を管理、集積するようなコンサルタント業全般、プロ意識が強いので専門分野では成功します。

他には調査、分析、各種祭事、葬儀、保健分野も有効。宿命的な運を持っているので、抗うことができない何かしら運命づけられたレールの上を、粛々と歩んでいく人生になるかもしれません。

恋愛

とてもミステリアスな魅力があり、狙った相手を瞬時にロックオン。ただちに恋の罠を仕掛けます。

恋愛に関してはオールオアナッシングのように極端なところがあります。一度愛した人には、とことん尽くし愛を貫こうとしますが、あることをきっかけに突然人が変わったように冷めてしまうところも。また、魅力を感じない異性に対しては、見向きもしません。

納得いくまで相手に説明を求める執念深い面があります。対人関係も含め、恋愛関係を複雑で難しくしているのは自分自身だということに気づく必要があるかも。

また、自分の思い通りにならないと、とことん攻撃的になるところも少し緩めたほうが良さそうです。自分の心を満たすために、相手の弱みや痛いところを突くようなことはしないように心がけましょう。

開運食

ヘンプやチアシードなどの種子類がオススメ。中でも胡麻は最強の開運食材です。昔から不老長寿の薬として知られる胡麻は栄養の宝庫。抗酸化作用があり老化防止のセサミンも豊富で、悪玉コレステロールを低下させ血圧を下げるなどの効果があります。胡麻は時間が経つとせっかくの栄養分が酸化してしまうので、食べる直前に擂《す》るようにしましょう。

ラッキーアクション

薬膳や鍼灸、マッサージやアロマなど、代替医療分野の施術を受けたり、実際に勉強をしたり、「癒す」、「治癒する」などのテーマはどれもOK。

どうせやるなら、徹底的にエキスパートを目指しましょう。そうすれば、趣味と実益を兼ねられることになるでしょう。

ラッキーカラー・スポット

幸運を呼ぶカラーはブラック、ワインレッドです。「水」に関連するスポットは開運を招きます。温泉や避暑地、ヨットハーバー、近場の水族館もオススメです。

9年間のメインテーマ

2021年からの9年間のメインテーマは「家族」、「基盤」です。家族や自宅など安らぎを得られる場所や活動の基盤などの構築に努めましょう。

両親、とくに父親の影響を受ける時期となります。それを通して、人間的な成長を果たしていくことに。

2021年 觜宿「安」

金運、移動運上昇のタイミング。家の建て替えや購入、車の乗り換え、資産運用などはすべて有益に運びます。さまざまなジャンルの人と幅広く付き合い、好奇心を働かせていろいろな場所へ旅行に出かけましょう。また、この時期あらゆるジャンルの本を読んで自分の世界を広げましょう。文筆、スピーチ、インフルエンサーなどのジャンルで活躍し、多くの報酬を得る暗示もあります。

自分を取り繕っていい人を演じるよりも、正直にあなたらしく生きましょう。そうやって自分軸を整えればすべてスムーズに。人間関係では相談事を持ちかけられることが増えます。できるだけ話を聞いてあげるように心がけて。

2022年　参宿「衰」

いくら自分が「これが正しい」と思っていても、世間には通らない、そんなジレンマを抱える時期です。今期は攻め入るときではありません。2024年に向けて虎視眈々と準備に勤しみたいところ。また何かにつけて、友人やパートナーと議論になったり、無益な争いに巻き込まれたりして疲労困憊しそうです。

精神面でもぼんやりとした状態になりやすいので、この時期は自分ができることとできないことを明確にして、くれぐれも強引に物事を押し進めないように心がけましょう。また、相手の弱点まで指摘するという行為は、因果が生じて結果的に自分が標的にされることに。とくにSNSでの発言は物議をかもすことになりかねないので言動には要注意です。

2023年　井宿「栄」

9年に一度の大繁栄の年です。オフィシャル、プライベート共に絶好調で、とくに結婚運が上昇しています。あなたにピッタリのパートナーが見つかるでしょう。仕事でも趣味でも、やりたいと思っていたことに全力で打ち込みましょう。未体験のことでも、この時期なら難なくスムーズにいきます。

これまでとは違った人脈が築かれたり、環境に恵まれた場所に移り住んだり、どちらにせよすべて有益です。遠慮は禁物です。少し図々しいくらいのほうが、ちょうど良いかもしれません。創作活動は音楽や絵本などファンタジーの世界に注目を。

2024年　鬼宿「業」

28年に一度のカルマの年です。野心や権力欲が著しく活性化します。過去に断念したことに再度チャレンジしてみて。重圧や試練を伴いますが、社会的立場を得るために邁進するでしょう。良くも悪くも大きなターニングポイントとなり、これまで人を搾取したり、欲しいままに権力を掌握してきた人は、実権を失うなど、手放すことを余儀なくされるかもしれません。

また、親しい人との関係を見つめ直すときです。腐れ縁からの足の引っ張り合い、痴情のもつれなどに苛まれる暗示も。

少し離れて、俯瞰して見てみましょう。あなたを本当に心配して、助けてくれる人は他にいることに気づくかもしれません。離れることで相手に恨まれ罵声を浴びることがあるかもしれませんが、それも宿命です。

2025年　柳宿「親」

恋愛運、コミュニケーション運、人気運上昇の時期。大切な人への愛情が強まるので、持てる優しさすべてで相手に接してみましょう。そうすることで、お互いの気持ちが通じ合い、自らも喜びで満たされます。ただ、好きな人への思いが強すぎると束縛が激しくなるので、相手との境界線を保つ必要があります。

また、コンペやオーディションなどは圧勝です。

周囲からの賞賛を浴びたり、栄冠に輝いたり、今まで思いもよらなかったアイデアが浮かんできて、スムーズに事が進むでしょう。この時期はいつも以上に神社やお寺にお参りに行きましょう。神秘な世界に触れると、直感力や洞察力が高まります。

2026年　星宿「友」

自分が夢中になれることに目を向ければ、開運へと導かれる時期。また、進行中の計画、始めたばかりのお稽古や習い事など、この時期は徹底的に極めてみましょう。そうすれば、本当の意味で自分のものになるでしょう。

引き続き恋愛運も上昇していて、実際に異性から愛される機会も多く、幸福な恋を経験できるでしょう。美や娯楽、エンタメにまつわることで才能を発揮する機会にも恵まれます。

2027年　張宿「壊」

今までの頑張りが嘘のように、行動や言動に自信を持てなくなり、世間との関わりを断ちたくなるでしょう。人間関係では、親密なほど相手との距離を取りたくなる傾向に。無理やり新しいことに挑戦するよりは、置かれている状況を再確認して、地に足を着ける努力をしてください。

目の前にあることを丁寧にきちんと繰り返しこなしていくと、自然と自信を取り戻せます。すぐに結果を求めるのではなく、長期的な視野を持って、焦らずに事を進めましょう。不本意に突然職場が変わることもあるかもしれません。

また、セックスや愛について深く考えさせられるような出来事が生じる暗示も。

2028年　翼宿「成」

成功に導かれる年です。これまで抱えていた問題はすべて解決します。仕事面は順風満帆で、実力の向上が目覚ましく、成績や評価もランクアップするでしょう。管理職や企業の幹部に栄転することも。奉仕活動に生きがいを見出し、誠実にこなしていきます。何事もチャレンジを試みれば運気の追い風に乗ることになるでしょう。

この時期は、余計なものを排除して、シンプルで清潔な生活を心がけて。新たなスタート地点に立つためには、まずは環境をスッキリ片付けることが必要となります。恋愛面は復縁、復活愛の予兆。

2029年　軫宿「危」

単独行動に注意したい時期。独断での行動は空回りして、周囲から白い目で見られることに。一人で何でもやろうとせず、仲間と一緒に成し遂げる喜びに意識を向けましょう。人間関係に変化の兆しがあります。今までは少し苦手意識のあった人ほど、あなたを助けてくれます。そして、今まで優しくしてくれた人は疎遠に。そんな出来事を通して、人には表と裏の顔があるということを学ぶことになります。

リスキーな恋に陥る暗示があります。また、移動中のトラブルや事故、怪我に注意を払いましょう。

人を魅了する情熱と冷静のオーラ

アヌビス（心宿《しんしゅく》）

基本的性格

アヌビスはジャッカルの頭部を持つ半獣。古代エジプトでは「死者を守るもの」といわれ、エジプトではミイラ造りの神としても崇拝されています。

そんな冥界や暗黒を司るアヌビスに守護されるあなたは、洞察力にすぐれ、まるで霊能力者のように物事の深い部分まで見通す力を持ちます。

磁石のように人を引きつけるオーラを漂わせ、内面は情念が渦巻いていて情熱的ですが、人に隙を見せないため、クールでとっつきにくい印象を与えることも。

ミイラが布でおおわれているように、オープンなようでも心に殻を持ち、本音を見せる人は限られています。愛情深くて緻密な努力家ですが、言い換えると執念深く、思い込みの強いタイプです。

人生の目的と適職

あなたは、表面的なことよりも、「秘密」や「暗号」といった、その裏に潜む物事に強く心を引かれます。

それを掘り下げ、知恵に変えることが、大事なテーマです。また、後世に死体を残す目的でミイラが造られたように、あなたの人生の目的にも、後世に何かを託したり、残したりする役割があります。

生死との縁が深く、保険や医療関係の世界で能力を発揮するケースが濃厚。ご先祖さまからの因縁も強いため、跡取りや相続人として人生を歩む場合も。他人の財産を管理、運用する能力があるので、ファンド関係や不動産関係も適職となります。

恋愛

自分の意思を通すためなら、押したり引いたり変幻自在に、したたかに振る舞います。口では冗談と言っていても目は笑っていない、なんてところが周囲から恐れられることも。意外な異性と密かにつき合っていたりします。一つの恋のタームは長く情熱的。でもその分、独占欲と嫉妬心も強く、相手の心も体も束縛します。

人に傷つけられると決して忘れず、いつまでも引きずるので、上手な気分転換が必要。とかく恋愛面においては、感情の起伏が激しく、温かい包容力を見せたと思ったら、突然、手がつけられないほどの勢いで怒るなど、時折出てしまうそんな激しさを、どうコントロールするかが課題です。

開運食

あなたにとって強い紫外線は大敵です。また、汗、気温や気圧の変化、冷房などによるダメージで心身共に錆びついてしまうことも。そんな心の錆を良質なオイルで落とすことが必要です。いつもの油をアマニ油やえごま油に替え、肉より魚を選んで強い体を手に入れましょう。

ラッキーアクション

暑いのに、足だけが冷えていることが多いかもしれません。血行が滞っていると、心臓から遠く、重力の影響を受ける足元が冷えやすくなります。

暇なときに足首をくるくる回したり、散歩に出かけたり、血行促進を意識した運動を心がけましょう。

ラッキーカラー・スポット

ブラック、コーラルピンクの色を身につけると、ラッキーを呼び込みます。

「水」に関連するスポットが開運を招き、とくに夜の海や水族館など、幻想的な場所がおすすめです。

9年間のメインテーマ

2021年からの9年間のメインテーマは「居場所」、「守るべきもの」です。これまで仕事に時間を費やしていた人は優先順位が変わり、生活に密着したあなたの「居場所」に意識が向かいます。

この時期に物件を借りたり、家を建てたり、もっと住み心地の良い土地に移住することも。結婚や出産を通して家族が増え、あなたの「守るべきもの」への意識もさらに強まる9年間となるでしょう。

2021年 觜宿「危」

「静」と「動」が大きく二分される運気。良いときと悪いときの差が激しいですが、バランスを保つことを意識していれば、運気は大きく動きます。

粗雑な対応をしてしまうと、その反動で、いろいろと細かい調整が必要になったり、クレーム対応に追われたり、疲れ切って本来の仕事ができなくなることも。

今後の方針やクリエイティブなアイデアなどは、

翌年（2022年）に決定したり、浮かんだりしやすいので、この年は「これは絶対良い」「これは絶対悪い」といった偏った判断を手放して、人の言い分を十分に咀嚼し、バランスの良い関係を保つように心がけてください。

2022年　参宿「安」

2021年の苦労が大きく報いられるような幸運が、あなたの手の中に舞い込んできます。収入アップ、大きな買い物をする、投資や取引において大きな成果を収める、遺産を引き継ぐなど、お金にとても縁がある年回りです。

新しく始めたことを軌道に乗せたり、蒔いた種から実りの収穫をしたり、物事を根付かせるようなプロセスが展開していくでしょう。

前述した「9年間のメインテーマ」が鮮明に現れるタイミングです。家を建てる、引っ越しをするといった移動運も上昇傾向。小さな思いつきでも、この年に得たビジョンやチャンスは2024年に大きく育つ可能性がとても高いので、軽く考えないこと。

やや時期尚早だと思われても、まずは一歩踏み出しておきましょう。

2023年　井宿「衰」

正体不明の不安感に苛まれる暗示があります。嫉妬や束縛といったネガティブな感情が肥大化する可能性も。柔軟さや臨機応変な対応が求められる場面では、お荷物的存在になりがちです。完成度ばかりを重視すれば、タイミングを逃して失敗する暗示があるので注意を。

この年は、視野が狭くなりがちなので、使う側よりも、使われる側に回ったほうが得策。組織の中では、力のある人の近くにいることによって、能力や魅力が引き出されることに。

愛情面では、誰かとべったり一緒にいるよりも、誰にも邪魔されない自分の時間と空間を確保することが大事な一年となります。

2024年　鬼宿「栄」

9年に一度の大繁栄のタイミングです。2023

年に感じた不安感は嘘のように消え去り、湧き出る自信を感じることができるでしょう。その自信は現実に即したものです。他人との比較や表面的な優劣などではなく、「自分にはこういう才能がある」という手応えのあるギフトを、この年に授かることになるでしょう。

過去に頑張った経験、これまで成し遂げたことへの賞賛などが、一気にやってきます。見聞を広めたり、多くの価値観に触れたりすれば、ラッキーはさらに同心円状に広がります。そんなふうに「知らないものに目を向ける」働きかけが功を奏することになるでしょう。

結婚運もすこぶる上昇しています。すんなり交際が進み、あっさりゴールインという電撃的な幸運をつかめるでしょう。

2025年　柳宿「業」

28年に一度の大きなターニングポイントです。心の内側と深く向き合い、闘う時期です。「なぜまたこのようなことが起きているのだろう」というような、忘れたい暗い記憶の遺物に思いもかけず遭遇してしまうことがあるかもしれません。実は、そこに重要なメッセージが隠されています。

何度も訪れるシグナルは、乗り越えるべき課題が残っているという証拠。顔を背けたくなるような現実に、逃げずに挑み、進むことで、より強い心を手にすることができるでしょう。

2026年　星宿「親」

「出会い」がキーワードになる年です。新しい目標や人に出会って、まさに人生の幕が開くような出来事があるはず。

ここで新たに始めたことは、向こう2年間は順調に進み、ブレイクの兆しも見えてきます。

恋愛運も上昇しています。ごく身近なところで恋を育んだり、自分と共通点の多い人を選んだり、偶然の出会いなど、ちょっとした接点から恋に結びつくような出来事が多いでしょう。

2027年　張宿「友」

コミュニケーション運上昇の時期です。

プライベートに関することは安定していて、ゆったりとした幸せを味わえる年に。仕事面では、自分だけでなく周囲の人をもやる気にさせる手腕が評価され、ムードメーカー的な役割を担います。

何かピンとくることがあったら、迷わず行動に移しましょう。そんなふうに直感を信じて動くことが、良い結果を出すことにつながります。どちらにせよこの年は、断固とした決断力と実行力を発揮することになるでしょう。

2028年　翼宿「壊」

切羽詰まった状況になりやすい年です。仕事面では実力のなさを痛感したり、お家騒動が勃発したり、勝負の世界で悔しい思いをしたり、そんなネガティブな経験から「もっと◯◯したい！」という向上心につながることも。こうした課題、問題意識に後押しされて、今まで棚上げにしていたテーマを、この年、棚から下ろすことに。

思わぬアクシデントに遭うことも多く、辛いかもしれませんが、なかなかスムーズに動けないという経験が、後々の成功の糧やきっかけになることも少なくないでしょう。

この年の恋愛は、甘い蜜のような刺激と好奇心が詰まっていますが、後に大きな錯覚だったと気づくことになるかも。

2029年　軫宿「成」

レベルの高い最終目標に手が届く運気です。地位や名誉を授かる暗示もあり、飛ぶ鳥を落とすような勢いのある年になるでしょう。

また、新機軸を打ち出すタイミングでもあります。新しい工夫や、今までとは違ったやり方に取り組みましょう。

周囲からさまざまなニーズが寄せられ、頼られます。そんな忙しさの中で、自分に合った役割やポジションを再発見し、新たな居場所や、立ち位置を与えられることになるでしょう。

冒険心旺盛な恋のハンター

ウロボロス（尾《び》宿《しゅく》）

基本的性格

自らの尾をくわえて環をなすウロボロス。その独特で深遠な姿は、始まりも終わりもない完全なもの、永遠の連続、破壊と創造を意味します。また、全知全能、世界の始まりを象徴しています。

そんなウロボロスに守護されているあなたは、どんな状況にあっても希望を失わない生まれつきの楽観主義者。過去を振り返ったり後悔したりすることはありません。未知のことに興味を抱き冒険心も旺盛で、常に広い世界に憧れを持ち、生活に変化と刺激を求めています。

画期的なアイデアで周囲を驚かせますが、つい大風呂敷を広げてしまいがちです。物事をイージーに考え、楽なほうに流されて地に足の着かない放浪癖が出る傾向もあります。

人生の目的と適職

宇宙の成り立ちや星の世界、生命の不思議や人間の心理、異国の文化、さらに宗教や哲学と、とても興味の幅が広いのが特徴です。

ウロボロスは古くから錬金術や秘教のシンボルでもあることから、難しい専門書を読み耽ったり、早い時期から海外の文化に触れたり、生涯をかけて知識と教養を積み重ねていくので、教育分野での活動にはめざましいものがあります。

ただ、精神性が強すぎるので危険な宗教などにハマってしまうこともあるようです。そうした荒唐無稽な怪しい世界に引っかかり、人生を狂わせてしまうこともあるので注意しましょう。

世界を股にかける冒険家、反射神経が試される操縦士やスポーツ関連全般、法律関係の仕事や講師、教授職、出版、広告、作家などにも向いています。

恋愛

人を楽しませ、気取りもなくフランクなので、異性からの人気はあります。リスクのある恋ほど燃え上がる傾向があり、多くの恋の浮名を流す、恋のハンターです。

追いかけているときは熱中しますが、恋が成就すると興味を失います。束縛を嫌い、いつも自由でいたい気持ちが強いので、恋は長続きしないでしょう。

モラルを逸したひと夏のアバンチュールや、かりそめの恋を楽しむところがあるので、不倫や略奪愛もいとわないかもしれません。

身勝手で強引な恋をしがちで、なにかとお騒がせなスキャンダルも多いようですが、不思議と恨みを買わないところがあるようです。

開運食

良質な赤身肉を食べましょう。赤身肉は、三大栄養素をはじめとした、お肌に効くありとあらゆる栄養素のかたまりともいえる最強のパワーフード。食べる際は国産のレモンをたくさん絞って。レモンに含まれるビタミンCは、亜鉛や鉄などのミネラルの吸収を上げてくれます。また、クエン酸は肝臓の働きを助けてくれます。

ラッキーアクション

ハラハラドキドキするようなアトラクションで遊んだり、スキーやパラグライダーなど、スリルを味わえるスポーツはどれもＯＫ。ジムに足繁く通って、常に体を鍛えておくのも大切です。また、精神性も同時に磨かれるような武道なども、いいかもしれません。

ラッキーカラー・スポット

幸運を呼ぶカラーはスカイブルー、イエローです。「火」に関連するスポットは開運を招きます。より遠い国への旅行が開運につながります。とくに秘境や聖地巡礼の旅は、あなたの人生観を大きく変えることになるでしょう。

９年間のメインテーマ

２０２１年からの９年間のメインテーマは「学び」、「移動」で、知性を磨くタイミングです。旅を通して新しい情報を得たり、人との情報交換を通して、新しい新境地を見つけたりすることに。否応無しに変化に富んだ環境に身を置くことになるでしょう。

２０２１年　觜宿「成」

大きな成功を手にするタイミングです。巧みな交渉術が認められて最高のポストが手に入ったり、常識を打ち破るようなアイデアに恵まれたり、とくに仕事、学業面では一躍注目の的になるでしょう。人があまり関心を抱かないジャンルの知識を深め、突き詰めていきましょう。

広範囲にわたる知的好奇心を活かすことも大切。専門学校や大学への入学、語学の勉強に励むのも得策です。マルチな才能も発揮できる時期なので、転職や副業はステップアップのきっかけになります。臆することなく実行しましょう。

2022年　参宿「危」

運気の浮き沈みが激しく、寝耳に水のような出来事が生じやすい年。良い人だと思っていた人が実は腹黒い人だとわかったり、とんでもない裏があったりと、思いがけない事実に驚かされることが多いでしょう。この時期は、聞いたことを鵜呑みにしないで、まずは疑ってみるようにしましょう。

何かと選択を迫られる場面も多く、二つの事柄の間で、どちらとも選択をしかねて板挟みになってしまうかもしれません。ジレンマに陥ったときは、心がワクワクするほうを選択して。

藪から棒の行動は周囲の反感を買う恐れがあるので、行動する際は相手の同意を得てからにするよう心がけましょう。事故や怪我に注意が必要。

2023年　井宿「安」

金銭面では好機を手中に収めるでしょう。昇給、新たな仕事で収入アップも期待大。情報収拾が鍵となるので、通信機器は最新のものに取り替えておくといいでしょう。自営業なら有力な新規顧客の獲得が可能になります。契約、取引関係もツキをもたらしますが、細部まで内容を理解するように。

海外への長期出張、留学などはどれも◎。この時期、自分の考えを言葉にして発信することは大切な課題となるでしょう。メンターや成功者のアドバイスで、成功するための奥義を学べるでしょう。

2024年　鬼宿「衰」

家族やパートナーとの間で問題が生じるかもしれません。隠し立てをすれば後で厄介なことになるので、正直に打ち明けたほうが良さそうです。

また、心ない人から足を引っ張られたり、あなたが足手まといとなって周囲に迷惑をかけてしまったり、この時期は、前に出ようとすればするほど横やりが入るので、安易に動こうとしないで静観を心がけましょう。「能ある鷹は爪を隠す」を肝に銘じて地道に努力を。体力も万全ではないので持病が再発する可能性もあります。金銭面のトラブルにも要注意。大きなお金を動かすなら、2025年が得策。

2025年 柳宿「栄」

順風満帆の9年に一度の大繁栄の時期です。これまで頑張ってきたことが大きく報われ、イケイケどんどんとばかりに、嬉しい出来事が目白押しに。ワンランクアップのステージへと昇格します。実力がついたことを実感でき、エネルギッシュに次の一手を打つことも可能です。

新しい家族が増える暗示もあります。家の購入などはこの時期に進めれば、資産価値のある理想的な物件が見つかるでしょう。結婚運も上昇傾向。やりたいことはすべてチャレンジするくらいの気持ちでいきましょう。

2026年 星宿「業」

28年に一度のカルマの年です。大きな転換期となるこの時期は、過去のしがらみを整理するタイミングです。「いつかやろう」と先延ばしにしていることがあるなら、この時期に進めてください。後回しにして逃げたところで、結局苦労するのは自分と心得て、一気に片付けてしまいましょう。

自分の権力をつなぎとめておくことの難しさに直面するかも。皮肉にもそこにしがみつくほど、自分の手からすり抜けていくことに。制限や抑圧などでブレーキがかかるかもしれません。そんなときは原点に立ち返って、自分を見つめ直す努力を。

2027年 張宿「親」

特定の人との深い関係の中で、新しい自分を発見できる時期です。人との関係だけでなく、深く結びつく対象は、組織や研究テーマ、クリエイティブな題材などの場合も。また、引き継ぐこと、人から何かもらうことなどに関与します。専門分野でのフィクサー的な権力を持っている人物との交流も予想され、水面下での交渉といった、ディープな世界に足を踏み入れるタイミングになるかもしれません。

コミュニケーション運、人気運も上昇。恋愛運も絶好調なので、意中の異性をゲットできそうです。高嶺の花のような有名人と付き合うこともありそうな予感。

2028年　翼宿「友」

引き続きコミュニケーション運、人気運上昇中。勇気を持って自分の考えを周囲にアピールしましょう。のびのびと自分の魅力と実力を出し切り、活動への意欲に奮闘すれば、恋愛面では複数の異性に言い寄られたり、理想を絵に描いたような人に口説かれたり、モテモテのモードになる暗示があります。

仕事面では、デキる上司や得意先から引き合いがくるかもしれません。この時期は表現に関わることは邁進あるのみです。本来の個性や自分らしさ、譲れないポリシーなどを改めて自覚すれば、運気に拍車がかかるでしょう。

2029年　軫宿「壊」

運気は波乱含みです。この時期は何事も妥協せず、深夜作業やハードワークをこなすなど、徹底的に突き詰めてしまいます。その結果、体を壊し、職業病を患う危険性があります。

急にまったく違う自分に変わろうとしたり、嫌いなものを好きになろうとしたり、何かとチグハグな行動になりがちですが、無理なチャレンジはやめましょう。こだわりを捨てることは、今の自分を否定することではありません。また、これからの人生を変えてしまうような、社会的な立場の変化があるかもしれません。

自身の世界観を追求する不滅の情熱

フェニックス（箕《き》宿《しゅく》）

基本的性格

フェニックスは、エジプト神話由来のベンヌが起源とされていて、ベンヌは太陽神ラーの魂を意味します。自ら焼死したのちに蘇るという伝説があることから、キリストの復活を象徴するものとなりました。ギリシャ語ではポイニクス（phoinix）と呼ばれ、その名は「紫」から来ています。

そんなフェニックスの守護を受けているあなたは、きらびやかで華やかな魅力があり、今よりも未来を見つめて、自分の世界観を拡大していきたいと願っています。

常に夢中になれる何かを求めているため、興味の幅もとても広く、何にでも首を突っ込んで寝食を忘れてしまうほど情熱を傾けます。

敵陣に自ら乗り込んでいくような勇ましさと、物怖じしないその度胸は、ときに周囲を驚かせます。熱しやすく冷めやすく、飽きっぽいところがありますが、興味のあることに関しては、常識に捉われることなく邁進します。

人生の目的と適職

狭い世界を飛び出して、ワールドワイドに活躍する宿命があります。旅を通して、新しいもの、物珍しいものを求める傾向があり、実際、海外にいるほうが、のびのびと羽を伸ばして個性を発揮します。

あなたの魂を突き動かしているのは、未知の世界に対する夢と希望、そして期待です。現状に満足することなく、ジャンルを問わず響き合うものを求め、期待を膨らませながら、未来へ飛翔し続ける人生です。

ボーダレスな考えを美徳としているので、表現や手法にこだわることなく、その時々のやり方でこなしていく柔軟性もあります。

仕切り上手で商才にも恵まれているので、自営、起業、独立採算制の業種に向いています。マスコミ、外交、旅行、船舶、航空、出版関係、宗教、教育分野、セミナーの運営、人や物をプロデュースする仕事も吉。

恋愛

フェニックスは、芳香を餌としています。そんなフェニックスのように、あなたは優美な香りを醸し出し、相手は、あなたの行動力とその香りに惹きつけられるでしょう。

スピーディーで行動力も抜群。付き合うまでに時間はかかりません。かしこまったことを嫌うので、他愛もない話で盛り上がり、そのノリのまま恋人に、なんてこともありそうです。

ただ、去る者は追わず、釣った魚には餌をあげないところがあります。煩わしいことを嫌い、繊細でつつましやかなことには無縁です。

淡泊で、ラインの返信などはスタンプだけで終わらせることも。反面、欲望に忠実で快楽に耽るところがあり、アンモラルな恋愛に身を投じることもあるのでご注意を。

開運食

栄養豊富なブロッコリーがオススメ。風邪、インフルエンザ対策にもなるブロッコリーは、レモンよりもビタミンCを多く含み、カロテンはキャベツの16倍。他にはカルシウム、カリウム、マグネシウム、食物繊維も豊富で、肝臓をサポートしてくれます。日々の食事に取り入れて、生活習慣病の予防に役立てましょう。フェニックスは香りに縁があるので、お酒ならワイン、ハーブならアニス、シナモン、セージを取り入れましょう。

ラッキーアクション

持ち前の探究心を満足させるために、動物園や博物館に出かけましょう。動物の生態や物の成り立ちなどを通して、意外な発見やアイデアが芽生えるはず。また、スポーツ全般はラッキーアクションにつながるのでOK。とくに戦闘的なものが◎。

ラッキーカラー・スポット

幸運を呼ぶカラーはグリーン。「火」に関連するスポットは開運を招きます。海外旅行はどこもラッキーを呼びますが、とくにスペイン、オーストラリア、ハンガリー、南アフリカはオススメ。

9年間のメインテーマ

2021年からの9年間のメインテーマは「知性」、「移動」です。持ち前の知性と行動力を大いに発揮するタイミングです。

より高度な知性を磨く場所を得たり、知識人たちとのご縁が増えたり、調和的に、人とコミュニケーションを図りながら多くの知識を得ていきます。渡航が増える時期でもあります。

2021年 觜宿「壊」

自分ではしっかり考えているつもりでも、今期は見通しの甘さが露呈するとき。短絡的な行動が原因で災いを招く暗示もあり、浅はかな計画はあっという間に頓挫することに。判断力も低下しているので、何かを選択する場面では注意が必要。普段だったら選ばないものを選んでしまって大きな損害を被ることもあるでしょう。

また、制限や限界を強いられることも多くなりそう。承認欲求が強まる反面、周囲から認められないことへの恐れが表面化する場合も。派手な振る舞いをしたり、人の注目を集めようとすれば、それが裏目に出てひんしゅくを買うハメに。この時期は無理に何かを動かさないことが得策。他人が認めてくれなくても、自分で自分を認めることで、自分本来のバイブレーションと輝きを取り戻すことができるでしょう。

2022年 参宿「成」

夢が実現する年です。ここ数年「こうなるといいな」と思っていたことが現実のものになるラッキーイヤーです。とくに研究開発分野で大きな成果が期待できそう。自分から積極的に行動するとツキも上がるので、人が集まる場に足を運びましょう。

何か新しいことを始めたいなら、この時期に狙いを絞って。

何事も妥協せず、恋も仕事もフルパワーで頑張ってみるのがチャンスを最大限に活かすコツです。復活愛の暗示がありますので、昔付き合っていた異性とバッタリ遭遇したり、SNSで偶然見つけて連絡を取り合うようになったり、お互いの成長を報告し合うことも増えるでしょう。

2023年 井宿「危」

吉凶混合の運気です。あれもこれもと目移りするので、なかなか一つに絞ることができません。答えを決められない場合は、家族にアドバイスを求めると良い意見をもらえるはず。方向性さえ決まれば、あなたの能力を、最大限に出し切ることができるでしょう。

人間関係では、行き違いやすれ違い、仕事面では、誤解や錯覚が生じやすいときなので、とくにこの時期は、報告、相談、連絡のステップを怠らないように注意しましょう。注意力散漫から怪我をしたり、事故を起こしやすかったりするので、集中力が必要な場面では、冷静な行動を心がけましょう。また、三角関係や浮気に注意が必要。

2024年 鬼宿「安」

金運、移動運上昇の時期。おおむね安定期で穏やかに過ごせるでしょう。長年抱えていた問題も解決に向かいます。一見するとトラブルに見えるものでも、実はラッキーにつながることも多いので、問題には正面から向き合いましょう。旅行、引っ越し、新築、家の建て替えや物件の購入にも、ツキがあります。

人からの情報で、賭け事や投資の情報をつかんだり、富を生み出すきっかけを得たりすることも多いでしょう。商才も発揮できるタイミングなので、新規事業に取り掛かれば有益に。お金の流れを止めずに使うことも忘れずに。

2025年 柳宿「衰」

家庭内のトラブルに注意が必要です。嫉妬や束縛から逃げ出したくなるかもしれません。また、仕事面では、一生懸命に没頭したにもかかわらず、期待した結果が得られず、不満感や疲労感により、燃え尽きたように意欲を失ってしまうでしょう。何かを成し遂げて緊張の糸が切れたことで、何も手につかない状態が続くことも。

金銭トラブルの暗示もあります。カードでの支払いに頼らず、自分の収入と支出の金額の内訳を明確にしておくことが重要です。改めてお金の大切さを確かめることが開運のポイントに。さらに部屋の掃除をして不要品を片付けてみましょう。不要なものを思い切って処分すれば、部屋も気持ちもスッキリと片づき、新鮮な運気が入ってきます。

2026年 星宿「栄」

9年に一度の大繁栄の運気。夢や願望が叶うダイナミックな年です。欲しいものなどを周囲の人に話しておくと、応援やサポートを受けて、思わぬタイミングで叶えられるでしょう。実力が認められて、確固たる社会的地位と権利を確立することに。

一見、ハードルが高くて萎縮するようなことでも、思い切って挑戦すればワンランク上のステージへと格上げされます。

目まぐるしい展開に驚いたり、動揺するかもしれませんが、すべての出来事はラッキーにつながりますので、思いきりアクティブに過ごしましょう。結婚運上昇のタイミングでもあります。出会いも多く、すんなり交際が進んで、あっさりゴールインという電撃的な結果になるでしょう。

2027年 張宿「業」

28年に一度のカルマの年です。新しく知り合った人からの影響で、変化の波が生じるかもしれません。また、諦めかけていた願いが復活し、息を吹き返したように邁進する人も少なくないでしょう。かつて挑戦したことに再度トライして、リベンジに出れば多くのものを獲得できるでしょう。

人にものを教える機会が増え、世界に飛び出すタイミングになるかもしれません。

重圧やプレッシャーも感じる時期ですが、逃げずに課題に取り組みましょう。

2028年 翼宿「親」

創作活動に適した時期です。表現力を発揮すれば、その才覚が世間に認められることに。語学や資格取得の勉強をしたり、コンテストに応募したりなど、知性と教養を積み重ねるのも得策。

周りが躊躇したり嫌がっていることは、率先して引き受けてみましょう。たとえ問題を解決するのにお金や時間がかかったとしても、諦めずに最後までトライしてみてください。すぐには結果が出ないかもしれませんが、上司や仲間から絶大な信頼を勝ち取ることができるでしょう。恋愛運も絶好調で、多くの出会いに恵まれます。

2029年 軫宿「友」

コミュニケーション運、人気運上昇の時期。また、頭脳プレーが発揮できるときです。研究やプランニングなど、知的分野での活動の暗示も。そこから、新たな発想や視点が生まれる可能性があります。

引き続き恋愛運も上昇中。違うグループで普段あまり話さない人からの誘いを受けるかもしれません。泣いたり笑ったり喜怒哀楽を隠さずさらけ出せば、相手との距離も縮まり、親密な関係を築くことに。ゴルフなどのスポーツを一緒に楽しめば、より関係も深まるでしょう。

瞬発力と忍耐力で大きな望みを叶える

ケンタウロス（斗《と》宿《しゅく》）

基本的性格

ギリシャ神話に登場するケンタウロス（ケイロン）は、アキレス、イアーソーンなどを育てた英雄たちの教師です。また、賢い野獣であり、医学、音楽、スポーツ、狩り、弓術、予言、自然知識、天文学など、さまざまなジャンルに精通しています。

そんなケンタウロスに守護されているあなたは、ときに荒々しく野蛮な面と、実直で学問に秀でた面があり、文武両道の達人。

空を切るケンタウロスの矢は自由な精神を象徴していることから、自由奔放で、広い世界への憧れが強い人です。その反面、責任感が強く、秩序やルールを守ろうとする二面性があります。瞬発力と忍耐力、その両方に長け、目標を達成するために必要な努力は惜しみません。

とても野心家で利己的なところがあり、大それた望みを叶えるためなら手段を選びません。ときに、不遜な態度をとったり、火山が爆発したように怒りや不満をストレートに口に出して、人を傷つけてしまうことも。

人生の目的と適職

哲学的な思想を持ち、国境やジェンダーも軽々と飛び越えてしまう自由な精神に満ちています。

コツコツと研究を続ける学者タイプで、修練や鍛錬によって技術を磨くような世界では、類いまれな才能を発揮します。

社会における自分の位置付けも強く意識しているので、より高い地位につくためには努力を惜しみません。ただ、責任の所在ばかりをしつこく追い求める融通のきかないところがあり、一度権力を握ると絶対に手放さないところも。

ケンタウロスは芸術や旅にも関与します。そのことから医療関係、学術関係、音楽関係にも適しています。広い視野を持つため、海外関連、教育関連全般の仕事も◎。

公務員、銀行、不動産、宗教に関連する業種も性に合っています。どちらにせよちっぽけな世界に収まるタイプではありません。大きな野望を叶え、社会に貢献する役割と使命を持っています。

恋愛

情熱的な恋に身を投じるところがあり、ターゲットが決まれば一直線に意中の人を追いかけます。ただ、心が満たされるのは追いかけている瞬間であって、相手が振り向いて自分のものになると飽きてしまいます。

短い恋を繰り返したり、複数の異性と関係を持ったりしがち。その反面、お互いを尊重し合える大人の恋を育みたいという欲求もあり、尊敬できる相手であれば長続きします。

どちらかといえば恋よりも仕事を優先します。社会的ステイタスを得るためにパートナーを選ぶ傾向もあり、それが強まると求める条件が厳しくなるようです。恋に打算が働いて、目先のメリットしか考えない恋愛になる場合もあるでしょう。

開運食

アンチエイジングやダイエット効果など美容効果満点のドライフルーツを食べましょう。太陽の光を浴びて乾燥させたドライフルーツは、ミネラルやポリフェノールなどのフィトケミカル、食物繊維などが生の状態よりも豊富です。手軽で美味しく健康にもいいので、一石二鳥です。ちょっとした間食やおやつとしてもぴったりです。

ラッキーアクション

高層ビルの屋上や、電波塔などの展望台がオススメです。高いところから町並みを見下ろし、眺望を満喫しましょう。そうすれば、気分もスッキリして、より現実的な視野が広がります。住んでいる地域の一番高い場所を選んで。

ラッキーカラー・スポット

幸運を呼ぶカラーはパープル、ペールグリーンです。「火」と「地」に関連するスポットは開運を招きます。すべての山がラッキースポットになりますが、とくに火山が最強のラッキーを呼び込みます。

9年間のメインテーマ

2021年からの9年間のメインテーマは「交友」、「所有」です。人間関係が鍵となる時期です。その交友を通して有益な情報がもたらされます。

お金にも縁があり、資産をどのように得て、どう活用していくかを思案する時期となるでしょう。

2021年 觜宿「友」

人気運、コミュニケーション運上昇の時期。

穏やかな日差しのように周囲を明るく照らすムードメーカーとなるでしょう。いろいろなところから引っ張りだこになる暗示があり、チャンスにも恵まれるので、ワクワクするようなチャレンジに打って出るのもいいでしょう。2023年に向けての種蒔きは有益に働くので、未来を見据えながら、その場その場で全力を尽くすように。

恋愛運も上昇傾向です。真の安らぎを与えてくれる異性との出会いに、ビビッとくることも期待できます。周囲の影響をモロに受けやすい時期なので、心根の良い人たちと交際するように心がけましょう。

2022年　参宿「壊」

仕事でもプライベートでも、人間関係に波風が立ちやすい時期です。自分の意見を通そうとすると何かとうまくいかないので、周囲に合わせる努力を最優先したほうがいいでしょう。この時期は、自分はあえて脇役に徹して人に花を持たせたほうが、結果として得られるものは大きいはず。

持っているスキルの棚卸しをし、今やっていることが自分にとって必要なことか、考えてみるといいでしょう。いらないものを切り捨てて初めて、チャンスも巡ってくるというもの。思い切って不要なものを処分しましょう。また、情報に惑わされる暗示も。与えられた情報を鵜呑みにせず、自分で調べてみるなど慎重な態度で挑むこと。

2023年　井宿「成」

オフにしていたボタンがオンに切り替わるように、新しいことが始まる時期。直感やセンス、能力など持ち前の能力が発揮できるラッキーイヤーです。やりたいと思いつつ、なかなかきっかけをつかめずにいたことは、この時期に始めてみるとよいでしょう。そうすれば、大きな成功をつかむことに。

吉祥の情報が舞い込んでくる暗示があります。今期は珍しいもの、新しいものにツキが宿るので、選択肢がいくつかあるなら、目新しいものを選ぶように心がけましょう。交渉が必要な場面では、求めていた答えが得られ優位に立てます。契約ごとも有益に働きます。

2024年　鬼宿「危」

何かと足を引っ張られたり、タイミングが悪かったり、吉凶混合の運気です。あれこれと挑戦するわりには大きな結果が得られず、現実の厳しさを思い知る場面も多々ありそうです。少々シビアであっても現実を直視して、理想に走りすぎないことが大事。アクセルとブレーキを上手に使い分けながら前進しましょう。状況を変化させることで好転を得られるので、転職にも向いています。

家庭内で問題が生じた場合、その問題を放置すれば、後に取り返しのつかないような事態へと悪化する可能性が。見て見ぬ振りをしないで正面から取り組むようにしましょう。

2025年 柳宿「安」

安定の運気です。金運、移動運上昇傾向。今まで白い目で見ていた人が、尊敬の眼差しを注いでくるようになるなど、言動が認められやすくなるでしょう。ひたすらドミノを並べ続けるような地味な努力が求められる年となりそうですが、そんなルーティンを通して、確固とした資産と金運をつかむことに。自分の利益だけを求めれば行き詰まるので、誠実さを重視して。

お願い事や相談事が増えるなど、自分のことより他人のことに力を注ぐ場面も多いでしょう。新しい家族が増える暗示があります。家の建て替え、購入、長期旅行は吉。

2026年 星宿「衰」

衰弱の運気です。今まで楽しいと思ってやってきたことも、ふとした瞬間につまらないと感じるようになるかもしれません。友人や恋人とも少し距離を置いて、一人の時間を大切にしましょう。今期は無理をせず、自分のペースを大切にすること。さえない現実に失望したり、判断に迷ったり、混沌となりやすい時期なので、生活や考え方をシンプルにするとうまくいくでしょう。

敗北感を味わうこともあるでしょうが、それでもここで踏ん張っておけば、それが底力となり、2027年からは大きく開花できるでしょう。病気に縁がある年なので体調管理を心がけて。

2027年 張宿「栄」

9年に一度の大繁栄の運気です。豊かな収穫を楽しめる、生涯でも数えるほどの華やかな年となるでしょう。躊躇することなく、前進あるのみでいきましょう。創作活動に縁があり、あちこちからお誘いの声がかかって交友関係が広がったり、才能を発揮してスポットライトを浴びたりできるでしょう。

仕事面では大役に抜擢され、恋愛面では高嶺の花の異性から好意を寄せられるなど、結婚も仕事も、何をしても大当たりする可能性大です。

2028年 翼宿「業」

28年に一度のカルマの年で、人生に大きな影響を与える出来事が起こりやすくなっています。能力のキャパを超える仕事や役割を任されたり、責任や重圧を感じたり、深くプライドを傷つけられるような出来事が生じることもありますが、逃げずに取り掛かりましょう。

また、今まで無計画に動いてもとんとん拍子に進んでいた物事が、一筋縄ではいかないことに気が付き、焦りや戸惑いを感じるかもしれません。今まで以上に物事の基礎を重視したり、原点に立ち返ったりするなど、大事な年回りとなるでしょう。

2029年 軫宿「親」

人気運、コミュニケーション運上昇の時期。頑張れば頑張っただけすぐに結果が出る、やりがいを感じられる年です。これまで打ち込んできたことが認められて、表舞台に立つ機会が増えるでしょう。名前が世の中に出る暗示があるので、メディアに出るといった機会もあるかもしれません。

恋愛運もすこぶる上昇傾向で、多くの出会いに恵まれます。朗らかな人柄が受けて、公私共に楽しい人間関係に恵まれるでしょう。

精緻な計画性で頂点を極める

タイタン（女宿《じょしゅく》）

基本的性格

タイタンは、ギリシャ神話に登場する原初の巨人です。「巨大な」という意味があり、古くから「大地の子」として崇められ、時間を司るクロノス、記憶を意味するムネモシュネー、法と掟のテミス、大河を意味するオーケアノスなどに関与します。

そんなタイタンの守護を受けているあなたは、大きな山のようにどっしりとしていて、常に計画性を持ち、自分の目指すべき頂点を見据えることができる人。

気に入らないことがあっても冷静に対応したり、言いたいことをグッとこらえたり、大人の対応を心得ています。思慮分別があって物事を客観的に捉えることができますが、情緒性に欠け、ときに冷酷な仕打ちをするサディストな面を隠し持っています。

人生の目的と適職

物事に慎重で、見通しを立ててから行動に移します。目先のことだけに捉われず、結果を出すための道筋をきちんと提示できるので、まわりに与える信頼感・安心感はバツグン。組織の中では、頼られる存在に。

たとえ失敗してもクヨクヨせず、その反省を次のステップに活かそうと、さらに努力する人です。将来設計は完璧で抜かりなく、年齢や経験を重ねることで重鎮のような風格を出してくる、大器晩成型の人生です。

キャリア、社会的地位に対して大きな憧れがあり、強固な野心を内に秘めています。政治家、官公庁、技師、建築家、実業家、農業全般、不動産関係などの仕事に向いていています。

また、ローカルなもの、伝統的なものなどに縁が深いので、骨董品やアンティーク、各種名産品などを取り扱う業種も吉。基本的に安定志向なので、屋台骨のしっかりした業種、大企業や公務員として働くほうが性に合っています。

恋愛

世間体を気にする貞淑さを何よりも美徳としていて、恋愛はじっくり時間をかけて成就させます。尊敬し合える関係を求める傾向が強く、用心深いので恋に慎重なところがありますが、運命の相手と出会えれば、パートナーと手を取り合い、共に成長していこうとします。

厳しいルールで縛りがちで、相手を疲れさせてしまうかもしれません。ムードに乏しいので、恋を演出するサプライズや術を学ぶ必要があるでしょう。

見た目よりも、相手の経済力やステータスを重視して、恋に打算が働いてしまうケースもあるようです。恋人にもなかなか自分の本心を見せないので、ときには思いっきり甘えてみることも大事です。

開運食

山芋がオススメです。中でも、日本の山野に古代から自生する自然薯がいいでしょう。山芋は、タンパク質の消化吸収を助けるぬめり成分のムチン、ミネラル、食物繊維がバランスよく含まれ、中国では漢方薬として利用されるほどの健康食材です。

ラッキーアクション

仕事関係のセミナーやイベントなどには積極的に参加してください。そうすれば、将来的に必要な情報や有力なコネを獲得できます。名刺は必須アイテム。いろいろなデザインの名刺を作り、人によって渡す名刺を替えてアピールするのも、良いアクションになります。

ラッキーカラー・スポット

幸運を呼ぶカラーは朱色、ブラックです。

「地」に関連するスポットは開運を招き、歴史を感じるような由緒正しい神社や仏閣巡りをすると、冷静な気持ちになれるでしょう。

9年間のメインテーマ

2021年からの9年間のメインテーマは「価値」、「本質」です。資産を増やしたり、経済活動に勤しめば、価値のあるものを手に入れることができるでしょう。収入を増やすタイミングでもあります。

2021年 觜宿「親」

「新しいことに挑戦したい」、「自分を変えてみたい」という気持ちがふつふつと湧いてくる時期です。コミュニケーション運、人気運上昇のこの時期は、いろいろな人の注目を集めることになるでしょう。また、浮かんだアイデアをきちんと形にしていくことを心がけましょう。

具現化する精神で取り組めば、自分の実力が意外に追いついていることを発見でき、確かな方向性を見出すことになるでしょう。出会い運、恋愛運も上昇中。深読みしないで、正直な気持ちを言葉で伝えましょう。

2022年 参宿「友」

引き続き、コミュニケーション、人気運上昇の年。ひらめきに恵まれ、斬新なアイデアが浮かぶ時期です。何かの研究に時間を費やしてきた人には、朗報が届く暗示。SNS関連の情報交換によって、知的好奇心が刺激される出来事があるかもしれません。また、周囲との連帯感も強まります。仲間からの協力を得て、目標に向かって士気も高まるでしょう。

今までは足を踏み入れたことのない場所にも、足繁く通うことになりそうです。それを通して、新しい人間関係も広がりを見せるでしょう。恋愛運も上昇傾向なので、相手の領域にどんどん踏み込んでいきましょう。

2023年 井宿「壊」

何かとトラブルに見舞われる時期です。

自分が得をすることだけを考えて行動したり、欲張って実力以上のものを得ようとすれば、足をすくわれるハメに。

慣れた仕事、親しい人、愛用していた物など、自分の手を離れていくときですが、それらは今の自分にとってはもう不要なものであることの証。どちらにせよ、物事が整理されるタイミングです。使わないものは捨てる、解約するなどして、ライフスタイルをすっきりさせることが破壊運の回避につながります。

自分にとってマイナスにしかならない人は、遠ざけておくことが必要不可欠。

2024年 鬼宿「成」

成功に導かれる幸運期。強く願ったことは必ず叶うという強運の年です。新しいことを始めるのも絶好のタイミング。フットワークを軽くして、人からの依頼やお誘いはできるだけ断らずに応じることで、思いもよらないところからチャンスがやって来ます。

自分の理想像が着々と現実化していくことを実感できるでしょう。今まであなたをないがしろにしていた人たちも、あなたの才能と凄さを理解し始め、協力してくれることに。また、新しい家族が増えたり、お祝い事が重なったり、家庭円満の予兆。

2025年　柳宿「危」

吉凶混合の運気。現実と理想のはざまに苛まれがちです。あれもこれも手を出しすぎると、すべて中途半端に終わってしまうでしょう。また、衝動買いに注意が必要。買い物の際は、「本当に必要なものなのか」と自分に問いかけると、必要以上の散財を防ぐことができます。

性的衝動に駆られる危険性があり、過ちを犯してしまう恐れも。自堕落な生活を改めて、襟を正した行動を心がけましょう。事故や怪我にも注意が必要。

2026年　星宿「安」

自由でのびのびと過ごせる運気です。旅行や引っ越しといった移動を通して、目から鱗のアイデアやインスピレーションに恵まれるかもしれません。リゾート地でバカンスを楽しんだり、長期出張、海外留学など、移動に関することはすべて吉。

また、経済面では喜ばしい変化が生じるでしょう。価値のある資産を確保できたり、不労収入が増えたりすることも。大きなお金を動かすタイミングでもあります。就活にも適していて、この時期の転職を通して、収入アップにつながることになるでしょう。

2027年　張宿「衰」

運気は下り坂です。華やかな友人たちの生活を羨ましく思うこともあるかもしれませんが、それを真似しようとしても、かえってちぐはぐな印象を与えるのが関の山。さらに言えば、大切な時間を浪費してしまうことに。新しい可能性を求めて、やたらと行動半径を広げていくのではなく、今、目の前にあることをきっちりとこなしていくことが大切。

健康面は、集中力が発揮できず、精神的なダメージを受けやすいので、ケアレスミスに注意しましょう。この時期は病気に縁があるので、無理をしないで休息すること。ファスティングやデトックスに取り組み、いらないものをすべて出し切りましょう。

2028年　翼宿「栄」

9年に一度の大繁栄の時期です。嬉しいことが次から次へと面白いくらいに重なるラッキーイヤーです。結婚運も上昇。現実的な視点で物事に取り組みましょう。

海外に縁が生じる可能性があります。自分が欲しいと思うものを貪欲に獲得することで、人生の醍醐味を実感できるでしょう。目標に向かって努力を惜しまず邁進すれば、本物、価値のあるものを手に入れることができるでしょう。この時期は、それを実現させるだけの現実的な知恵とエナジーが、宇宙の働きによって、ちゃんと与えられることを覚えておきましょう。

2029年　軫宿「業」

28年に一度のカルマの年です。望むと望まざるとにかかわらず、あなたの人生を変える、大きなターニングポイントとなるでしょう。方向転換を迫られたり、一念発起してみずから新しい一歩を踏み出したり、迷いも生じますが、この時期に起こることはすべて意味があります。

何かと重圧や責任が伴う時期ですが、逃げずに課題をこなしていきましょう。

迷ったときは原点に立ち返ることが必要。趣味や遊びに没頭するより、仕事に意識を向けたほうが良さそうです。

つかみどころのなさが魅力の超個性派

パーン（虚宿《きょしゅく》）

基本的性格

上半身は人間で下半身はヤギのパーンは、牧羊神として有名です。パーンは「パニック」の語源といわれ、また「すべて」を意味します。

パーンは商業の神ヘルメスの息子。いつも陽気で大声で笑い、シュリンクス笛を吹きながら踊ります。その一方で、人々に恐怖とパニックを与えるなど、相反する二つの面があります。

そんなパーンの守護を受けているあなたは、いつも理想と現実のギャップを感じていて、かなりエキセントリックで複雑な感情の持ち主です。

コインの表と裏のように理性と感情を併せ持ち、独特な個性があり、一度会ったら忘れられない印象を残します。人の興味を引くことが好きで、わざとふざけて周りを笑わせたり、それとは逆に意地悪をして悲しませたり、いったい何を考えているのか、つかみどころがないのが特徴。

人生の目的と適職

ユーモアのセンスがあり、一つの分野で抜きん出た才能を発揮します。また、社会や人、地域に貢献するための何かしらの能力を秘めています。そのため、本人は目立ちたくなくても、なぜか世間からの注目を集めてしまうところが。既成概念に捉われず独特のやり方で世の中を渡っていきます。

フリーランス、技術者、科学者、デザイナー、ライター、カメラマン、教師、航空関係、建築関係も吉。実はとても野心家なので、実業家、政治家、官僚などの職務にも向いています。

意外に伝統的な分野にもご縁があります。細かいことにはこだわらないですが、自分の感情がコントロール不能になったり、多少乱暴に人を従わせるところがあるので、その点には注意しましょう。

恋愛

恋愛面でも、あるときは奔放に、またあるときは保守的と、自分でもよくわからないところがあるようです。優しくしたり、突き放したり、感情も目まぐるしく変化するので、相手は困惑するかもしれません。ベタベタした関係とは無縁で、友情から恋が始まるというパターンです。

表面的には浮ついた感じを見せますが、実は計算高く、相手のキャリアや素性にこだわる利己主義なところがあります。お互いを尊重し合える余裕を持てば、うまくいきます。理想も高く、「妥協するくらいならシングルのほうがラク」と考えているところもあるようです。

開運食

豆腐がオススメ。漢方では、豆腐には、体をうるおし、便秘を改善する働きがあるとされ、良質のタンパク質、カルシウム、マグネシウム、鉄、亜鉛などのミネラル、ビタミンB群が豊富です。消化吸収も抜群なので、栄養源としてとても重宝します。

ラッキーアクション

オフの日には伝統芸能を鑑賞したり、茶道や華道などの作法を学ぶと、感性が磨かれます。また、歴史小説や自叙伝などを読むと、なりたい自分像や将来の方向性が見えてくるでしょう。発酵食品全般、とくに味噌作りなどに精を出せば、開運アップにつながります。

ラッキーカラー・スポット

幸運を呼ぶカラーはブラック、ホワイトです。「地」と「風」に関連するスポットが開運を招きます。カルチャースクールやセミナー会場、図書館など、知識や技術を学ぶ場所に出かければ開運へと導かれるでしょう。

9年間のメインテーマ

2021年からの9年間のメインテーマは「自立」、「所有」です。リーダーシップを発揮しながら何かを切り開いていく時期になります。そうした自立を通して、価値のあるものを所有することに。物質面、とくにお金に意識を向けましょう。

2021年　觜宿「胎」

28年に一度のターニングポイントです。職場や家庭の環境が変わる暗示があります。未来に向けて、新たな目標に取り組むことになるでしょう。結果をすぐ出そうとせずに、長期的な視野を持って尽力してみましょう。

仕事では、今までやったことのない未知なる分野にチャレンジを。何かピンとくることがあったら、迷わず行動に移しましょう。そんなふうに直感を信じて動くことで良い結果を出すことにつながります。どちらにせよこの年は、断固とした決断力と実行力を発揮することになるでしょう。

2022年　参宿「親」

コミュニケーション運、人気運上昇の時期です。周囲に対して細やかな気配りを心がけましょう。自分ばかり目立とうとせず、言われる前に行動するなど、控えめでありながらも迅速に、そしてフレキシブルに動くことを心がけましょう。見返りを求めず喜んで周囲に奉仕するのも大事です。

仕事面では、厳しい状況に立たされても「なんとかなるさ」の精神で乗り切れるでしょう。周囲の空気を巧みにキャッチしながら、上司の要求を先読みし、そつなくこなすように心がければ喜ばれます。恋愛面はモテ期に入っています。熱愛を通して愛の絆を深めることに。

2023年　井宿「友」

引き続き、コミュニケーション運、人気運上昇の時期です。コラボやユニットの活動は有効です。一見何の変哲もない日常的なやりとりから多くのアイデアを得たり、いつになく深い体験が期待できます。家族、親戚、友人からさまざまな恩恵が得られそうなので、関係をより深めておくと良いでしょう。

この時期は、相手の言葉の裏に潜む感情を察知することができるので、コミュニケーションを通して、感受性が研ぎ澄まされることに。言葉に感情を込めて話せば、相手にも感情移入して豊かな共感を得ることができ、円滑な人間関係が築けるでしょう。出会いの多いこの時期は、一人に絞らずいろんなタイプの異性と恋愛を楽しんで。

2024年　鬼宿「壊」

トラブル多発の運気です。思い通りに事が運ばずに、不自由や不平等を感じるアンフェアな出来事に遭遇しやすいでしょう。何をするにも自信が持てず、「もっと他の方法があったかも」と後悔や迷いの感情に駆られてしまうかもしれません。そんな優柔不断な気持ちが災いして、失敗を招く結果に終わってしまう場合も。

また、人に指図する場面では、とくに気をつける必要があります。権力を振りかざせば、周囲からの猛反発を受ける結果になるでしょう。他者との交渉においては、自分の立場を押し通すのではなく、譲歩することで、意見の食い違いも最終的に合意に至るはず。家庭内トラブルの暗示も。

2025年　柳宿「成」

新しいことを始める絶好のタイミングです。好きな分野で大成功を収める暗示がありますから、やりたい仕事があるなら、勇気を出して転職するといいでしょう。

また、今まで取り組んできたことが形になったり、明確な目標が見えてきたりします。そのためには家族や仲間の協力が必要不可欠。人間関係では、相手が何を望んでいるかを考えて行動してみると、結束力がさらに強まり、より親密な関係を築けるでしょう。家の建て替えや購入は、この時期に。

2026年　星宿「危」

大きな岐路に立たされるなど、選択を迫られる時期。仕事では、部署異動や転勤など、希望していないところに配属される可能性も。

恋愛では波乱が多く、付き合っている相手に別の恋人がいたり、ショッキングな事実が発覚するかもしれません。プレッシャーを感じたり、周りからの風当たりも強くなりがちなので、ステータスや損得だけで判断するのではなく、心から楽しいと感じることを選択してみて。悩み抜いた先には、素晴らしい未来が待っています。

2027年　張宿「安」

金運、移動運上昇の時期です。副業などで新たな収入源を確保する暗示があります。趣味が実益につながる可能性大です。

ルーティンワークで「何か物足りないな」と感じていたら、自分の心がワクワクするようなことを体験、体感してみることが必要です。

長期休暇を取り、旅行やキャンプなどのレジャーに繰り出すことで、あなたの中に眠っている躍動感にあふれた思いが再び呼び起こされるでしょう。

車の購入など、大きな買い物があるならこの時期が最適。

2028年 翼宿 「衰」

衰弱の運気です。理想と現実の狭間で大きな葛藤と憤りを感じてしまうかもしれません。「他人はどうしてこうも愚かなのか」と、みんなを見下した不遜な態度をとることもあるでしょう。今まで隠していた禍々しい心の囁きを他人にさらす怖れがあるので注意が必要な時期に。

自分の偏見的な物差しで、目の前にいる相手を勝手に推し量らないようにしましょう。他者の考えも寛大に受け入れ、理解するように努力すれば、少しずつ気持ちも楽になるでしょう。病気にも縁がある時期なので、健康管理を忘れずに。

2029年 軫宿 「栄」

9年に一度の大繁栄の年です。大きな収穫が得られるでしょう。今まで越えられなかった壁をクリアでき、能力とキャリアが一足飛びに高まる暗示があります。あなたの細やかな配慮が、成就へと導くでしょう。物事の細部やディテールにこだわり、表現することが得策です。

気持ちを目に見える形にするように心がければ、展開はスムーズに。金運も上昇傾向で、大きな臨時収入に恵まれるでしょう。出会いも多く、結婚はとんとん拍子に進みます。

大胆不敵、イノセントな自由人

サンダーバード（危宿《きしゅく》）

基本的性格

巨大な羽をはばたかせ、雷を生み出し、稲妻を空に轟かせるサンダーバード。北米の先住民の伝承と信仰により生まれた、自由自在に雷を落とすことができる猛烈な聖獣です。

そんなサンダーバードの守護を受けているあなたは、大胆不敵な人。好奇心旺盛で新しいものが大好き。規制の概念をぶち壊して新しくするような豪快さがあります。

エキセントリックな言動で周囲を驚かせ、平凡な生き方や月並みなやり方を嫌うので、周囲から浮いてしまうこともしばしば。

自分の気持ちに正直なので、こうと思ったら徹底的に突き進みます。ただ、無計画で行き当たりばったりなところが目立つ自由主義者です。

人生の目的と適職

前人未到の偉業を成し遂げる可能性を秘めています。サンダーバードは、人間の言葉を話すけれど、その言葉は逆さなのだとか。そんなサンダーバードのように、あなたは天邪鬼な面もあり、人とはまったく違う道を歩む傾向があり、常識やモラルを逸脱した世界で活躍します。意外に頑固で理屈っぽく、偏屈な面もあります。

社会事業や公共サービス、IT関係、電気関連、マスメディアなどの業種はどれも有効。革新的なアイデアやひらめきに恵まれているので、研究開発分野、テクノロジー関連も◎。

トレンドに敏感で発信力もあるので、ユーチューバーやファッション、エンタメの業種では輝きを放ちます。

恋愛

博愛主義者で異性を惹きつける魅力を持っています。同性も異性も分けへだてなく接する自由主義者なので、男女問わず人気も高め。子どものような無邪気さで人々を虜にし、みんなに可愛がられます。

ただ、恋愛面においては頑張るポイントを外しがちです。安定した関係では満足できず、刺激ばかりを求めてしまい、気移りしやすい浮気性です。恋より仕事、または友人との約束を優先するところもあります。

ベタベタしたり、執着が激しい異性とはまったく噛み合わず、束縛されると急に愛が冷めてしまって、バッサリ切り捨てることもあるようです。危険な恋やアンモラルな関係になることもあり、どちらにせよ普通の恋愛とは縁遠いでしょう。

開運食

鮮やかな赤色が特徴的な野菜、ビーツがオススメ。ビーツは「飲む輸血」と言われるほど栄養価が高いスーパーフードで、ロシア料理のボルシチには欠かせない野菜です。カリウムの量は、トマトやレタスの2倍。マグネシウムやカルシウムも豊富です。

他には、最新のテクノロジーを駆使した、フードテックに注目してもよさそうです。

ラッキーアクション

心静かに、瞑想やヨガなどをする時間を設けてみて。そうすることであなたは天とつながる一体感を感じ、インスピレーションを強化できるでしょう。直感力を磨くと、独創的なアイデアを生み出すきっかけにもなります。

ラッキーカラー・スポット

幸運を呼ぶカラーはメタリックカラー、ネイビーブルーです。

「風」に関連するスポットは開運を招きます。エアポートや科学博物館、宇宙センターなどで、最先端のテクノロジーと触れ合えば運気も倍増。

9年間のメインテーマ

2021年からの9年間のメインテーマは「セルフイメージ」、「自我」です。今持っている自分のセルフイメージが今後、さまざまな分野で大きな影響を及ぼしていくことになるでしょう。独立、自立、起業のタイミングでもあります。

2021年 觜宿「栄」

9年に一度の大繁栄の時期です。自分の個性や感性を周囲にアピールしましょう。

独自の発想が大ヒットにつながるケースもあるので、たとえ周囲からドン引きされても、自分らしさを失わないで邁進してください。

理想より現実ばかりを重視すれば、いざチャンスが訪れても、できない理由ばかり考えてしまって逃げ腰になる恐れがあるので、この時期だけは大きな理想を掲げ、行動力と向上心を持って、自ら周囲を引っ張っていきましょう。ダメ元と気軽に考えれば、さらなるツキを呼び寄せます。よりハイレベルを目指すことで、あなたの情熱に火がついて運気もさらにスケールアップします。

2022年 参宿「胎」

28年に一度の大きな転換期です。好奇心を働かせながら、未来のビジョンを描きましょう。たとえば、ニュートラルポジションに立ち、自分の望む理想郷の世界を言葉で書き記してみましょう。そこはどんな世界でしょうか。創造主はあなたです。真に魂が求めるものを素直に思うままに描いてみて。

次に、愛の扉を開いて大切な人たちを招いてみましょう。至福の喜びがそこに見つかるはずです。

自己改革の契機と心得て、新たな展望を繰り広げれば、その勇姿が周囲に反響を呼び、とんとん拍子に物事が運ぶ可能性があります。また、自分の才能に賭けたり、憧れの存在の異性に告白したり、「当たって砕けろ」の精神で挑んでみて。たとえ敗退したとしても、得るものが多いでしょう。

2023年 井宿「親」

コミュニケーション運、人気運上昇の時期。困っている人を助けたり、逆に助けられたりと他人に感謝の気持ちを抱く出来事が多い時期です。伸び悩んでいたことに解決の糸口が見つかる暗示があるので、物は試しの精神で、何事も気軽にチャレンジすれば幸運に結びつくでしょう。

公募やコンペなど、ピンときたら迷わずトライしてOK。また、恋愛面は華やぐ時期です。合コンやイベントなどに積極的に出かければ、意気投合して即交際に発展する暗示が。また、気になる異性がいるのなら共通の友人に思いを打ち明けておくのも名案かも。そうすれば、陰で仲を取り持ってもらえる可能性大。

2024年 鬼宿「友」

引き続きコミュニケーション運、人気運上昇の時期。普段とは違うあなたを演出して、冒険してみるチャンスです。行ったことのない土地に縁が生じます。他人との交流を活発にし、さまざまなものを吸収することになるでしょう。

恋愛運もすこぶる上昇中です。華やかな異性関係に恵まれます。複数の異性からアプローチを受ける可能性が高く、電撃婚もあり得るでしょう。ただ二股の関係を作りやすい時期なので、その点は注意しましょう。家の増改築やリフォームは、この時期が最適です。

2025年 柳宿「壊」

破壊運の時期です。仕事面では、実力や経験不足を思い知らされるような出来事にたびたび遭遇するかもしれません。また、家庭問題が勃発する暗示も。楽観的な気持ちで物事を進めれば、周囲に迷惑をかけることになるので注意してください。疑心暗鬼に陥りやすいこの時期は、人間関係では理解し合おうとするほど傷つけ合う結果になるでしょう。

安易な行動は避け、受け身に徹しましょう。聞き役に徹し、言葉を選びながら思慮深い行動を心がけ、言動や行動を律することが何よりも必要です。好戦的になったり、突っ走って失敗するケースもあるので、感情をコントロールすることが大切です。

2026年 星宿「成」

大きな成功を手にする年です。自分でも驚くほど活動的になって、新しい物事にアタックしたり、積極的に周囲の環境を変えたり、何をしても好結果が期待できるでしょう。

心の赴くままに文章を書いてみましょう。好きなことや自信のあることは勇気を持って周囲にアピールしてください。たとえば、ブログに最近感じたことを思う存分に綴ったり、手帳に今後の計画を書き込むだけでもOK。文章を書くことに集中すれば、整理すべき問題点や処理すべき物事が明確になって気持ちがスッキリするでしょう。

創作活動も、大吉です。

2027年 張宿「危」

人間関係のトラブルに注意の年です。お互いに遠慮がなくなり、ワガママになるとか、言いたいことをストレートにぶつけすぎて相手を傷つけてしまうとか。注意力散漫から怪我や事故を起こす可能性も。コンプライアンスにも十分に注意を払ってください。

好きな相手と深くコミットするほど、相手への気遣いや思いやりも要求されるかも。こうした問題を解決するには、相手から離れた時間を持つことが必要。適度に時間を空けることで、新鮮な気持ちで相手に接することができるでしょう。

2028年　翼宿「安」

安定の運気です。金運、移動運は上昇傾向なので、大きなお金を動かしたり、ギャンブルや投機にもツキがあります。持ち前の研究心と直感を生かすことで、大きなリターンが期待できます。

仕事や、アイデアに煮詰まったら、今話題のスポットに出かけてみましょう。頭の中だけで考えているよりも、実際に世間で注目を集めているものに触れ、肌で感じてみることが大切です。

海外とのご縁が生じることもあるので、パスポートの期限をチェックしておきましょう。

2029年　軫宿「哀」

曖昧模糊な運気です。なかなかエンジンがかからず、ぼんやり過ごしてしまうことが多くなりそうです。大事なメールの返答を曖昧にしていると、いつの間にかOKしていたことにされている可能性があるので、言葉は明確に伝える努力を。また、締め切りや期限を守るように心がけましょう。

恋愛面では、いけないと思いつつもムードに流されてしまう危険性があります。不毛の関係や秘密の関係に陥りやすい時期なので、情に溺れて一人よがりにならないよう、客観的な視点で自分を見ることを忘れずに。

常に一歩前を行くアバンギャルドな挑戦者

バロン（室宿《しつしゅく》）

基本的性格

バロンは、バリ島の文学劇、伝承に登場する獅子です。突き出した目玉と垂れ下がった舌、そして巨大な牙を持ち、全身にきらびやかに輝く多くの鏡のかけらを装備したその風貌は、とてもすさまじいものがあります。

そんなバロンの守護を受けているあなたは、人とは違う前衛的な個性を持ち、現状に満足せず、常に人より一歩先んじたことを考えるアバンギャルドな人。旋風を巻き起こすような大胆不敵な言動で周囲を驚かせるところがあり、周囲からは変人扱いされる場合も。

表向きは知性的でクールですが、友情に厚く意外に寂しがりやなので、甘えたり突き放したりするツンデレな面も。また、見た目からはうかがい知れないほど頑固で理屈っぽく、能書きを並べ立てて相手を論破するようなところもあるようです。

人生の目的と適職

立場や国籍、性別や年齢等の違いを超えた、分けへだてのない自由な精神があり、権力を握って離さない既得権益への反発も強いようです。社会の常識を鵜呑みにせず、それを覆すような発想の転換が得意なので、目まぐるしく変わる「風の時代」を牽引していくタイプです。同志を見つけ、共に活動することで、大きな変革を果たせるでしょう。

有益なトレンドを発信し、それを通して、天賦のリーダーシップを発揮することに。また、バロンはあらゆる災害を防ぐ力があることから、防衛関連、ホスピス、公共サービスの仕事に就くことも。古い価値や常識を打ち壊して新しいものにするサイエンス関連や宇宙関連事業にも縁が深く、最先端のテクノロジーの分野では偉業を成し遂げるでしょう。企画開発の分野、各種研究家、発明家、マスコミ、インフルエンサー、ＩＴ、航空関係も吉。芸術、スピリチュアル関連も◎。

人からのアドバイスをわざと否定するような天邪鬼なところがあり、自分の理論に固着しすぎるので、その点は注意が必要です。

恋愛

世間体を気にせず、あえて外れることを美徳としているので、普通の恋には無縁です。意外に包容力もあるので、同性、異性問わず人気があります。

ただ、背徳的な禁断の愛に身を焦がすこともあり、自分や相手に恋人がいても、気持ちを抑えきれず暴走します。失恋してもケロッとしているので、新たに意中の相手が現れれば、すぐに意識がシフトするようです。

人前ではクールですが、二人きりになると優しさを発揮し、かいがいしく尽くすところも。現実に存在しない二次元的な恋など、恋愛に求めるものにも多面性があります。基本的に束縛するのもされるのも嫌いますが、ただ本気の恋に関しては別の話のようです。

開運食

キヌアがオススメです。アンデス地方に古くから生息しているキヌアは、飢餓問題を救う奇跡の完全栄養食として注目されています。さらにキヌアは、

NASA(アメリカ航空宇宙局)でも宇宙食として指定されていて、タンパク質・ミネラル・脂質・食物繊維がとくに豊富です。ほかの雑穀も試してみてOK。

ラッキーアクション

神へ奉納するバロンダンスや民族的な催し、日本では神楽のような神秘的なイベントに出かけてみましょう。また、定期的に神社で厳かに過ごしたり、ご祈祷を受けるのもいいでしょう。

ラッキーカラー・スポット

幸運を呼ぶカラーは蛍光色、パステルピンクです。「風」と「水」に関連するスポットは開運を招きます。新規オープンしたホテルやお店、各地域で話題沸騰の最新スポットは必ずチェックして。

9年間のメインテーマ

2021年からの9年間のメインテーマは、「生き方」、「隠された真実」です。悟りを開くような生き方に目覚めるタイミングです。あなたの考え方や生き方に賛同して、多くの人たちが集まってくるでしょう。また、その生き方は芸術的で創造性に満ちあふれています。

2021年　觜宿「衰」

衰弱の運気です。あなたの能力がきちんと評価されず、イライラしたり、自暴自棄に陥ったり、何かとメランコリックな運気です。物事を大きく広げたり、無理に動こうとしたり、外にばかり意識を向けないで、今あるものに意識を向けましょう。

選択ミスにより墓穴を掘ってしまうことがありそうです。目立つ行動をすれば空回りばかりで、結果的に損をするハメに。目標を立てるなら高望みせず、現実的に実現できる案件をコツコツとこなしたほうがいいでしょう。ただ、2027年は一転して豊作の時期に入るので、この時期はそれを踏まえての準備、充電が大切です。

2022年　参宿「栄」

2021年のイライラが嘘のように一転する、9年に一度の大繁栄の時期です。これまで積み重ねてきた活動が世間に評価され、ビッグチャンスをつかむことに。仕事面でブレイクしたり、花形の部署に栄転したり、人生を変えるような出会いがあるなど、吉祥の出来事が起こるでしょう。

恋愛、人間関係、仕事、金運、健康運など、すべてにおいて勢いがあるこの時期は、嬉しいことが目白押しに並ぶでしょう。異文化に触れたり、信仰や信念といった人生の骨格となるような世界観に新しく出会ったり、それを通して、開眼、悟りを開くといったような、真実に目覚めることになるでしょう。

2023年　井宿「胎」

未来のヴィジョンを描く28年に一度のターニングポイントです。真っ白なキャンバスに絵を描き始めるように、新しい自分を創造しましょう。どんな筆を使うか、何色を使うか、下書きは必要か、すべて自由にイメージしてみて。初めから完璧を目指さなくても大丈夫。常識に捉われず、まっさらな状態から自分の世界観を楽しみましょう。「人生は一度きり」の精神で、リスクを恐れずにパイオニア精神を持って新しいことに取り組んでください。

また、勝負や競争にパワフルな力を発揮するときなので、コンペやコンテストなど積極的に応募してみて。ライバルや障害が多いほど闘争心が湧き上がり、成功を勝ち取れるでしょう。

2024年　鬼宿「親」

恋愛面でモテ期到来です。相手のルックスや社会的ステイタスよりも、お互いへのリスペクトと精神的なつながりを重視して。そうすることで、本当の幸福を手にすることができるはず。

一つのことを集中して続けるよりも、アンテナを広げて包括的に物事に取り組みましょう。また、固定観念に縛られないで、フレキシブルな対応を心がけることが大事。生活の中でいろいろな変化が起きても、それに抵抗するのではなく、むしろ柔軟に変化を楽しみましょう。

2025年 柳宿 「友」

コミュニケーション運上昇の時期です。本当にやりたいことや好きなことを追いかけていけるようなパワーにあふれています。その働きを通して多くの知識と雑学を養う結果になるので、やりたいことはぜひ行動に移してみましょう。

新しい家族が増える暗示があります。いつの間にか親類縁者、知人友人からの尊敬を集めていたり、褒められることが増えたりと、年齢を重ねたなりの成長を感じることになるでしょう。新人教育や育成など、他人のために力を使ってこそ意義のある年となるでしょう。

2026年 星宿 「壊」

人間関係のトラブルに要注意です。ストレスを溜め込んで自暴自棄に陥るかもしれません。理屈ばかりで進めていけば、トラブルを肥大化させることにこの時期のトラブルの発端はあなた自身の言動によるものです。自分が蒔いた種なのだと自覚することが何より大事。

いずれにしても、軽はずみな言動に注意が必要です。トラブルや窮地に陥ったときは、それを正直に打ち明けましょう。過ちを認める潔さを身に付ければ、災いから身を守ることができるでしょう。自分の言葉には責任を持って一言一言を慎重に選ぶ努力を。恋愛面は、愛情が深まるほど嫉妬心や独占欲が強まる暗示があるので、感情をセーブすることを忘れずに。

2027年 張宿 「成」

2026年は何かと試練の多い時期でしたが、今期は新たな可能性が拓けてくるラッキーイヤーです。次々と新しいことに取り組むと、運がパワーアップします。何を始めるにも人より先にスタートすることが大切なときなので、インスピレーションに従って動いてみましょう。

環境の変化を怖がらずに何事にも挑戦する勇気を持ってください。仕事では、新規の営業先開拓や商品開発など、率先して取り組んでください。また、この時期に始まる恋愛は、短期間で終わる可能性が高いでしょう。長く付き合い、将来を考える相手なら、すぐに進展を望まずに情熱を保つことを心がけましょう。

2028年 翼宿「危」

吉凶混合の運気です。たとえ大きな成果を手に入れたとしても自信過剰にならずに、周囲への感謝を忘れずに心がけて。この時期は何かと評価に敏感で翻弄されることが多くなりますが、自分の意志を貫いてみましょう。

明るく前向きに振る舞い、積極的にグループを先導していく反面、人と比較をして落ち込むといったデリケートな部分が露呈して戸惑うことも。世間向けの自分と本当の自分にギャップがあると気づいて疲れてしまったときは、旅行に出かけて自然と触れ合うなど、気分転換をしましょう。

2029年 軫宿「安」

金運、移動運上昇の時期。旅行、引っ越し、車など乗り物との関わりはすべて吉。予定や段取りに縛られず、思うままに自由に移動することで、精神が活性化され、新しい世界が広がるでしょう。資金運用は、目的に応じて細かく分けるといいでしょう。

フィジカル、メンタル共に自分自身が改善すべき点に注目を。悪い癖や習慣を改めて、健康や美容に目を向けましょう。ダイエットを始めたいのなら、躊躇しないでスタートしてOK。生活習慣を見直すことで、健康で魅力的な肉体を手にすることができるでしょう。

夢と優しさを与える癒しの存在

ニンフ（壁宿《へきしゅく》）

基本的性格

泉、川、海、森などに棲むニンフは、泉が涸れない限り、年をとらず死ぬこともない美しい妖精です。花嫁、新婦を意味し、その妖艶な裸体は愛欲、誘惑を司ります。

そんなニンフに守護されているあなたは、どこか夢見るようなところがあり、優しくて、とことんお人好しです。また、ニンフは人間に恍惚感を与えることから、合理的な意識の中では捉えられないような、この世を超えた世界で生きるスピリチュアルな人でもあります。

泣きつかれるとどんなことでも許してしまうところがあり、その一方で他人にもたれかかる依存的な面も。自責の念に陥りやすく、何をするにも自信が持てず、「もっと他の方法があったかも」と後悔や迷いの感情に駆られてしまうところもあるようです。

人生の目的と適職

人を信じて疑わず、豊かな慈悲の精神に満ちているあなたは、人に奉仕することで生きる喜びを感じます。芸術的な才能があり、人に夢を売るような世界では、ひときわ異彩を放ちます。

ファンタジーやロマンスといった非現実的な世界、アニメ業界、詩人、小説家、絵本作家、音楽家などに向いています。また、人を労わり癒す仕事、ヒーリング、セラピスト、福祉、医療関係も適職です。

あなたの人生で、ネガティブな面ばかり体験しているように思うなら、そのネガティブと同じ分だけポジティブな体験があると信じましょう。そうすることで、自分のネガティブな側面とも上手に付き合えるようになります。

どちらにせよ、創作活動や奉仕活動を通して、人の不安や悲しみ、そして喜びなどをテーマに活躍することになるでしょう。

恋愛

ニンフは、全知全能の神ゼウスや数多くの英雄に見初められたことから、異性からの人気は抜群です。恋愛依存体質なので、少し距離を置いてお互いを見つめよう、なんていう考えは、あなたの中には到底ありません。叶うものなら24時間一緒に居たいと、本気で願っているようです。

誘惑するニンフのように、かりそめの恋に身を投じてしまう傾向があり、ベッドの上では欲情に身を任せます。愛欲を司るだけに、あなたにとって恋愛は、人生の大きなテーマになります。

ときに恋と戯れ喜びを感じ、ときに愛を失う悲しみを体験しながら成長していきます。

付き合う人によって人生が左右されがちなので、相手選びは慎重に。

開運食

健康に良く、香ばしく甘い匂いが特徴のギーバターがオススメです。バターからタンパク質、水分、不純物を取り除いたギーバターは、ビタミンA、ビタミンD、ビタミンEなどの脂溶性ビタミンが豊富に含まれ、インドの伝統医学であるアーユルヴェーダでは、「活力の素」と呼ばれています。炒め物やローストに、バターやオイルの代わりに使用してみましょう。

ラッキーアクション

あなたにとって元気の源は睡眠です。睡眠の質を上げることで、さまざまなメリットをたくさん感じられるようになります。交感神経から副交感神経優位に切り替えるときにとても効果的なカモミールティーを、就寝前に飲んでみて。心身をリラックスさせてくれるカモミールティーから立つ湯気は、鼻づまりの改善にも有効です。

ラッキーカラー・スポット

幸運を呼ぶカラーは、ピーチ色、ブルーです。「水」に関連するスポットは開運を招きます。天然のマイナスイオンが豊富な場所に出かけましょう。静かな森の中、そしてとくに水しぶきの上がるところがオススメ。

9年間のメインテーマ

2021年からの9年間のメインテーマは「気づき」、「癒し」です。人々の共有している集合的無意識からのメッセージを受け取るタイミングです。それを通して、どこを探しても答えが見つからなかった悩みを解決することに。それは、理論では得られない不思議な気づきです。

2021年 觜宿「安」

金運、移動運上昇の時期です。この時期はデジタルデトックスを意識しましょう。ときにはテレビ、スマホをオフにして、周囲の雑音から離れる時間を作ってみましょう。小旅行に出かけて、大地や自然の音のリズムを感じるといいでしょう。

風の音、川のせせらぎ、鳥や虫たちの音色に静かに耳を傾けてみましょう。身につけている時計やピアス、指輪、ネックレスといったものを外し、洗いざらしの柔らかで肌触りの良い素材の白い衣服に身を包んでみてください。そうすることで、まるで生まれたての赤ん坊のような気持ちになり、体が少しずつ目覚めていく感覚を思い出せるでしょう。

2022年　参宿「衰」

人間関係の摩擦に注意の時期です。相手の趣味には聞く耳を持たず、自分の好みだけを他人に押しつけるやり方には注意しましょう。

意固地で頑固な態度は衝突を生むだけです。柔軟な姿勢と相手を受け入れる気持ちを持てば、周囲との摩擦も軽減されるでしょう。自分だけが得をするようなやり方は、最終的に何もかも失う結果を招くことにつながるということを、心に留めておいてください。また、病気に縁がある年なので、体調不良、情緒不安定といった異変を感じたら、無理をせずに休養しましょう。

2023年　井宿「栄」

あなたの能力を最大限に発揮できる、9年に一度の大繁栄の時期です。また、多くの気付きを通して、新たな才能が芽生えるタイミングでもあります。自分のことを一流のアーティストのように演出して、あなたなりの表現方法を駆使してみましょう。

楽器の演奏をしたり、絵を描いたり、心が感じるままにトライしてみましょう。内在するリビドーの扉を開いてみることで、輝きと自信を取り戻せるでしょう。さらには、周囲の評価もそれに伴って良好なものへと変化します。天に導かれるこの時期は、あなたの夢を実現させるだけの現実的な知恵とエナジーが、宇宙の働きによって、ちゃんと与えられることを覚えておきましょう。

2024年　鬼宿「胎」

28年に一度の運命的な出来事が生じる大きなターニングポイントです。持ち前のスピリチュアルな能力が高まります。エモーショナルな気分が高まるとき。魂と魂の触れ合いを通して、心身共に官能に満たされるでしょう。

コミュニケーション能力も高まる時期なので、「誰かに認めてもらいたい」、「理解し合いたい」と願うのなら、まずは相手の考え方を受け入れることが大切。きれいな部分だけでなく、相手の弱点や欠点をも許せるようになったとき、本当の意味で大切な人と一体化できる真の愛情を確信できるでしょう。また、「自分にとって家族とは何なのか」というような問いかけを通して、家族はしがらみでもあるし、大切な絆でもあるといったことに気づかされることに。どちらにせよ、自分を見つめ直し、今後の未来を検討する年となるでしょう。

2025年 柳宿 「親」

家庭運良好。新しい家族が増える暗示があります。恋愛面は、モテ期到来です。出会いも多く、波長が合い、楽しさを共有できる異性が現れます。とんとん拍子に話が進んで、次のステップに進む場合もあるでしょう。

この時期は、人に共感しやすく、困っている人を見ると放っておけなくなるでしょう。母性本能も強まるので、「守ってあげなきゃ」という思いが高まります。たとえ自分の時間を割いたとしても、相談を持ちかけられたら親身になって解決策を探してください。また、気になる異性へのアプローチは、相手の身の回りの世話をしたり、雑用を肩代わりして、かいがいしく振る舞ってみましょう。

2026年 星宿 「友」

交友関係が広がる運気です。あなたのセンスが評価されて、周囲に強い影響を及ぼすことに。目標に向かって、少々無理をしてでも前進すべきです。そうしたあなたの決意を好意的に理解し、積極的にサポートしてくれる人にも恵まれそうです。

引き続き、恋愛運は上昇中です。友人や知人を自宅に招いて手料理でもてなしたりすると喜ばれるでしょう。そこから恋が発展することも。また、ボディーワークを学ぶのも有効です。就寝前にヨガや体操などをして凝り固まった肉体をほぐせば、リラックスして気持ちよく安眠でき、パフォーマンスの向上につながります。

2027年 張宿 「壊」

良くも悪くも共感力や感受性が強まる時期です。

周りの人の気持ちがわかりすぎて、人と密に触れ合うことを避ける傾向になるでしょう。「仲良くしなくては」という焦燥感から、空回りになりがちです。

とくに仕事関連の同僚や上司に対しては、人として不信感を持つ可能性もあるので、今後の仕事に影響がないように、バランス感覚を心がけて行動しましょう。きな臭いお誘いにも注意が必要です。

また、「生まれてきた意味」を考える時間が増えそうです。自分の役割や使命に目覚め、「これからどう生きるか」を真剣に考えるタイミングとなるでしょう。

2028年　翼宿「成」

2027年の落ち込みが嘘のように跳ね上がる最高の年です。海外とのご縁が生じるタイミングでもあります。さらなる前進を目指すには、心の中に浮かんだイメージを現実世界に具現化させる必要があります。そして何を成し遂げたいのかを明確にしておけば、満願成就に向かうスピードは加速することに。長年取り組んできた大きなプロジェクトが大成功する暗示も。

人間関係のトラブルや家族の問題は、解決へと向かいます。恋愛面では、道半ばで閉ざされた関係に復活の暗示があるので、一度終わった恋でも再生可能でしょう。

2029年　軫宿「危」

吉凶混在の運気です。「休みたい」と心では欲していても、仕事面でやらなければならないことに目がいくので、常に忙しく動き回ることに。

とりわけ社交面は上昇傾向です。恩師や仲間たちとの交流を通して、楽しくワクワクした時間を過ごせるでしょう。

ただ、目立とうとしたり、自分だけがいい思いをしようとすればトラブルになります。変なプライドは捨てることが肝心。口は災いのもとなので、自制心ある行動を。

また、両親、とくに父親との関係性を修復することで、社会的地位の向上が望めるでしょう。

感受性豊かなロマンチスト

人魚《にんぎょ》（奎宿《けいしゅく》）

基本的性格

人魚といえば岩の上に座って、鏡を手に歌いながら、長い黒髪をとかしているコケティッシュな姿が印象的です。鏡と櫛は「美」を意味し、高慢と贅沢の象徴でもあります。

そんな人魚に守護されているあなたは、潤いを感じさせる瞳で周囲を惹きつけます。豊かな感受性を持ち、人の気持ちを敏感に察知し、優しい心遣いをします。

絶えず流れている水のように、いろいろな状況の中に適応して染まっていく親和力と同化の力がありますが、ともすると人に感化されやすく、依存や甘えといった自堕落的な面もあります。

夢ばかり見て現実逃避しがちで、誰かにものを頼まれると絶対に嫌とは言えないところが災いとなり、人に利用されたり、騙されたりすることもあるようです。

人生の目的と適職

想像力や感性を活かせる世界で活躍する使命があ

ります。イマジネーションやファンタジーはあなたの頭の中でどんどん広がっていくので、それを芸術的なベクトルに向けると、素晴らしいクリエーションを実現させます。

ただ、型にはまった仕事は大の苦手です。プライベートとオフィシャルの境目がなくなりがちで、ついつい公私混同したり、周囲や時代の流れに巻き込まれたり、自分を見失ってしまうところも。

アートや音楽を通じて自分の感性を活かせる業界、画家、作詞家、作家、ダンサーに向いています。精神的な問題や深層心理に関与する分野、医療、福祉、セラピストも吉。水商売は大成功の暗示がありますが、酒は飲んでも飲まれるな、を肝に銘じておきたいもの。

恋愛

揺らめく水辺に佇む人魚のように、とても魅惑的です。ピュアで優しく、情緒的で感情の起伏が激しいところがあるので、ときに異性を振り回してしまいます。

愛に幻想を抱きがちで、恍惚の時間を楽しんだり、盲目の恋に身を投げたり、相手と常に一体化していたいと願っています。

ムードに流されやすく、相手に全身全霊を捧げる献身的なところがあり、いったん好きになったら四六時中その人のことを考えて眠れないことも。

愛に生きる人生で、全身全霊で尽くしますが、自分のすべてを相手にも受け入れてもらうことを強く望んでいます。それが叶わないと、急に冷酷な仕打ちで相手を攻撃してしまうところもあるようです。

開運食

オススメはバナナです。生でそのまま食しても十分美味しいですが、レンジやオーブン、フライパンなどで皮ごとトロッとするまで加熱すると、さらに旨味が増します。バナナに含まれる糖類は、すぐにエネルギー源となる単糖類が中心なので、気力アップにつながります。加熱することでフラクトオリゴ糖が増え、何よりも腸内環境が改善できるのが嬉しいところ。皮に含まれるカリウムがバナナの果肉部分に溶け出るので、皮ごと温めるのがコツです。

ラッキーアクション

子どもの頃に読んだ絵本を読み返してみましょう。絵本セラピーなどの講座に参加してみるのもいいでしょう。そうすれば、自分の本当に好きな世界、そして本当にやりたいことが再確認でき、気持ちも前向きになるはず。実際に書いてみることも◎。

ラッキーカラー・スポット

幸運を呼ぶカラーは、ボルドー、マリンブルーです。

「水」に関連するスポットは開運を招きます。海は最大のラッキースポットです。他にはプラネタリウムで、光と音の演出を楽しんで。

9年間のメインテーマ

2021年からの9年間のメインテーマは「一人の時間」、「夢」です。創作活動に勤しむなど、一人の時間が必要になるかもしれません。予知夢や第六感を通して、未来を垣間見る機会が増えるでしょう。また、人々の共有している集合的無意識からのメッセージを受け取るタイミングでもあります。

2021年 觜宿「危」

吉凶混合の運気です。人間関係では、敵だと思っていた人が味方になったり、それとは逆に味方だと思っていた人が実は違っていたり、人を見る目が大きく変化するタイミングです。

仕事面では、今までにない選択肢を選び取っていくことになるでしょう。刺激に満ちた楽しい時期になりそうですが、暴走は禁物。ちょっとした一言で相手を傷つけたり、誤解が生じたりすることもあるので注意を。また、秘密が露呈する危険性もあるので他言無用です。

2022年　参宿「安」

安定期です。目をみはるような出来事は少ないかもしれませんが、日常の中に幸せを感じることができる時期です。金運、移動運も上昇傾向。大きな買い物や、旅行、引っ越しは大吉。車の買い替えにはうってつけの運気なので、この時期に乗り換えを。

具体的に稼ぐチャンスを得たり、有益な情報が舞い込んだりするかも。具体的な結果の積み重ねが、地に足の着いた自信に結びつきます。資産運用や貯蓄計画など、長期的な計画を立てるのに適しています。この時期に始めた計画は大きな実りにつながります。

2023年　井宿「衰」

「攻める」よりも「守る」ことに意識を向けたい時期です。先々のことを準備する、勉強に精を出すなど、何かに集中することに適しています。もし何もやる気になれないのなら、静観も得策です。自分を労わり、慈しみの精神でことに当たりましょう。一人でいろいろと考えたり、気持ちを整理したりすることも、ときには必要でしょう。

不満が爆発する暗示もあります。あれもできない、これもできないと、ダメな部分だけに意識をフォーカスすることに。アルコールやギャンブルに溺れて、家族や職場に迷惑をかけてしまうかもしれません。

2024年　鬼宿「栄」

9年に一度の大繁栄期。これまで頑張ってきたことが実現するタイミングです。2023年に抱え込んだ問題も解決へと向かいます。突然、意外な場所に行かなければならないことになったり、とくになんの縁もない人と出会ったりなど、そんなシンクロを通して思いも寄らない広がりが生まれます。

結婚運も上昇傾向です。出会いも多く、とんとん拍子に話が進んで周囲から祝福を受けることに。また、家族内でお祝い事が増えたり、嬉しい知らせが続々と届く暗示も。仕事面も栄転や昇級など、今までの努力が認められるようなことが増えます。目の前のことに楽しく取り組めば、取るに足らないように思える目の前の現実も、実は大きな夢に結びついていると気づくことに。

2025年 柳宿「胎」

28年に一度の大きなターニングポイントです。家族関係について深く考える時期です。親しき仲にも礼儀ありのように、言うべきことははっきりと発言し、目的を共有できない場合は、たとえ家族であっても距離を置く必要があるでしょう。

仕事面では、今までの努力が認められるときです。何事も諦めずに信念を貫き通せば、結果が手に入ると実感できるはず。

この時期は、これからの未来に何が必要か、必要でないかをリストアップして書き出してみて。文字にすることで、頭の中にインプットされ、自然と行動も淘汰されていくでしょう。

2026年 星宿「親」

人を介して大きなチャンスが巡ってきたり、思いがけない抜擢を受けたり、何かと目立つ立場に立たされて脚光を浴びる時期です。大いに楽しみ、幸せを感じるイベントが目白押しの一年になりそうです。

恋愛面は出会いも多く、婚活中なら理想の相手との出会いが濃厚です。交際中なら関係が次のステージに進展しそうです。

クリエイティブな発想に恵まれるでしょう。創造力を仕事で活かすことが何より大事。また、短期決戦のプロジェクトに率先して参加すると、グループの中心になり、周囲から一目置かれる存在になるでしょう。信用や実績を積み重ねていくことが大切な時期でもあるので、仕事に必要な資格の勉強などをスタートさせるのも吉。

2027年 張宿「友」

引き続き、恋愛運上昇の時期。人気運、コミュニケーション運も上昇傾向なので、いつも以上に人との交流が増えます。この時期は、交際費をケチらないことが大事。ヘアスタイルやメイク、ファッションなど、自信をつけるための自己投資を行いましょう。大胆なイメージチェンジも吉。

時間をたっぷり使って、趣味の幅を深めるように行動し、いつかやろうと思っていたものにトライしてみましょう。そうすることで、あなたの心は満足感を味わうことができ、より深い充実感を得られるでしょう。

2028年 翼宿「壊」

トラブルの多い時期です。まゆつばものの誘いには注意を払ってください。積極的に自分を売り込んでいくよりは、陰の立役者として他人のサポートをしたり、舞台裏を支えたりするほうが得策。そうした努力が2029年以降に実ってくるので、できるだけ努力することを忘れずに。

ここ数年続いている腐れ縁の相手や、脈のなさそうな片思いの異性も、この時期に決心して切ることは有効です。深追いすれば弊害が生じるので注意しましょう。旅行、移動に関係するトラブルに注意です。一人の時間を作って趣味に熱中したり、勉強に励むことは良い働きとなります。

2029年 軫宿「成」

物事を新しく始めるのに向いた年。野心が一気に現実化していきます。広く世の中に目を向けて、価値観を新たにすることに。仕事面では大いに意欲を燃やせる時期なので、大きなことを成し遂げたいという野心がある場合は、望んだ以上の結果を出せるでしょう。

また、得意としていることが、にわかに引っ張りだことなって脚光を浴びそうです。多額の財を引き継いだり、大きな権利を自分のものにしたり、新しくチャレンジしたことは、あなたにとって大きな財産となるでしょう。

正義を守る情熱のファイター

サラマンダー（婁宿《ろうしゅく》）

基本的性格

火山の斜面に棲み、灼熱の炎の中でも生きられるサラマンダーは、火を司る精霊です。その火の働きは、神聖な善なる火を燃え上がらせて邪悪な火を消し去る、正義を意味します。

そんなサラマンダーに守護されているあなたは、善のために戦い、不正を正し、寄る辺なき弱きものを守るための情熱にあふれています。

サラマンダーは、傷を治す分泌物を出す一方で、サラマンダーが触れたものを食べると死んでしまうともいわれていることから、あなたには他を寄せ付けない強さと、弱き者を守る救世主的な資質を持ち合わせています。

ただ、気ままで他を顧みないところや、すぐに結果を得ることを要求する直情的なところがあるので、周囲からは自分勝手な人と思われているかも。辛抱強く待つことができないのです。

人生の目的と適職

燃えるような情熱で人々の心を奪う、素晴らしいパイオニア精神に恵まれています。周囲に評価され、賞賛を得ることを望んでいるので、周囲に迎合したり、溶け込んで目立たない存在になることには耐えられない性分です。

ただ、そのパイオニア精神は、ときに暴走してしまうことも。自分勝手にどんどん事を進めたがり、遅れを出すことに我慢できないところが目立つと、人が離れてゆき、孤独を味わうことになるので注意しましょう。

サラマンダーは、ヨーロッパでは火災保険などの施設の紋章に使われていることが多いことから、火災に関与する業種、消防士や警察官、防衛機関などに従事するのもいいでしょう。開拓精神が旺盛なので営業職、販売業界、自営業、起業家としても技量を発揮します。激しい闘争や競争を楽しむところがあるので、スポーツ関連全般も適職となります。

恋愛

好き嫌いがはっきりしていますが、意中の相手に対しては、自分から積極的に口説きます。「好きだ！」という自分の思いを明確にして、欲求を満たそうとします。相手にその気がなくてもお構いなしのところがあるので、ひたすら押しまくる身勝手で強引な恋愛になりがちです。

相手を追いかけているときだけに恋の喜びを感じるので、相手が振り向いて恋が成就すると、一気にクールダウンしてしまうところがあります。簡単に手に入れた異性ほど、すぐに飽きてしまうでしょう。

また、周囲に反対されたり、相手に好きな人がいたりなど、障害のある恋愛ほど燃え上がるので、略奪愛もいとわないところがあるようです。

開運食

蜂蜜がオススメです。中でも抗菌作用が高く、消化器官の諸症状の緩和に効果があるといわれているマヌカハニーがいいでしょう。一日一匙程度のマヌカハニーを定期的に食べることが大事。各種ビタミン群のほか、カルシウム、リンといったミネラル、さらにはアミノ酸なども豊富に含有しているので、栄養補給にも適しています。

ラッキーアクション

乗馬や競馬場などで馬と戯れましょう。馬を生産した牧場、調教師、世話をする厩務員、レースで騎乗する騎手、馬主等、その一連の流れに興味を向けてみましょう。そうすれば、一頭の馬にはたくさんの人間が関わっていると知ることに。

ラッキーカラー・スポット

幸運を呼ぶカラーは、赤色、桜色です。「火」に関連するスポットは開運を招きます。キャンプ場や遊技場、競争心を駆り立てる場所、競技場全般は吉です。

9年間のメインテーマ

2021年からの9年間のメインテーマは「研究」、「開発」です。人があまり関心を抱かないジャンルの知識を深めるタイミングです。

何かを学ぶことに意欲的な時期なので、研究や開発を通して多くのひらめきに恵まれるでしょう。

2021年 觜宿「成」

確実にステップアップしていける発展期です。めきめきと頭角を現すことができます。あなたの人生を変えるようなメンターと出会う暗示があります。また、横の広がり作りにも力を入れることに。意外なところで強い味方になってくれる最強の仲間が見つかるでしょう。

この時期は、交渉、契約、共同事業は有益に進みます。ビジネスパートナーとの間で共通の目標に向かえば、嬉しい成果が得られるので全力投球で臨みたいところ。ただし、強気になりすぎて他人を攻撃すると、評判を下げるので注意しましょう。

2022年　参宿「危」

行き違いやすれ違いが多い時期です。メールの返信を怠ったり、割り当てられた当番をサボったりなど、それが原因で、周囲からのバッシングに遭う恐れが。約束を破る、やると言ったことをやらない、期日を守らないというのも、いつも以上の信用失墜になることを肝に銘じておきましょう。

また、今まで信じていたものがくつがえされ、言いようのない気持ちになることもあるでしょう。いきなり不機嫌になったり、怒りだしたりと情緒不安定になりがちに。感情をむき出しで振る舞うと、地位や評判を落とすことになりかねないので、思いやりや気遣いを忘れずに人と接してください。

2023年　井宿「安」

金運、移動運上昇の時期です。経済面では喜ばしい変化が生じるでしょう。価値のある資産を確保できたり、副収入が増えたりすることも。大きなお金を動かすタイミングでもあります。就活にも適していて、この時期の転職を通して、収入アップにつながることになるでしょう。

偶然居合わせた場所で、たまたま小耳にはさんだ情報が、大きな利益へと発展する暗示があるので、コミュニケーションの場面では聴き耳を立てておくこと。

旅行、車、家の建て替え、購入など、大きな買い物には最適の時期。また、契約事にも縁あり。ここでの契約は後に大きな財をもたらすことに。

2024年　鬼宿「衰」

これまでガツガツと人生を開拓してきた人ほど停滞感を味わうことになるでしょう。前進だけが正解だと考えず、一度立ち止まって歩んできた道を確認する時間を持つとよいでしょう。長期休暇を取ったり、スマホやPCを見ない時間を作るのも新たな気付きを与えてくれるでしょう。

家族や恋人など、身近な人との関係で深刻な問題が勃発する暗示も。とくに、これまで家族や一族の人たちに支えられ、身内に深く依存して生きてきた場合は、否応無しに関係が刷新することに。周りの人の感情を踏みにじるような言動を取ったり、無視したりすれば、現状はさらに悪化するので用心を。

2025年　柳宿「栄」

9年に一度の大繁栄の年です。2024年に生じた家族問題などは一気に解決の運びに。自由を謳歌する喜びに満ち、健全なサポートにも恵まれます。結婚運も上昇。起業や大きなプロジェクトをスタートさせることも有効です。初めてのことにチャレンジしたくなるかもしれません。それは、誰も経験したことがないようなものや、世間から少し距離を置いている分野です。

この時期に始めたことは、何がなんでもやり抜くという気合が入り、いろんな誘惑や妨害にも打ち勝つことができます。極めることで、不労所得につながるでしょう。うまくいけば、それだけでお金の循環がよくなるかもしれません。

2026年　星宿「胎」

28年に一度の大きなターニングポイントです。今まで歩んできた道に間違いはないと実感する出来事が生じるでしょう。思うことをすべて現実にするパワーをチャージすることができ、これからの未来の展望が開けるでしょう。

未知の扉を開けるのは勇気が必要になるかもしれませんが、新しいこと、既存のこと、すべてにチャレンジする気持ちで過ごしてください。最大限の力を出すためにも、体調不良はNGです。体のメンテナンスと体力の強化を忘れずに過ごしましょう。

2027年　張宿「親」

コミュニケーション運、人気運上昇。人間関係、恋愛面では追い風が吹いています。何事も楽しみながらできるかどうかが運を左右する決め手に。やらされていると少しでも感じれば、思うような成果は得られません。自分の信じた道を突き進みましょう。そんなあなたの熱心さが周囲の心を動かし、思いがけず大きな援助を受けることも。謙虚な気持ちで教えを乞えば、より多くの有益な知識も伝授してもらえそうです。

2028年　翼宿「友」

引き続き、コミュニケーション運、人気運上昇の時期。あなたの言葉や表現が周囲に大きな影響を与えるでしょう。持ち前の魅力が輝く時期です。とにかく自分から動くことを心がけましょう。

あなたから働きかけることで人との距離が縮まり、憧れていた人と親密になれるような展開が期待できるでしょう。

イメージチェンジを狙うなら、この時期がチャンスです。古い価値観を脱ぎ捨てたとき、新しい世界が見えてくるかもしれません。また、海外との縁が生じるタイミングでもあります。視察を兼ねた長期旅行や留学、また「遠征に打って出る」なんてこともありそうです。

2029年　軫宿「壊」

トラブル多発の時期です。むやみに人を頼っていては、遠からず墓穴を掘るハメに。この時期は、助け合いの精神が大事なキーワード。常に周囲と連携しながら物事を進める努力をすれば、難題も手際よく片付きます。

小さな怒りが爆発的な怒りへと肥大化してしまう暗示もあります。何かと攻撃的になったり、頭に血がのぼって人を傷つけたり、怒りから憎悪が生まれて復讐劇へと駆り立てられることも。

でも、怒りの中にはプラスに働くものもあります。たとえば、不当なことに対する正義の怒り、直訴などがそれです。怒りのパワーを善に向ければ、世のために大きな力を発揮できるはず。

純粋無垢なたくましき自然児

シーサー（胃《い》宿《しゅく》）

基本的性格

沖縄地方の建物の門や屋根、村落の高台などに設置してあるシーサーは、魔除けや火事除けとして有名です。シーサーは、厄を取り除く獅子であり、狛犬的な意味もあり、向かって右側は口を開けていて悪霊を追い払う雄、左側は口を閉じていて福を招いてくれる雌、の阿吽スタイルをとります。

そんなシーサーに守護されているあなたは、強靭な体力、強固な意思、そして毅然と目的に立ち向かう素晴らしい能力に恵まれています。

何事も、考える前に一歩踏み出して、先に進むことを優先します。我慢を知らず、真っ先に自分のことを考える自然児のように純粋無垢な人です。

ただ、気が短くてカッとなりやすく、自分にとって都合の悪いことは、すぐに忘れるところがあり、そんな子どもの嘘のように、自分に都合よく真実を曲げるところもあるようです。

人生の目的と適職

野生的な生命力と決断力にはズバ抜けたものがあ

ります。人の気持ちを掻き立てる先駆者としての役割があり、何事も率先して行動を起こし、社会に新しい風を吹き込みます。

自分は常に正しいと自己本位になりがちで、相手に対して優位に立ちたい気持ちが強く、ついマウントしてしまいがちです。

何事も自分のやり方を貫き、欲しいものを必ず手に入れる、はかり知れない勇気と能力を備えていますが、説明責任を果たさないことが往々にあり、自分の間違いを認めることは決してありません。

押しが強く、あたりを蹴散らす勇気があるので、改革運動家、政治、軍事、開拓者、冒険家、格闘家、スポーツ関連、起業家などでは類まれな才能を発揮します。

貿易関係、飲食関係、整体師も◎。人に追従するよりも、自分の裁量が発揮できる仕事に就くか、腕一本で稼げる技術を身に付けることが大切です。

恋愛

ぶしつけで強引ですが、フェロモン過多の人が多いので異性にモテるタイプです。恋愛も一つのプロジェクトとして考える傾向があり、そのプロジェクトを成功させるための策略を練ることに、楽しさを感じます。

あなたにとって恋愛とは、「どうしたら落とせるか」と、その策略を練っているときだけに楽しさを感じ、そのプロジェクトが成功すれば情熱は冷めてしまい、次のターゲットを追いかけることになるでしょう。

自己満足こそが恋の原動力になりがちなので、相手が自分に我慢をしているのに気がつきません。腹にすえかねた相手に、ある日突然、三行半を突きつけられることもあるようです。でも、そのことで傷つくことはほとんどありません。

訳ありの異性や危険な恋ほど暴走する傾向があり、暴走する恋のプロジェクトを、何度も繰り返してしまうことになるでしょう。

開運食

鮭がオススメです。「血」を作り出す魚である鮭やサーモンには、ヘム鉄やタンパク質が含まれていて、赤血球の原料となるビタミンB12もたくさん含み、EPAやDHAなどのオメガ3脂肪酸やビタミンB群、ビタミンDも豊富に含まれています。

香味野菜と一緒に調理すれば、さらに運気がアップします。

ラッキーアクション

マラソン、ボクシング、サーフィンなど、一人でできるスポーツを楽しみましょう。また、「何か心にモヤモヤが溜まって疲れてきたな」と思ったら、自分だけの時間を設けてプールや温泉などに行き、デトックスしましょう。

ラッキーカラー・スポット

幸運を呼ぶカラーは、グリーン、レッドです。「火」に関連するスポットは開運を招きます。お城巡りに出かけましょう。お城は個性にあふれている芸術作品でもあります。見るポイントを知れば、多くの発見が待っているはず。

9年間のメインテーマ

2021年からの9年間のメインテーマは「仲間」、「コミュニケーション」です。グループ活動、ネットワーク作りなどを通して友情が育まれる時期です。

違う価値観を持つ人との交流も増える暗示があります。共に活動することで、大きな変革を果たせることになるでしょう。

2021年 觜宿「壊」

破壊作用が強まる時期です。「人をコントロールしたい、自分の思い通りにしたい」といった縛りからいったん解き放たれてみましょう。自身の中に内在する欲望の檻から気持ちを解放するレッスンがこの時期には大切です。あまりにも偏執的な考えに凝り固まってしまうと、ベストな答えが見つからず悩みが増えることにもなります。心を柔軟にして他人の意見にも耳を傾けてみると、真実の答えが見つかりやすくなるでしょう。

また、制限や限界を強いられることも多くなりそう。承認欲求が強まる反面、周囲から認められないことへの恐れが表面化する場合も。派手な振る舞いをしたり、人の注目を集めようとすれば、それが裏目に出てひんしゅくを買うハメに。

2022年 参宿「成」

達成に導かれる運気です。目標を成し遂げるために必要なことは、リベラルな発想を心がけること。従来の方法を改めて、新しい方法を試みましょう。行動を起こす意志と、勇気さえあれば現実は必ず変わります。そして、規則や常識にこだわらずに斬新な行動力を発揮すれば、運気の底上げに。

仕事面ではキャリアアップが期待でき、昇進や昇給などのチャンスが訪れます。目標に向けて日々努力を積み重ねることで自信が生まれ、明るい展望を見出せます。人間関係、恋愛面は刺激を求める傾向が強まり、これまで付き合ってきた異性とは、まったく違うタイプに心を強く揺さぶられることもあるでしょう。

2023年 井宿「危」

刺激に満ちた運気です。公私共に活動の場が増えて好奇心も高まります。仕事、社交面は運気の変わり目となり、人間関係も大きく変化する暗示があります。人との関わりの中で、自分が試すべきことをシビアに見つめ直すことになるでしょう。苦しくても目をそらさずに現実と向き合い、自分なりにキッチリと片を付けることで、運気の追い風が吹きます。

恋愛面は、出会いも多く勢いがある時期ですが、危ない仲へと発展する暗示があります。リスキーな関係を背負い込みたくないのなら、ムードに流されないことが大事です。

2024年 鬼宿「安」

金運、移動運上昇の時期。安定した運気です。着眼点やアイデアが冴え、今まで自分の考えがまとまらなかったことや、はっきりとした方向性がつかめなかったことでも、挑戦によって、大きな成果が得られるはず。知識をアップさせるのが開運の秘訣。この時期に没頭したことは、将来必ず役に立ちます。

経済的な問題を抱えていた人は、ここから、吉祥の動きが展開し始めます。また、特別なチャンスが巡ってくる暗示があるので、未来に向けての投資は吉と出ます。さらに、移動運も上昇。頻繁に遠出することによって、有形無形の喜びを得ることに。

人間関係、恋愛面は、偶然の重なりや不思議な縁があったり、何かに守られているような出来事が多いでしょう。仕事面は、判断力を必要とする場面では自然体で自分の能力を発揮できます。

2025年　柳宿「衰」

意識は内観へと向かう運気です。自分磨きに時間を費やすことが大切。健康について考えることが、この時期の大きなテーマです。ずっと無理のある生活スタイルを続けてきた人は、体調を崩すかもしれません。生活・体質改善などに意識をフォーカスしましょう。

また、意識を外に向けるのではなく、内に向けることも大切。充電期間と心得て、現状を変えずに維持する方法を取ることが開運の秘訣です。身近な人との関わりの中で、価値観が大きく変化するかも。その関わりによって今まで執着していたものを手放すことに。仕事面は、自己実現に必要なスキルを磨いたり、知識のブラッシュアップに努めれば視野が広まり、自分のスタンスをキープできます。家庭内のトラブルに注意が必要です。嫉妬や束縛から逃げ出したくなるかもしれません。

2026年　星宿「栄」

9年に一度の大繁栄の運気。仕事、恋愛、結婚など、すべてが発展へと向かう運気です。エネルギッシュな活動が期待でき、以前からやりたかったことが実現する暗示があります。大胆な行動を心がけることで、サプライズな出来事が起こりそうです。

深い水底から、ふと水面に顔を上げるようなタイミングがやってきます。キラキラと輝くその世界に飛び出せば、素晴らしい有形無形の恩恵を授かるでしょう。思い続けた相手から色よい返事があるかも。楽観的な行動はすべてプラスに反映されるので、輝かしい未来に向けて果敢に行動しましょう。自分で立てた計画は諦めないで最後までやり遂げる強い意志を持つことで、ラッキーなことも重なります。

2027年 張宿「胎」

未来のビジョンが鮮明に現れる、28年に一度の大きなターニングポイントです。人生の次なるステージへランクアップするチャンスにも恵まれます。問題や悩みも解決に向かい、家庭環境や仕事の状況が好転する暗示がありますが、その波はとてもゆっくりと訪れます。

未来の青写真を鮮明に描き、ビジュアライズしましょう。今後やってみたいことを切り貼りして、コラージュを作るだけでもOK。そうすれば、自分本来の波動が高まり、夢も大きく膨らみます。人間関係も良好で、異性の受けがとてもいい運気なので、好意を持たれることはそれほど難しくないはず。今までと違うタイプに注目することで、かつてないほどの喜びを経験できます。仕事面は心がワクワクするような新しいことに取り組めば、プラスの連鎖が生じ、難なくスムーズに運びます。

2028年 翼宿「親」

人気運、コミュニケーション運上昇の時期です。大切な人や友人に心のこもったメールを送りましょう。近況を報告し合うだけでも、心が元気になり明日への活力へとつながるはず。また、仲直りしたい人がいるのなら自分から連絡を。

創作活動に適した時期です。表現力を発揮すれば、その才覚が世間に認められることに。語学や資格取得の勉強をしたり、コンテストに応募したりなど、知性と教養を積み重ねるのも得策。

2029年 軫宿「友」

引き続き、コミュニケーション運、人気運上昇の時期。また、頭脳プレーが発揮できるときです。研究やプランニングなど、知的分野での活動の暗示も。そこから、新たな発想や視点が生まれる可能性があります。恋愛運も上昇中。ごく身近なところで恋を育んだり、自分と共通点の多い人を選んだり、偶然の出会いなど、ちょっとした接点から恋に結びつくような出来事が多いでしょう。

本命宿早見表

1960～2022年生まれ

たてに生まれた月、よこに生まれた日が並んでいます。
交差したところがあなたの本命宿。
右のQRコードを読み取ると、特設サイト「宿曜占星術　光晴堂」へ。
サイトでは、1920年～2030年生まれまで、無料で調べられます。

1960年

	1	2	3	4	5	6	7	8	9	10	11	12	13	14	15	16	17	18	19	20	21	22	23	24	25	26	27	28	29	30	31
1月	室	壁	奎	婁	胃	昴	畢	觜	参	井	鬼	柳	星	張	翼	軫	角	亢	氐	房	心	尾	箕	斗	女	虚	危	室	壁	奎	婁
2月	胃	昴	畢	觜	参	井	鬼	柳	星	張	翼	軫	角	亢	氐	房	心	尾	箕	斗	女	虚	危	室	壁	奎	奎	婁	胃		
3月	昴	畢	觜	参	井	鬼	柳	星	張	翼	軫	角	亢	氐	房	心	尾	箕	斗	女	虚	危	室	壁	奎	婁	胃	昴	畢	觜	参
4月	井	鬼	柳	星	張	翼	軫	角	亢	氐	房	心	尾	箕	斗	女	虚	危	室	壁	奎	婁	胃	昴	畢	畢	觜	参	井	鬼	
5月	柳	星	張	翼	軫	角	亢	氐	房	心	尾	箕	斗	女	虚	危	室	壁	奎	婁	胃	昴	畢	觜	参	井	鬼	柳	星	張	翼
6月	軫	角	亢	氐	房	心	尾	箕	斗	女	虚	危	室	壁	奎	婁	胃	昴	畢	觜	参	井	鬼	鬼	柳	星	張	翼	軫	角	
7月	亢	氐	房	心	尾	箕	斗	女	虚	危	室	壁	奎	婁	胃	昴	畢	觜	参	井	鬼	柳	星	鬼	柳	星	張	翼	軫	角	亢
8月	氐	房	心	尾	箕	斗	女	虚	危	室	壁	奎	婁	胃	昴	畢	觜	参	井	鬼	柳	張	翼	軫	角	亢	氐	房	心	尾	箕
9月	斗	女	虚	危	室	壁	奎	婁	胃	昴	畢	觜	参	井	鬼	柳	星	張	翼	軫	角	亢	氐	房	心	尾	箕	斗	女	虚	
10月	危	室	壁	奎	婁	胃	昴	畢	觜	参	井	鬼	柳	星	張	翼	軫	角	亢	氐	房	心	尾	箕	斗	女	虚	危	室	壁	奎
11月	婁	胃	昴	畢	觜	参	井	鬼	柳	星	張	翼	軫	角	亢	氐	房	心	心	尾	箕	斗	女	虚	危	室	壁	奎	婁	胃	
12月	昴	畢	觜	参	井	鬼	柳	星	張	翼	軫	角	亢	氐	房	心	尾	斗	女	虚	危	室	壁	奎	婁	胃	昴	畢	觜	参	井

1961年

	1	2	3	4	5	6	7	8	9	10	11	12	13	14	15	16	17	18	19	20	21	22	23	24	25	26	27	28	29	30	31
1月	鬼	柳	星	張	翼	軫	角	亢	氐	房	心	尾	箕	斗	女	虚	虚	危	室	壁	奎	婁	胃	昴	畢	觜	参	井	鬼	柳	星
2月	張	翼	軫	角	亢	氐	房	心	尾	箕	斗	女	虚	危	室	壁	奎	婁	胃	昴	畢	觜	参	井	鬼	柳	星	張			
3月	翼	軫	角	亢	氐	房	心	尾	箕	斗	女	虚	危	室	壁	奎	奎	婁	胃	昴	畢	觜	参	井	鬼	柳	星	張	翼	軫	角
4月	亢	氐	房	心	尾	箕	斗	女	虚	危	室	壁	奎	婁	胃	昴	畢	觜	参	井	鬼	柳	星	張	翼	軫	角	亢	氐	房	
5月	心	尾	箕	斗	女	虚	危	室	壁	奎	婁	胃	昴	畢	畢	觜	参	井	鬼	柳	星	張	翼	軫	角	亢	氐	房	心	尾	箕
6月	斗	女	虚	危	室	壁	奎	婁	胃	昴	畢	觜	参	井	鬼	柳	星	張	翼	軫	角	亢	氐	房	心	尾	箕	斗	女	虚	
7月	危	室	壁	奎	婁	胃	昴	畢	觜	参	井	鬼	鬼	柳	星	張	翼	軫	角	亢	氐	房	心	尾	箕	斗	女	虚	危	室	壁
8月	奎	婁	胃	昴	畢	觜	参	井	鬼	柳	張	翼	軫	角	亢	氐	房	心	尾	箕	斗	女	虚	危	室	壁	奎	婁	胃	昴	畢
9月	觜	参	井	鬼	柳	星	張	翼	軫	角	亢	氐	房	心	尾	箕	斗	女	虚	危	室	壁	奎	婁	胃	昴	畢	觜	参	井	
10月	鬼	柳	星	張	翼	軫	角	亢	氐	氐	房	心	尾	箕	斗	女	虚	危	室	壁	奎	婁	胃	昴	畢	觜	参	井	鬼	柳	星
11月	張	翼	軫	角	亢	氐	房	心	尾	箕	斗	女	虚	危	室	壁	奎	婁	胃	昴	畢	觜	参	井	鬼	柳	星	張	翼	軫	
12月	角	亢	氐	房	心	尾	箕	斗	女	虚	危	室	壁	奎	婁	胃	昴	畢	觜	参	井	鬼	柳	星	張	翼	軫	角	亢	氐	房

1962年

	1	2	3	4	5	6	7	8	9	10	11	12	13	14	15	16	17	18	19	20	21	22	23	24	25	26	27	28	29	30	31
1月	心	尾	箕	斗	女	虚	危	室	壁	奎	婁	胃	昴	畢	觜	参	井	鬼	柳	星	張	翼	軫	角	亢	氐	房	心	尾	箕	斗
2月	女	虚	危	室	室	壁	奎	婁	胃	昴	畢	觜	参	井	鬼	柳	星	張	翼	軫	角	亢	氐	房	心	尾	箕	斗			
3月	女	虚	危	室	壁	奎	婁	胃	昴	畢	觜	参	井	鬼	柳	星	張	翼	軫	角	亢	氐	房	心	尾	箕	斗	女	虚	危	室
4月	壁	奎	婁	胃	胃	昴	畢	觜	参	井	鬼	柳	星	張	翼	軫	角	亢	氐	房	心	尾	箕	斗	女	虚	危	室	壁	奎	
5月	婁	胃	昴	畢	觜	参	井	鬼	柳	星	張	翼	軫	角	亢	氐	房	心	尾	箕	斗	女	虚	危	室	壁	奎	婁	胃	昴	畢
6月	觜	参	井	鬼	柳	星	張	翼	軫	角	亢	氐	房	心	尾	箕	斗	女	虚	危	室	壁	奎	婁	胃	昴	畢	觜	参	井	
7月	鬼	鬼	柳	星	張	翼	軫	角	亢	氐	房	心	尾	箕	斗	女	虚	危	室	壁	奎	婁	胃	昴	畢	觜	参	井	鬼	柳	張
8月	翼	軫	角	亢	氐	房	心	尾	箕	斗	女	虚	危	室	壁	奎	婁	胃	昴	畢	觜	参	井	鬼	柳	星	張	翼	軫	角	亢
9月	氐	房	心	尾	箕	斗	女	虚	危	室	壁	奎	婁	胃	昴	畢	觜	参	井	鬼	柳	星	張	翼	軫	角	亢	氐	氐	房	
10月	心	尾	箕	斗	女	虚	危	室	壁	奎	婁	胃	昴	畢	觜	参	井	鬼	柳	星	張	翼	軫	角	亢	氐	房	心	尾	箕	斗
11月	女	虚	危	室	壁	奎	婁	胃	昴	畢	觜	参	井	鬼	柳	星	張	翼	軫	角	亢	氐	房	心	尾	箕	斗	女	虚	危	
12月	室	壁	奎	婁	胃	昴	畢	觜	参	井	鬼	柳	星	張	翼	軫	角	亢	氐	房	心	尾	箕	斗	女	虚	虚	危	室	壁	奎

1963年

	1	2	3	4	5	6	7	8	9	10	11	12	13	14	15	16	17	18	19	20	21	22	23	24	25	26	27	28	29	30	31
1月	婁	胃	昴	畢	觜	参	井	鬼	柳	星	張	翼	軫	角	亢	氐	房	心	尾	箕	斗	女	虚	危	室	壁	奎	婁	胃	昴	畢
2月	觜	参	井	鬼	柳	星	張	翼	軫	角	亢	氐	房	心	尾	箕	斗	女	虚	危	室	壁	奎	奎	婁	胃	昴	畢			
3月	觜	参	井	鬼	柳	星	張	翼	軫	角	亢	氐	房	心	尾	箕	斗	女	虚	危	室	壁	奎	婁	胃	昴	畢	觜	参	井	鬼
4月	柳	星	張	翼	軫	角	亢	氐	房	心	尾	箕	斗	女	虚	危	室	壁	奎	婁	胃	昴	畢	畢	觜	参	井	鬼	柳	星	
5月	張	翼	軫	角	亢	氐	房	心	尾	箕	斗	女	虚	危	室	壁	奎	婁	胃	昴	畢	觜	畢	觜	参	井	鬼	柳	星	張	翼
6月	軫	角	亢	氐	房	心	尾	箕	斗	女	虚	危	室	壁	奎	婁	胃	昴	畢	觜	参	井	鬼	柳	星	張	翼	軫	角	亢	
7月	氐	房	心	尾	箕	斗	女	虚	危	室	壁	奎	婁	胃	昴	畢	觜	参	井	鬼	鬼	柳	星	張	翼	軫	角	亢	氐	房	心
8月	尾	箕	斗	女	虚	危	室	壁	奎	婁	胃	昴	畢	觜	参	井	鬼	柳	張	翼	軫	角	亢	氐	房	心	尾	箕	斗	女	虚
9月	危	室	壁	奎	婁	胃	昴	畢	觜	参	井	鬼	柳	星	張	翼	軫	角	亢	氐	房	心	尾	箕	斗	女	虚	危	室	壁	
10月	奎	婁	胃	昴	畢	觜	参	井	鬼	柳	星	張	翼	軫	角	亢	氐	房	心	尾	箕	斗	女	虚	危	室	壁	奎	婁	胃	昴
11月	畢	觜	参	井	鬼	柳	星	張	翼	軫	角	亢	氐	房	心	心	尾	箕	斗	女	虚	危	室	壁	奎	婁	胃	昴	畢	觜	
12月	参	井	鬼	柳	星	張	翼	軫	角	亢	氐	房	心	尾	箕	斗	女	虚	危	室	壁	奎	婁	胃	昴	畢	觜	参	井	鬼	柳

1964年

	1	2	3	4	5	6	7	8	9	10	11	12	13	14	15	16	17	18	19	20	21	22	23	24	25	26	27	28	29	30	31
1月	星	張	翼	軫	角	亢	氐	房	心	尾	箕	斗	女	虚	虚	危	室	壁	奎	婁	胃	昴	畢	觜	参	井	鬼	柳	星	張	翼
2月	軫	角	亢	氐	房	心	尾	箕	斗	女	虚	危	室	壁	奎	婁	胃	昴	畢	觜	参	井	鬼	柳	星	張	翼	軫	角		
3月	亢	氐	房	心	尾	箕	斗	女	虚	危	室	壁	奎	奎	婁	胃	昴	畢	觜	参	井	鬼	柳	星	張	翼	軫	角	亢	氐	房
4月	心	尾	箕	斗	女	虚	危	室	壁	奎	婁	胃	昴	畢	觜	参	井	鬼	柳	星	張	翼	軫	角	亢	氐	房	心	尾	箕	
5月	斗	女	虚	危	室	壁	奎	婁	胃	昴	畢	畢	觜	参	井	鬼	柳	星	張	翼	軫	角	亢	氐	房	心	尾	箕	斗	女	虚
6月	危	室	壁	奎	婁	胃	昴	畢	觜	参	井	鬼	柳	星	張	翼	軫	角	亢	氐	房	心	尾	箕	斗	女	虚	危	室	壁	
7月	奎	婁	胃	昴	畢	觜	参	井	鬼	柳	星	張	翼	軫	角	亢	氐	房	心	尾	箕	斗	女	虚	危	室	壁	奎	婁	胃	昴
8月	畢	觜	参	井	鬼	柳	星	張	翼	軫	角	亢	氐	房	心	尾	箕	斗	女	虚	危	室	壁	奎	婁	胃	昴	畢	觜	参	井
9月	鬼	柳	星	張	翼	角	亢	氐	房	心	尾	箕	斗	女	虚	危	室	壁	奎	婁	胃	昴	畢	觜	参	井	鬼	柳	星	張	
10月	翼	軫	角	亢	氐	氐	房	心	尾	箕	斗	女	虚	危	室	壁	奎	婁	胃	昴	畢	觜	参	井	鬼	柳	星	張	翼	軫	角
11月	亢	氐	房	心	尾	箕	斗	女	虚	危	室	壁	奎	婁	胃	昴	畢	觜	参	井	鬼	柳	星	張	翼	軫	角	亢	氐	房	
12月	心	尾	箕	斗	女	虚	危	室	壁	奎	婁	胃	昴	畢	觜	参	井	鬼	柳	星	張	翼	軫	角	亢	氐	房	心	尾	箕	斗

1965年

	1	2	3	4	5	6	7	8	9	10	11	12	13	14	15	16	17	18	19	20	21	22	23	24	25	26	27	28	29	30	31
1月	女	虚	虚	危	室	壁	奎	婁	胃	昴	畢	觜	参	井	鬼	柳	星	張	翼	軫	角	亢	氐	房	心	尾	箕	斗	女	虚	危
2月	室	室	壁	奎	婁	胃	昴	畢	觜	参	井	鬼	柳	星	張	翼	軫	角	亢	氐	房	心	尾	箕	斗	女	虚	危			
3月	室	壁	奎	婁	胃	昴	畢	觜	参	井	鬼	柳	星	張	翼	軫	角	亢	氐	房	心	尾	箕	斗	女	虚	危	室	壁	奎	婁
4月	胃	胃	昴	畢	觜	参	井	鬼	柳	星	張	翼	軫	角	亢	氐	房	心	尾	箕	斗	女	虚	危	室	壁	奎	婁	胃	昴	
5月	畢	觜	参	井	鬼	柳	星	張	翼	軫	角	亢	氐	房	心	尾	箕	斗	女	虚	危	室	壁	奎	婁	胃	昴	畢	觜	参	参
6月	井	鬼	柳	星	張	翼	軫	角	亢	氐	房	心	尾	箕	斗	女	虚	危	室	壁	奎	婁	胃	昴	畢	觜	参	井	鬼	柳	
7月	星	張	翼	軫	角	亢	氐	房	心	尾	箕	斗	女	虚	危	室	壁	奎	婁	胃	昴	畢	觜	参	井	鬼	柳	張	翼	軫	角
8月	亢	氐	房	心	尾	箕	斗	女	虚	危	室	壁	奎	婁	胃	昴	畢	觜	参	井	鬼	柳	星	張	翼	軫	角	亢	氐	房	心
9月	尾	箕	斗	女	虚	危	室	壁	奎	婁	胃	昴	畢	觜	参	井	鬼	柳	星	張	翼	軫	角	亢	氐	房	心	尾	箕	斗	
10月	女	虚	危	室	壁	奎	婁	胃	昴	畢	觜	参	井	鬼	柳	星	張	翼	軫	角	亢	氐	房	心	尾	箕	斗	女	虚	危	室
11月	壁	奎	婁	胃	昴	畢	觜	参	井	鬼	柳	星	張	翼	軫	角	亢	氐	房	心	尾	箕	斗	女	虚	危	室	壁	奎	婁	
12月	胃	昴	畢	觜	参	井	鬼	柳	星	張	翼	軫	角	亢	氐	房	心	尾	箕	斗	女	虚	虚	危	室	壁	奎	婁	胃	昴	畢

1966年

	1	2	3	4	5	6	7	8	9	10	11	12	13	14	15	16	17	18	19	20	21	22	23	24	25	26	27	28	29	30	31
1月	觜	参	井	鬼	柳	星	張	翼	軫	角	亢	氐	房	心	尾	箕	斗	女	虚	危	室	室	壁	奎	婁	胃	昴	畢	觜	参	井
2月	鬼	柳	星	張	翼	軫	角	亢	氐	房	心	尾	箕	斗	女	虚	危	室	壁	奎	婁	胃	昴	畢	觜	参	井	鬼			
3月	柳	星	張	翼	軫	角	亢	氐	房	心	尾	箕	斗	女	虚	危	室	壁	奎	婁	胃	胃	昴	畢	觜	参	井	鬼	柳	星	張
4月	翼	軫	角	亢	氐	房	心	尾	箕	斗	女	虚	危	室	壁	奎	婁	胃	昴	畢	胃	昴	畢	觜	参	井	鬼	柳	星	張	
5月	翼	軫	角	亢	氐	房	心	尾	箕	斗	女	虚	危	室	壁	奎	婁	胃	昴	畢	觜	参	井	鬼	柳	星	張	翼	軫	角	亢
6月	氐	房	心	尾	箕	斗	女	虚	危	室	壁	奎	婁	胃	昴	畢	觜	参	参	井	鬼	柳	星	張	翼	軫	角	亢	氐	房	
7月	心	尾	箕	斗	女	虚	危	室	壁	奎	婁	胃	昴	畢	觜	参	井	鬼	柳	星	張	翼	軫	角	亢	氐	房	心	尾	箕	斗
8月	女	虚	危	室	壁	奎	婁	胃	昴	畢	觜	参	井	鬼	柳	張	翼	軫	角	亢	氐	房	心	尾	箕	斗	女	虚	危	室	壁
9月	奎	婁	胃	昴	畢	觜	参	井	鬼	柳	星	張	翼	軫	角	亢	氐	房	心	尾	箕	斗	女	虚	危	室	壁	奎	婁	胃	
10月	昴	畢	觜	参	井	鬼	柳	星	張	翼	軫	角	亢	氐	房	心	尾	箕	斗	女	虚	危	室	壁	奎	婁	胃	昴	畢	觜	参
11月	井	鬼	柳	星	張	翼	軫	角	亢	氐	房	心	尾	箕	斗	女	虚	危	室	壁	奎	婁	胃	昴	畢	觜	参	井	鬼	柳	
12月	星	張	翼	軫	角	亢	氐	房	心	尾	箕	斗	女	虚	危	室	壁	奎	婁	胃	昴	畢	觜	参	井	鬼	柳	星	張	翼	軫

1967年

	1	2	3	4	5	6	7	8	9	10	11	12	13	14	15	16	17	18	19	20	21	22	23	24	25	26	27	28	29	30	31
1月	角	亢	氐	房	心	尾	箕	斗	女	虚	虚	危	室	壁	奎	婁	胃	昴	畢	觜	参	井	鬼	柳	星	張	翼	軫	角	亢	氐
2月	房	心	尾	箕	斗	女	虚	危	室	壁	奎	婁	胃	昴	畢	觜	参	井	鬼	柳	星	張	翼	軫	角	亢	氐	房			
3月	心	尾	箕	斗	女	虚	危	室	壁	奎	奎	婁	胃	昴	畢	觜	参	井	鬼	柳	星	張	翼	軫	角	亢	氐	房	心	尾	箕
4月	斗	女	虚	危	室	壁	奎	婁	胃	胃	昴	畢	觜	参	井	鬼	柳	星	張	翼	軫	角	亢	氐	房	心	尾	箕	斗	女	
5月	虚	危	室	壁	奎	婁	胃	昴	畢	觜	参	井	鬼	柳	星	張	翼	軫	角	亢	氐	房	心	尾	箕	斗	女	虚	危	室	壁
6月	奎	婁	胃	昴	畢	觜	参	参	井	鬼	柳	星	張	翼	軫	角	亢	氐	房	心	尾	箕	斗	女	虚	危	室	壁	奎	婁	
7月	胃	昴	畢	觜	参	井	鬼	鬼	柳	星	張	翼	軫	角	亢	氐	房	心	尾	箕	斗	女	虚	危	室	壁	奎	婁	胃	昴	畢
8月	觜	参	井	鬼	柳	張	翼	軫	角	亢	氐	房	心	尾	箕	斗	女	虚	危	室	壁	奎	婁	胃	昴	畢	觜	参	井	鬼	柳
9月	星	張	翼	角	亢	氐	房	心	尾	箕	斗	女	虚	危	室	壁	奎	婁	胃	昴	畢	觜	参	井	鬼	柳	星	張	翼	軫	
10月	角	亢	氐	氐	房	心	尾	箕	斗	女	虚	危	室	壁	奎	婁	胃	昴	畢	觜	参	井	鬼	柳	星	張	翼	軫	角	亢	氐
11月	房	心	尾	箕	斗	女	虚	危	室	壁	奎	婁	胃	昴	畢	觜	参	井	鬼	柳	星	張	翼	軫	角	亢	氐	房	心	尾	
12月	箕	斗	女	虚	危	室	壁	奎	婁	胃	昴	畢	觜	参	井	鬼	柳	星	張	翼	軫	角	亢	氐	房	心	尾	箕	斗	女	虚

1968年

	1	2	3	4	5	6	7	8	9	10	11	12	13	14	15	16	17	18	19	20	21	22	23	24	25	26	27	28	29	30	31
1月	危	室	壁	奎	婁	胃	昴	畢	觜	参	井	鬼	柳	星	張	翼	軫	角	亢	氐	房	心	尾	箕	斗	女	虚	危	室	室	壁
2月	奎	婁	胃	昴	畢	觜	参	井	鬼	柳	星	張	翼	軫	角	亢	氐	房	心	尾	箕	斗	女	虚	危	室	壁	奎	婁		
3月	胃	昴	畢	觜	参	井	鬼	柳	星	張	翼	軫	角	亢	氐	房	心	尾	箕	斗	女	虚	危	室	壁	奎	婁	胃	胃	昴	畢
4月	觜	参	井	鬼	柳	星	張	翼	軫	角	亢	氐	房	心	尾	箕	斗	女	虚	危	室	壁	奎	婁	胃	昴	畢	畢	觜	参	
5月	井	鬼	柳	星	張	翼	軫	角	亢	氐	房	心	尾	箕	斗	女	虚	危	室	壁	奎	婁	胃	昴	畢	觜	参	井	鬼	柳	星
6月	張	翼	軫	角	亢	氐	房	心	尾	箕	斗	女	虚	危	室	壁	奎	婁	胃	昴	畢	觜	参	井	鬼	鬼	柳	星	張	翼	
7月	軫	角	亢	氐	房	心	尾	箕	斗	女	虚	危	室	壁	奎	婁	胃	昴	畢	觜	参	井	鬼	柳	張	翼	軫	角	亢	氐	房
8月	心	尾	箕	斗	女	虚	危	室	壁	奎	婁	胃	昴	畢	觜	参	井	鬼	柳	星	張	翼	軫	張	翼	軫	角	亢	氐	房	心
9月	尾	箕	斗	女	虚	危	室	壁	奎	婁	胃	昴	畢	觜	参	井	鬼	柳	星	張	翼	角	亢	氐	房	心	尾	箕	斗	女	
10月	虚	危	室	壁	奎	婁	胃	昴	畢	觜	参	井	鬼	柳	星	張	翼	軫	角	亢	氐	氐	房	心	尾	箕	斗	女	虚	危	室
11月	壁	奎	婁	胃	昴	畢	觜	参	井	鬼	柳	星	張	翼	軫	角	亢	氐	房	心	尾	箕	斗	女	虚	危	室	壁	奎	婁	
12月	胃	昴	畢	觜	参	井	鬼	柳	星	張	翼	軫	角	亢	氐	房	心	尾	箕	斗	女	虚	危	室	壁	奎	婁	胃	昴	畢	觜

1969年

	1	2	3	4	5	6	7	8	9	10	11	12	13	14	15	16	17	18	19	20	21	22	23	24	25	26	27	28	29	30	31
1月	参	井	鬼	柳	星	張	翼	軫	角	亢	氐	房	心	尾	箕	斗	女	虚	危	室	壁	奎	婁	胃	昴	畢	觜	参	井	鬼	柳
2月	星	張	翼	軫	角	亢	氐	房	心	尾	箕	斗	女	虚	危	室	室	壁	奎	婁	胃	昴	畢	觜	参	井	鬼	柳			
3月	星	張	翼	軫	角	亢	氐	房	心	尾	箕	斗	女	虚	危	室	壁	奎	婁	胃	昴	畢	觜	参	井	鬼	柳	星	張	翼	軫
4月	角	亢	氐	房	心	尾	箕	斗	女	虚	危	室	壁	奎	婁	胃	胃	昴	畢	觜	参	井	鬼	柳	星	張	翼	軫	角	亢	
5月	氐	房	心	尾	箕	斗	女	虚	危	室	壁	奎	婁	胃	昴	畢	觜	参	井	鬼	柳	星	張	翼	軫	角	亢	氐	房	心	尾
6月	箕	斗	女	虚	危	室	壁	奎	婁	胃	昴	畢	觜	参	参	井	鬼	柳	星	張	翼	軫	角	亢	氐	房	心	尾	箕	斗	
7月	女	虚	危	室	壁	奎	婁	胃	昴	畢	觜	参	井	鬼	柳	星	張	翼	軫	角	亢	氐	房	心	尾	箕	斗	女	虚	危	室
8月	壁	奎	婁	胃	昴	畢	觜	参	井	鬼	柳	星	張	翼	軫	角	亢	氐	房	心	尾	箕	斗	女	虚	危	室	壁	奎	婁	胃
9月	昴	畢	觜	参	井	鬼	柳	星	張	翼	軫	角	亢	氐	房	心	尾	箕	斗	女	虚	危	室	壁	奎	婁	胃	昴	畢	觜	
10月	参	井	鬼	柳	星	張	翼	軫	角	亢	氐	房	心	尾	箕	斗	女	虚	危	室	壁	奎	婁	胃	昴	畢	觜	参	井	鬼	柳
11月	星	張	翼	軫	角	亢	氐	房	心	心	尾	箕	斗	女	虚	危	室	壁	奎	婁	胃	昴	畢	觜	参	井	鬼	柳	星	張	
12月	翼	軫	角	亢	氐	房	心	尾	斗	女	虚	危	室	壁	奎	婁	胃	昴	畢	觜	参	井	鬼	柳	星	張	翼	軫	角	亢	氐

1970年

	1	2	3	4	5	6	7	8	9	10	11	12	13	14	15	16	17	18	19	20	21	22	23	24	25	26	27	28	29	30	31
1月	房	心	尾	箕	斗	女	虚	虚	危	室	壁	奎	婁	胃	昴	畢	觜	参	井	鬼	柳	星	張	翼	軫	角	亢	氐	房	心	尾
2月	箕	斗	女	虚	危	室	壁	奎	婁	胃	昴	畢	觜	参	井	鬼	柳	星	張	翼	軫	角	亢	氐	房	心	尾	箕			
3月	斗	女	虚	危	室	壁	奎	奎	婁	胃	昴	畢	觜	参	井	鬼	柳	星	張	翼	軫	角	亢	氐	房	心	尾	箕	斗	女	虚
4月	危	室	壁	奎	婁	胃	昴	畢	觜	参	井	鬼	柳	星	張	翼	軫	角	亢	氐	房	心	尾	箕	斗	女	虚	危	室	壁	
5月	奎	婁	胃	昴	畢	觜	参	井	鬼	柳	星	張	翼	軫	角	亢	氐	房	心	尾	箕	斗	女	虚	危	室	壁	奎	婁	胃	昴
6月	畢	觜	参	参	井	鬼	柳	星	張	翼	軫	角	亢	氐	房	心	尾	箕	斗	女	虚	危	室	壁	奎	婁	胃	昴	畢	觜	
7月	参	井	鬼	鬼	柳	星	張	翼	軫	角	亢	氐	房	心	尾	箕	斗	女	虚	危	室	壁	奎	婁	胃	昴	畢	觜	参	井	鬼
8月	柳	張	翼	軫	角	亢	氐	房	心	尾	箕	斗	女	虚	危	室	壁	奎	婁	胃	昴	畢	觜	参	井	鬼	柳	星	張	翼	軫
9月	角	亢	氐	房	心	尾	箕	斗	女	虚	危	室	壁	奎	婁	胃	昴	畢	觜	参	井	鬼	柳	星	張	翼	軫	角	亢	氐	
10月	房	心	尾	箕	斗	女	虚	危	室	壁	奎	婁	胃	昴	畢	觜	参	井	鬼	柳	星	張	翼	軫	角	亢	氐	房	心	心	尾
11月	箕	斗	女	虚	危	室	壁	奎	婁	胃	昴	畢	觜	参	井	鬼	柳	星	張	翼	軫	角	亢	氐	房	心	尾	箕	斗	女	
12月	虚	危	室	壁	奎	婁	胃	昴	畢	觜	参	井	鬼	柳	星	張	翼	軫	角	亢	氐	房	心	尾	箕	斗	女	虚	危	室	壁

1971年

	1	2	3	4	5	6	7	8	9	10	11	12	13	14	15	16	17	18	19	20	21	22	23	24	25	26	27	28	29	30	31
1月	奎	婁	胃	昴	畢	觜	参	井	鬼	柳	星	張	翼	軫	角	亢	氐	房	心	尾	箕	斗	女	虚	危	室	室	壁	奎	婁	胃
2月	昴	畢	觜	参	井	鬼	柳	星	張	翼	軫	角	亢	氐	房	心	尾	箕	斗	女	虚	危	室	壁	奎	婁	胃	昴			
3月	畢	觜	参	井	鬼	柳	星	張	翼	軫	角	亢	氐	房	心	尾	箕	斗	女	虚	危	室	壁	奎	婁	胃	胃	昴	畢	觜	参
4月	井	鬼	柳	星	張	翼	軫	角	亢	氐	房	心	尾	箕	斗	女	虚	危	室	壁	奎	婁	胃	昴	畢	觜	参	井	鬼	柳	
5月	星	張	翼	軫	角	亢	氐	房	心	尾	箕	斗	女	虚	危	室	壁	奎	婁	胃	昴	畢	觜	参	井	鬼	柳	星	張	翼	軫
6月	角	亢	氐	房	心	尾	箕	斗	女	虚	危	室	壁	奎	婁	胃	昴	畢	觜	参	井	鬼	参	井	鬼	柳	星	張	翼	軫	
7月	角	亢	氐	房	心	尾	箕	斗	女	虚	危	室	壁	奎	婁	胃	昴	畢	觜	参	井	鬼	柳	星	張	翼	軫	角	亢	氐	房
8月	心	尾	箕	斗	女	虚	危	室	壁	奎	婁	胃	昴	畢	觜	参	井	鬼	柳	星	張	翼	軫	角	亢	氐	房	心	尾	箕	斗
9月	女	虚	危	室	壁	奎	婁	胃	昴	畢	觜	参	井	鬼	柳	星	張	翼	角	亢	氐	房	心	尾	箕	斗	女	虚	危	室	
10月	壁	奎	婁	胃	昴	畢	觜	参	井	鬼	柳	星	張	翼	軫	角	亢	氐	氐	房	心	尾	箕	斗	女	虚	危	室	壁	奎	婁
11月	胃	昴	畢	觜	参	井	鬼	柳	星	張	翼	軫	角	亢	氐	房	心	心	尾	箕	斗	女	虚	危	室	壁	奎	婁	胃	昴	
12月	畢	觜	参	井	鬼	柳	星	張	翼	軫	角	亢	氐	房	心	尾	箕	斗	女	虚	危	室	壁	奎	婁	胃	昴	畢	觜	参	井

1972年

	1	2	3	4	5	6	7	8	9	10	11	12	13	14	15	16	17	18	19	20	21	22	23	24	25	26	27	28	29	30	31
1月	鬼	柳	星	張	翼	軫	角	亢	氐	房	心	尾	箕	斗	女	虚	危	室	壁	奎	婁	胃	昴	畢	觜	参	井	鬼	柳	星	張
2月	翼	軫	角	亢	氐	房	心	尾	箕	斗	女	虚	危	室	室	壁	奎	婁	胃	昴	畢	觜	参	井	鬼	柳	星	張	翼		
3月	軫	角	亢	氐	房	心	尾	箕	斗	女	虚	危	室	壁	奎	婁	胃	昴	畢	觜	参	井	鬼	柳	星	張	翼	軫	角	亢	氐
4月	房	心	尾	箕	斗	女	虚	危	室	壁	奎	婁	胃	胃	昴	畢	觜	参	井	鬼	柳	星	張	翼	軫	角	亢	氐	房	心	
5月	尾	箕	斗	女	虚	危	室	壁	奎	婁	胃	昴	畢	觜	参	井	鬼	柳	星	張	翼	軫	角	亢	氐	房	心	尾	箕	斗	女
6月	虚	危	室	壁	奎	婁	胃	昴	畢	觜	参	井	鬼	柳	星	張	翼	軫	角	亢	氐	房	心	尾	箕	斗	女	虚	危	室	
7月	壁	奎	婁	胃	昴	畢	觜	参	井	鬼	鬼	柳	星	張	翼	軫	角	亢	氐	房	心	尾	箕	斗	女	虚	危	室	壁	奎	婁
8月	胃	昴	畢	觜	参	井	鬼	柳	張	翼	軫	角	亢	氐	房	心	尾	箕	斗	女	虚	危	室	壁	奎	婁	胃	昴	畢	觜	参
9月	井	鬼	柳	星	張	翼	軫	角	亢	氐	房	心	尾	箕	斗	女	虚	危	室	壁	奎	婁	胃	昴	畢	觜	参	井	鬼	柳	
10月	星	張	翼	軫	角	亢	氐	房	心	尾	箕	斗	女	虚	危	室	壁	奎	婁	胃	昴	畢	觜	参	井	鬼	柳	星	張	翼	軫
11月	角	亢	氐	房	心	心	尾	箕	斗	女	虚	危	室	壁	奎	婁	胃	昴	畢	觜	参	井	鬼	柳	星	張	翼	軫	角	亢	
12月	氐	房	心	尾	箕	斗	女	虚	危	室	壁	奎	婁	胃	昴	畢	觜	参	井	鬼	柳	星	張	翼	軫	角	亢	氐	房	心	尾

1973年

	1	2	3	4	5	6	7	8	9	10	11	12	13	14	15	16	17	18	19	20	21	22	23	24	25	26	27	28	29	30	31
1月	箕	斗	女	虚	虚	危	室	壁	奎	婁	胃	昴	畢	觜	参	井	鬼	柳	星	張	翼	軫	角	亢	氐	房	心	尾	箕	斗	女
2月	虚	危	室	壁	奎	婁	胃	昴	畢	觜	参	井	鬼	柳	星	張	翼	軫	角	亢	氐	房	心	尾	箕	斗	女	虚			
3月	危	室	壁	奎	奎	婁	胃	昴	畢	觜	参	井	鬼	柳	星	張	翼	軫	角	亢	氐	房	心	尾	箕	斗	女	虚	危	室	壁
4月	奎	婁	胃	昴	畢	觜	参	井	鬼	柳	星	張	翼	軫	角	亢	氐	房	心	尾	箕	斗	女	虚	危	室	壁	奎	婁	胃	
5月	昴	畢	畢	觜	参	井	鬼	柳	星	張	翼	軫	角	亢	氐	房	心	尾	箕	斗	女	虚	危	室	壁	奎	婁	胃	昴	畢	觜
6月	参	井	鬼	柳	星	張	翼	軫	角	亢	氐	房	心	尾	箕	斗	女	虚	危	室	壁	奎	婁	胃	昴	畢	觜	参	井	鬼	
7月	柳	星	張	翼	軫	角	亢	氐	房	心	尾	箕	斗	女	虚	危	室	壁	奎	婁	胃	昴	畢	觜	参	井	鬼	柳	星	張	翼
8月	軫	角	亢	氐	房	心	尾	箕	斗	女	虚	危	室	壁	奎	婁	胃	昴	畢	觜	参	井	鬼	柳	星	張	翼	角	亢	氐	房
9月	心	尾	箕	斗	女	虚	危	室	壁	奎	婁	胃	昴	畢	觜	参	井	鬼	柳	星	張	翼	軫	角	亢	氐	房	心	尾	箕	
10月	斗	女	虚	危	室	壁	奎	婁	胃	昴	畢	觜	参	井	鬼	柳	星	張	翼	軫	角	亢	氐	房	心	心	尾	箕	斗	女	虚
11月	危	室	壁	奎	婁	胃	昴	畢	觜	参	井	鬼	柳	星	張	翼	軫	角	亢	氐	房	心	尾	箕	斗	女	虚	危	室	壁	
12月	奎	婁	胃	昴	畢	觜	参	井	鬼	柳	星	張	翼	軫	角	亢	氐	房	心	尾	箕	斗	女	虚	虚	危	室	壁	奎	婁	胃

1974年

	1	2	3	4	5	6	7	8	9	10	11	12	13	14	15	16	17	18	19	20	21	22	23	24	25	26	27	28	29	30	31
1月	昴	畢	觜	参	井	鬼	柳	星	張	翼	軫	角	亢	氐	房	心	尾	箕	斗	女	虚	危	室	壁	奎	婁	胃	昴	畢	觜	参
2月	井	鬼	柳	星	張	翼	軫	角	亢	氐	房	心	尾	箕	斗	女	虚	危	室	壁	奎	奎	婁	胃	昴	畢	觜	参			
3月	井	鬼	柳	星	張	翼	軫	角	亢	氐	房	心	尾	箕	斗	女	虚	危	室	壁	奎	婁	胃	胃	昴	畢	觜	参	井	鬼	柳
4月	星	張	翼	軫	角	亢	氐	房	心	尾	箕	斗	女	虚	危	室	壁	奎	婁	胃	昴	畢	觜	参	井	鬼	柳	星	張	翼	
5月	軫	角	亢	氐	房	心	尾	箕	斗	女	虚	危	室	壁	奎	婁	胃	昴	畢	觜	参	畢	觜	参	井	鬼	柳	星	張	翼	軫
6月	角	亢	氐	房	心	尾	箕	斗	女	虚	危	室	壁	奎	婁	胃	昴	畢	觜	参	井	鬼	柳	星	張	翼	軫	角	亢	氐	
7月	房	心	尾	箕	斗	女	虚	危	室	壁	奎	婁	胃	昴	畢	觜	参	井	鬼	柳	星	張	翼	軫	角	亢	氐	房	心	尾	箕
8月	斗	女	虚	危	室	壁	奎	婁	胃	昴	畢	觜	参	井	鬼	柳	星	張	翼	軫	角	亢	氐	房	心	尾	箕	斗	女	虚	危
9月	室	壁	奎	婁	胃	昴	畢	觜	参	井	鬼	柳	星	張	翼	角	亢	氐	房	心	尾	箕	斗	女	虚	危	室	壁	奎	婁	
10月	胃	昴	畢	觜	参	井	鬼	柳	星	張	翼	軫	角	亢	氐	房	心	尾	箕	斗	女	虚	危	室	壁	奎	婁	胃	昴	畢	觜
11月	参	井	鬼	柳	星	張	翼	軫	角	亢	氐	房	心	心	尾	箕	斗	女	虚	危	室	壁	奎	婁	胃	昴	畢	觜	参	井	
12月	鬼	柳	星	張	翼	軫	角	亢	氐	房	心	尾	箕	斗	女	虚	危	室	壁	奎	婁	胃	昴	畢	觜	参	井	鬼	柳	星	張

1975年

	1	2	3	4	5	6	7	8	9	10	11	12	13	14	15	16	17	18	19	20	21	22	23	24	25	26	27	28	29	30	31
1月	翼	軫	角	亢	氐	房	心	尾	箕	斗	女	虚	危	室	壁	奎	婁	胃	昴	畢	觜	参	井	鬼	柳	星	張	翼	軫	角	亢
2月	氐	房	心	尾	箕	斗	女	虚	危	室	室	壁	奎	婁	胃	昴	畢	觜	参	井	鬼	柳	星	張	翼	軫	角	亢			
3月	氐	房	心	尾	箕	斗	女	虚	危	室	壁	奎	奎	婁	胃	昴	畢	觜	参	井	鬼	柳	星	張	翼	軫	角	亢	氐	房	心
4月	尾	箕	斗	女	虚	危	室	壁	奎	婁	胃	胃	昴	畢	觜	参	井	鬼	柳	星	張	翼	軫	角	亢	氐	房	心	尾	箕	
5月	斗	女	虚	危	室	壁	奎	婁	胃	昴	畢	觜	参	井	鬼	柳	星	張	翼	軫	角	亢	氐	房	心	尾	箕	斗	女	虚	危
6月	室	壁	奎	婁	胃	昴	畢	觜	参	参	井	鬼	柳	星	張	翼	軫	角	亢	氐	房	心	尾	箕	斗	女	虚	危	室	壁	
7月	奎	婁	胃	昴	畢	觜	参	井	鬼	柳	星	張	翼	軫	角	亢	氐	房	心	尾	箕	斗	女	虚	危	室	壁	奎	婁	胃	昴
8月	畢	觜	参	井	鬼	柳	張	翼	軫	角	亢	氐	房	心	尾	箕	斗	女	虚	危	室	壁	奎	婁	胃	昴	畢	觜	参	井	鬼
9月	柳	星	張	翼	軫	角	亢	氐	房	心	尾	箕	斗	女	虚	危	室	壁	奎	婁	胃	昴	畢	觜	参	井	鬼	柳	星	張	
10月	翼	軫	角	亢	氐	房	心	尾	箕	斗	女	虚	危	室	壁	奎	婁	胃	昴	畢	觜	参	井	鬼	柳	星	張	翼	軫	角	亢
11月	氐	房	心	尾	箕	斗	女	虚	危	室	壁	奎	婁	胃	昴	畢	觜	参	井	鬼	柳	星	張	翼	軫	角	亢	氐	房	心	
12月	尾	箕	斗	女	虚	危	室	壁	奎	婁	胃	昴	畢	觜	参	井	鬼	柳	星	張	翼	軫	角	亢	氐	房	心	尾	箕	斗	女

1976年

	1	2	3	4	5	6	7	8	9	10	11	12	13	14	15	16	17	18	19	20	21	22	23	24	25	26	27	28	29	30	31
1月	虚	危	室	壁	奎	婁	胃	昴	畢	觜	参	井	鬼	柳	星	張	翼	軫	角	亢	氐	房	心	尾	箕	斗	女	虚	危	室	室
2月	壁	奎	婁	胃	昴	畢	觜	参	井	鬼	柳	星	張	翼	軫	角	亢	氐	房	心	尾	箕	斗	女	虚	危	室	壁	奎		
3月	奎	婁	胃	昴	畢	觜	参	井	鬼	柳	星	張	翼	軫	角	亢	氐	房	心	尾	箕	斗	女	虚	危	室	壁	奎	婁	胃	胃
4月	昴	畢	觜	参	井	鬼	柳	星	張	翼	軫	角	亢	氐	房	心	尾	箕	斗	女	虚	危	室	壁	奎	婁	胃	昴	畢	觜	
5月	参	井	鬼	柳	星	張	翼	軫	角	亢	氐	房	心	尾	箕	斗	女	虚	危	室	壁	奎	婁	胃	昴	畢	觜	参	参	井	鬼
6月	柳	星	張	翼	軫	角	亢	氐	房	心	尾	箕	斗	女	虚	危	室	壁	奎	婁	胃	昴	畢	觜	参	井	鬼	柳	星	張	
7月	翼	軫	角	亢	氐	房	心	尾	箕	斗	女	虚	危	室	壁	奎	婁	胃	昴	畢	觜	参	井	鬼	柳	星	張	翼	軫	角	亢
8月	氐	房	心	尾	箕	斗	女	虚	危	室	壁	奎	婁	胃	昴	畢	觜	参	井	鬼	柳	星	張	翼	角	亢	氐	房	心	尾	箕
9月	斗	女	虚	危	室	壁	奎	婁	胃	昴	畢	觜	参	井	鬼	柳	星	張	翼	軫	角	亢	氐	角	亢	氐	房	心	尾	箕	
10月	斗	女	虚	危	室	壁	奎	婁	胃	昴	畢	觜	参	井	鬼	柳	星	張	翼	軫	角	亢	氐	房	心	尾	箕	斗	女	虚	危
11月	室	壁	奎	婁	胃	昴	畢	觜	参	井	鬼	柳	星	張	翼	軫	角	亢	氐	房	心	心	尾	箕	斗	女	虚	危	室	壁	
12月	奎	婁	胃	昴	畢	觜	参	井	鬼	柳	星	張	翼	軫	角	亢	氐	房	心	尾	斗	女	虚	危	室	壁	奎	婁	胃	昴	畢

1977年

	1	2	3	4	5	6	7	8	9	10	11	12	13	14	15	16	17	18	19	20	21	22	23	24	25	26	27	28	29	30	31
1月	觜	参	井	鬼	柳	星	張	翼	軫	角	亢	氐	房	心	尾	箕	斗	女	虚	危	室	壁	奎	婁	胃	昴	畢	觜	参	井	鬼
2月	柳	星	張	翼	軫	角	亢	氐	房	心	尾	箕	斗	女	虚	危	室	室	壁	奎	婁	胃	昴	畢	觜	参	井	鬼			
3月	柳	星	張	翼	軫	角	亢	氐	房	心	尾	箕	斗	女	虚	危	室	壁	奎	奎	婁	胃	昴	畢	觜	参	井	鬼	柳	星	張
4月	翼	軫	角	亢	氐	房	心	尾	箕	斗	女	虚	危	室	壁	奎	婁	胃	昴	畢	觜	参	井	鬼	柳	星	張	翼	軫	角	
5月	亢	氐	房	心	尾	箕	斗	女	虚	危	室	壁	奎	婁	胃	昴	畢	畢	觜	参	井	鬼	柳	星	張	翼	軫	角	亢	氐	房
6月	心	尾	箕	斗	女	虚	危	室	壁	奎	婁	胃	昴	畢	觜	参	参	井	鬼	柳	星	張	翼	軫	角	亢	氐	房	心	尾	
7月	箕	斗	女	虚	危	室	壁	奎	婁	胃	昴	畢	觜	参	井	鬼	柳	星	張	翼	軫	角	亢	氐	房	心	尾	箕	斗	女	虚
8月	危	室	壁	奎	婁	胃	昴	畢	觜	参	井	鬼	柳	星	張	翼	軫	角	亢	氐	房	心	尾	箕	斗	女	虚	危	室	壁	奎
9月	婁	胃	昴	畢	觜	参	井	鬼	柳	星	張	翼	角	亢	氐	房	心	尾	箕	斗	女	虚	危	室	壁	奎	婁	胃	昴	畢	
10月	觜	参	井	鬼	柳	星	張	翼	軫	角	亢	氐	氐	房	心	尾	箕	斗	女	虚	危	室	壁	奎	婁	胃	昴	畢	觜	参	井
11月	鬼	柳	星	張	翼	軫	角	亢	氐	房	心	尾	箕	斗	女	虚	危	室	壁	奎	婁	胃	昴	畢	觜	参	井	鬼	柳	星	
12月	張	翼	軫	角	亢	氐	房	心	尾	箕	斗	女	虚	危	室	壁	奎	婁	胃	昴	畢	觜	参	井	鬼	柳	星	張	翼	軫	角

1978年

	1	2	3	4	5	6	7	8	9	10	11	12	13	14	15	16	17	18	19	20	21	22	23	24	25	26	27	28	29	30	31
1月	亢	氐	房	心	尾	箕	斗	女	虚	危	室	壁	奎	婁	胃	昴	畢	觜	参	井	鬼	柳	星	張	翼	軫	角	亢	氐	房	心
2月	尾	箕	斗	女	虚	危	室	壁	奎	婁	胃	昴	畢	觜	参	井	鬼	柳	星	張	翼	軫	角	亢	氐	房	心	尾			
3月	箕	斗	女	虚	危	室	壁	奎	奎	婁	胃	昴	畢	觜	参	井	鬼	柳	星	張	翼	軫	角	亢	氐	房	心	尾	箕	斗	女
4月	虚	危	室	壁	奎	婁	胃	胃	昴	畢	觜	参	井	鬼	柳	星	張	翼	軫	角	亢	氐	房	心	尾	箕	斗	女	虚	危	
5月	室	壁	奎	婁	胃	昴	畢	觜	参	井	鬼	柳	星	張	翼	軫	角	亢	氐	房	心	尾	箕	斗	女	虚	危	室	壁	奎	婁
6月	胃	昴	畢	觜	参	参	井	鬼	柳	星	張	翼	軫	角	亢	氐	房	心	尾	箕	斗	女	虚	危	室	壁	奎	婁	胃	昴	
7月	畢	觜	参	井	鬼	柳	星	張	翼	軫	角	亢	氐	房	心	尾	箕	斗	女	虚	危	室	壁	奎	婁	胃	昴	畢	觜	参	井
8月	鬼	柳	星	張	翼	軫	角	亢	氐	房	心	尾	箕	斗	女	虚	危	室	壁	奎	婁	胃	昴	畢	觜	参	井	鬼	柳	星	張
9月	翼	軫	角	亢	氐	房	心	尾	箕	斗	女	虚	危	室	壁	奎	婁	胃	昴	畢	觜	参	井	鬼	柳	星	張	翼	軫	角	
10月	亢	氐	房	心	尾	箕	斗	女	虚	危	室	壁	奎	婁	胃	昴	畢	觜	参	井	鬼	柳	星	張	翼	軫	角	亢	氐	房	心
11月	心	尾	箕	斗	女	虚	危	室	壁	奎	婁	胃	昴	畢	觜	参	井	鬼	柳	星	張	翼	軫	角	亢	氐	房	心	尾	斗	
12月	女	虚	危	室	壁	奎	婁	胃	昴	畢	觜	参	井	鬼	柳	星	張	翼	軫	角	亢	氐	房	心	尾	箕	斗	女	虚	虚	危

1979年

	1	2	3	4	5	6	7	8	9	10	11	12	13	14	15	16	17	18	19	20	21	22	23	24	25	26	27	28	29	30	31
1月	室	壁	奎	婁	胃	昴	畢	觜	参	井	鬼	柳	星	張	翼	軫	角	亢	氐	房	心	尾	箕	斗	女	虚	危	室	壁	奎	婁
2月	胃	昴	畢	觜	参	井	鬼	柳	星	張	翼	軫	角	亢	氐	房	心	尾	箕	斗	女	虚	危	室	壁	奎	奎	婁			
3月	胃	昴	畢	觜	参	井	鬼	柳	星	張	翼	軫	角	亢	氐	房	心	尾	箕	斗	女	虚	危	室	壁	奎	婁	胃	昴	畢	觜
4月	参	井	鬼	柳	星	張	翼	軫	角	亢	氐	房	心	尾	箕	斗	女	虚	危	室	壁	奎	婁	胃	昴	畢	觜	参	井	鬼	
5月	柳	星	張	翼	軫	角	亢	氐	房	心	尾	箕	斗	女	虚	危	室	壁	奎	婁	胃	昴	畢	觜	参	参	井	鬼	柳	星	張
6月	翼	軫	角	亢	氐	房	心	尾	箕	斗	女	虚	危	室	壁	奎	婁	胃	昴	畢	觜	参	井	鬼	柳	星	張	翼	軫	角	
7月	亢	氐	房	心	尾	箕	斗	女	虚	危	室	壁	奎	婁	胃	昴	畢	觜	参	井	鬼	柳	星	鬼	柳	星	張	翼	軫	角	亢
8月	氐	房	心	尾	箕	斗	女	虚	危	室	壁	奎	婁	胃	昴	畢	觜	参	井	鬼	柳	星	張	翼	軫	角	亢	氐	房	心	尾
9月	箕	斗	女	虚	危	室	壁	奎	婁	胃	昴	畢	觜	参	井	鬼	柳	星	張	翼	角	亢	氐	房	心	尾	箕	斗	女	虚	
10月	危	室	壁	奎	婁	胃	昴	畢	觜	参	井	鬼	柳	星	張	翼	軫	角	亢	氐	氐	房	心	尾	箕	斗	女	虚	危	室	壁
11月	奎	婁	胃	昴	畢	觜	参	井	鬼	柳	星	張	翼	軫	角	亢	氐	房	心	心	尾	箕	斗	女	虚	危	室	壁	奎	婁	
12月	胃	昴	畢	觜	参	井	鬼	柳	星	張	翼	軫	角	亢	氐	房	心	尾	斗	女	虚	危	室	壁	奎	婁	胃	昴	畢	觜	参

1980年

	1	2	3	4	5	6	7	8	9	10	11	12	13	14	15	16	17	18	19	20	21	22	23	24	25	26	27	28	29	30	31
1月	井	鬼	柳	星	張	翼	軫	角	亢	氐	房	心	尾	箕	斗	女	虚	虚	危	室	壁	奎	婁	胃	昴	畢	觜	参	井	鬼	柳
2月	星	張	翼	軫	角	亢	氐	房	心	尾	箕	斗	女	虚	危	室	壁	奎	婁	胃	昴	畢	觜	参	井	鬼	柳	星	張		
3月	翼	軫	角	亢	氐	房	心	尾	箕	斗	女	虚	危	室	壁	奎	奎	婁	胃	昴	畢	觜	参	井	鬼	柳	星	張	翼	軫	角
4月	亢	氐	房	心	尾	箕	斗	女	虚	危	室	壁	奎	婁	胃	昴	畢	觜	参	井	鬼	柳	星	張	翼	軫	角	亢	氐	房	
5月	心	尾	箕	斗	女	虚	危	室	壁	奎	婁	胃	昴	畢	觜	参	井	鬼	柳	星	張	翼	軫	角	亢	氐	房	心	尾	箕	斗
6月	女	虚	危	室	壁	奎	婁	胃	昴	畢	觜	参	参	井	鬼	柳	星	張	翼	軫	角	亢	氐	房	心	尾	箕	斗	女	虚	
7月	危	室	壁	奎	婁	胃	昴	畢	觜	参	井	鬼	柳	星	張	翼	軫	角	亢	氐	房	心	尾	箕	斗	女	虚	危	室	壁	奎
8月	婁	胃	昴	畢	觜	参	井	鬼	柳	星	張	翼	軫	角	亢	氐	房	心	尾	箕	斗	女	虚	危	室	壁	奎	婁	胃	昴	畢
9月	觜	参	井	鬼	柳	星	張	翼	角	亢	氐	房	心	尾	箕	斗	女	虚	危	室	壁	奎	婁	胃	昴	畢	觜	参	井	鬼	
10月	柳	星	張	翼	軫	角	亢	氐	氐	房	心	尾	箕	斗	女	虚	危	室	壁	奎	婁	胃	昴	畢	觜	参	井	鬼	柳	星	張
11月	翼	軫	角	亢	氐	房	心	心	尾	箕	斗	女	虚	危	室	壁	奎	婁	胃	昴	畢	觜	参	井	鬼	柳	星	張	翼	軫	
12月	角	亢	氐	房	心	尾	斗	女	虚	危	室	壁	奎	婁	胃	昴	畢	觜	参	井	鬼	柳	星	張	翼	軫	角	亢	氐	房	心

1981年

	1	2	3	4	5	6	7	8	9	10	11	12	13	14	15	16	17	18	19	20	21	22	23	24	25	26	27	28	29	30	31
1月	尾	箕	斗	女	虚	虚	危	室	壁	奎	婁	胃	昴	畢	觜	参	井	鬼	柳	星	張	翼	軫	角	亢	氐	房	心	尾	箕	斗
2月	女	虚	危	室	室	壁	奎	婁	胃	昴	畢	觜	参	井	鬼	柳	星	張	翼	軫	角	亢	氐	房	心	尾	箕	斗			
3月	女	虚	危	室	壁	奎	婁	胃	昴	畢	觜	参	井	鬼	柳	星	張	翼	軫	角	亢	氐	房	心	尾	箕	斗	女	虚	危	室
4月	壁	奎	婁	胃	胃	昴	畢	觜	参	井	鬼	柳	星	張	翼	軫	角	亢	氐	房	心	尾	箕	斗	女	虚	危	室	壁	奎	
5月	婁	胃	昴	畢	觜	参	井	鬼	柳	星	張	翼	軫	角	亢	氐	房	心	尾	箕	斗	女	虚	危	室	壁	奎	婁	胃	昴	畢
6月	觜	参	井	鬼	柳	星	張	翼	軫	角	亢	氐	房	心	尾	箕	斗	女	虚	危	室	壁	奎	婁	胃	昴	畢	觜	参	井	
7月	鬼	鬼	柳	星	張	翼	軫	角	亢	氐	房	心	尾	箕	斗	女	虚	危	室	壁	奎	婁	胃	昴	畢	觜	参	井	鬼	柳	張
8月	翼	軫	角	亢	氐	房	心	尾	箕	斗	女	虚	危	室	壁	奎	婁	胃	昴	畢	觜	参	井	鬼	柳	星	張	翼	角	亢	氐
9月	房	心	尾	箕	斗	女	虚	危	室	壁	奎	婁	胃	昴	畢	觜	参	井	鬼	柳	星	張	翼	軫	角	亢	氐	氐	房	心	
10月	尾	箕	斗	女	虚	危	室	壁	奎	婁	胃	昴	畢	觜	参	井	鬼	柳	星	張	翼	軫	角	亢	氐	房	心	心	尾	箕	斗
11月	女	虚	危	室	壁	奎	婁	胃	昴	畢	觜	参	井	鬼	柳	星	張	翼	軫	角	亢	氐	房	心	尾	斗	女	虚	危	室	
12月	壁	奎	婁	胃	昴	畢	觜	参	井	鬼	柳	星	張	翼	軫	角	亢	氐	房	心	尾	箕	斗	女	虚	虚	危	室	壁	奎	婁

1982年

	1	2	3	4	5	6	7	8	9	10	11	12	13	14	15	16	17	18	19	20	21	22	23	24	25	26	27	28	29	30	31
1月	胃	昴	畢	觜	参	井	鬼	柳	星	張	翼	軫	角	亢	氐	房	心	尾	箕	斗	女	虚	危	室	室	壁	奎	婁	胃	昴	畢
2月	觜	参	井	鬼	柳	星	張	翼	軫	角	亢	氐	房	心	尾	箕	斗	女	虚	危	室	壁	奎	奎	婁	胃	昴	畢			
3月	觜	参	井	鬼	柳	星	張	翼	軫	角	亢	氐	房	心	尾	箕	斗	女	虚	危	室	壁	奎	婁	胃	昴	畢	觜	参	井	鬼
4月	柳	星	張	翼	軫	角	亢	氐	房	心	尾	箕	斗	女	虚	危	室	壁	奎	婁	胃	昴	畢	畢	觜	参	井	鬼	柳	星	
5月	張	翼	軫	角	亢	氐	房	心	尾	箕	斗	女	虚	危	室	壁	奎	婁	胃	昴	畢	觜	畢	觜	参	井	鬼	柳	星	張	翼
6月	軫	角	亢	氐	房	心	尾	箕	斗	女	虚	危	室	壁	奎	婁	胃	昴	畢	觜	参	井	鬼	柳	星	張	翼	軫	角	亢	
7月	氐	房	心	尾	箕	斗	女	虚	危	室	壁	奎	婁	胃	昴	畢	觜	参	井	鬼	鬼	柳	星	張	翼	軫	角	亢	氐	房	心
8月	尾	箕	斗	女	虚	危	室	壁	奎	婁	胃	昴	畢	觜	参	井	鬼	柳	張	翼	軫	角	亢	氐	房	心	尾	箕	斗	女	虚
9月	危	室	壁	奎	婁	胃	昴	畢	觜	参	井	鬼	柳	星	張	翼	角	亢	氐	房	心	尾	箕	斗	女	虚	危	室	壁	奎	
10月	婁	胃	昴	畢	觜	参	井	鬼	柳	星	張	翼	軫	角	亢	氐	氐	房	心	尾	箕	斗	女	虚	危	室	壁	奎	婁	胃	昴
11月	畢	觜	参	井	鬼	柳	星	張	翼	軫	角	亢	氐	房	心	心	尾	箕	斗	女	虚	危	室	壁	奎	婁	胃	昴	畢	觜	
12月	参	井	鬼	柳	星	張	翼	軫	角	亢	氐	房	心	尾	斗	女	虚	危	室	壁	奎	婁	胃	昴	畢	觜	参	井	鬼	柳	星

1983年

	1	2	3	4	5	6	7	8	9	10	11	12	13	14	15	16	17	18	19	20	21	22	23	24	25	26	27	28	29	30	31
1月	張	翼	軫	角	亢	氐	房	心	尾	箕	斗	女	虚	虚	危	室	壁	奎	婁	胃	昴	畢	觜	参	井	鬼	柳	星	張	翼	軫
2月	角	亢	氐	房	心	尾	箕	斗	女	虚	危	室	室	壁	奎	婁	胃	昴	畢	觜	参	井	鬼	柳	星	張	翼	軫			
3月	角	亢	氐	房	心	尾	箕	斗	女	虚	危	室	壁	奎	奎	婁	胃	昴	畢	觜	参	井	鬼	柳	星	張	翼	軫	角	亢	氐
4月	房	心	尾	箕	斗	女	虚	危	室	壁	奎	婁	胃	昴	畢	觜	参	井	鬼	柳	星	張	翼	軫	角	亢	氐	房	心	尾	
5月	箕	斗	女	虚	危	室	壁	奎	婁	胃	昴	畢	畢	觜	参	井	鬼	柳	星	張	翼	軫	角	亢	氐	房	心	尾	箕	斗	女
6月	虚	危	室	壁	奎	婁	胃	昴	畢	觜	参	井	鬼	柳	星	張	翼	軫	角	亢	氐	房	心	尾	箕	斗	女	虚	危	室	
7月	壁	奎	婁	胃	昴	畢	觜	参	井	鬼	柳	星	張	翼	軫	角	亢	氐	房	心	尾	箕	斗	女	虚	危	室	壁	奎	婁	胃
8月	昴	畢	觜	参	井	鬼	柳	星	張	翼	軫	角	亢	氐	房	心	尾	箕	斗	女	虚	危	室	壁	奎	婁	胃	昴	畢	觜	参
9月	井	鬼	柳	星	張	翼	角	亢	氐	房	心	尾	箕	斗	女	虚	危	室	壁	奎	婁	胃	昴	畢	觜	参	井	鬼	柳	星	
10月	張	翼	軫	角	亢	氐	房	心	尾	箕	斗	女	虚	危	室	壁	奎	婁	胃	昴	畢	觜	参	井	鬼	柳	星	張	翼	軫	角
11月	亢	氐	房	心	心	尾	箕	斗	女	虚	危	室	壁	奎	婁	胃	昴	畢	觜	参	井	鬼	柳	星	張	翼	軫	角	亢	氐	
12月	房	心	尾	斗	女	虚	危	室	壁	奎	婁	胃	昴	畢	觜	参	井	鬼	柳	星	張	翼	軫	角	亢	氐	房	心	尾	箕	斗

1984年

	1	2	3	4	5	6	7	8	9	10	11	12	13	14	15	16	17	18	19	20	21	22	23	24	25	26	27	28	29	30	31
1月	女	虚	虚	危	室	壁	奎	婁	胃	昴	畢	觜	参	井	鬼	柳	星	張	翼	軫	角	亢	氐	房	心	尾	箕	斗	女	虚	危
2月	室	室	壁	奎	婁	胃	昴	畢	觜	参	井	鬼	柳	星	張	翼	軫	角	亢	氐	房	心	尾	箕	斗	女	虚	危	室		
3月	壁	奎	奎	婁	胃	昴	畢	觜	参	井	鬼	柳	星	張	翼	軫	角	亢	氐	房	心	尾	箕	斗	女	虚	危	室	壁	奎	婁
4月	胃	昴	畢	觜	参	井	鬼	柳	星	張	翼	軫	角	亢	氐	房	心	尾	箕	斗	女	虚	危	室	壁	奎	婁	胃	昴	畢	
5月	畢	觜	参	井	鬼	柳	星	張	翼	軫	角	亢	氐	房	心	尾	箕	斗	女	虚	危	室	壁	奎	婁	胃	昴	畢	觜	参	参
6月	井	鬼	柳	星	張	翼	軫	角	亢	氐	房	心	尾	箕	斗	女	虚	危	室	壁	奎	婁	胃	昴	畢	觜	参	井	鬼	柳	
7月	星	張	翼	軫	角	亢	氐	房	心	尾	箕	斗	女	虚	危	室	壁	奎	婁	胃	昴	畢	觜	参	井	鬼	柳	張	翼	軫	角
8月	亢	氐	房	心	尾	箕	斗	女	虚	危	室	壁	奎	婁	胃	昴	畢	觜	参	井	鬼	柳	星	張	翼	軫	角	亢	氐	房	心
9月	尾	箕	斗	女	虚	危	室	壁	奎	婁	胃	昴	畢	觜	参	井	鬼	柳	星	張	翼	軫	角	亢	氐	房	心	尾	箕	斗	
10月	女	虚	危	室	壁	奎	婁	胃	昴	畢	觜	参	井	鬼	柳	星	張	翼	軫	角	亢	氐	房	心	尾	箕	斗	女	虚	危	室
11月	壁	奎	婁	胃	昴	畢	觜	参	井	鬼	柳	星	張	翼	軫	角	亢	氐	房	心	尾	箕	心	尾	箕	斗	女	虚	危	室	
12月	壁	奎	婁	胃	昴	畢	觜	参	井	鬼	柳	星	張	翼	軫	角	亢	氐	房	心	尾	斗	女	虚	危	室	壁	奎	婁	胃	昴

1985年

	1	2	3	4	5	6	7	8	9	10	11	12	13	14	15	16	17	18	19	20	21	22	23	24	25	26	27	28	29	30	31
1月	畢	觜	参	井	鬼	柳	星	張	翼	軫	角	亢	氐	房	心	尾	箕	斗	女	虚	虚	危	室	壁	奎	婁	胃	昴	畢	觜	参
2月	井	鬼	柳	星	張	翼	軫	角	亢	氐	房	心	尾	箕	斗	女	虚	危	室	室	壁	奎	婁	胃	昴	畢	觜	参			
3月	井	鬼	柳	星	張	翼	軫	角	亢	氐	房	心	尾	箕	斗	女	虚	危	室	壁	奎	婁	胃	昴	畢	觜	参	井	鬼	柳	星
4月	張	翼	軫	角	亢	氐	房	心	尾	箕	斗	女	虚	危	室	壁	奎	婁	胃	胃	昴	畢	觜	参	井	鬼	柳	星	張	翼	
5月	軫	角	亢	氐	房	心	尾	箕	斗	女	虚	危	室	壁	奎	婁	胃	昴	畢	畢	觜	参	井	鬼	柳	星	張	翼	軫	角	亢
6月	氐	房	心	尾	箕	斗	女	虚	危	室	壁	奎	婁	胃	昴	畢	觜	参	井	鬼	柳	星	張	翼	軫	角	亢	氐	房	心	
7月	尾	箕	斗	女	虚	危	室	壁	奎	婁	胃	昴	畢	觜	参	井	鬼	鬼	柳	星	張	翼	軫	角	亢	氐	房	心	尾	箕	斗
8月	女	虚	危	室	壁	奎	婁	胃	昴	畢	觜	参	井	鬼	柳	張	翼	軫	角	亢	氐	房	心	尾	箕	斗	女	虚	危	室	壁
9月	奎	婁	胃	昴	畢	觜	参	井	鬼	柳	星	張	翼	軫	角	亢	氐	房	心	尾	箕	斗	女	虚	危	室	壁	奎	婁	胃	
10月	昴	畢	觜	参	井	鬼	柳	星	張	翼	軫	角	亢	氐	房	心	尾	箕	斗	女	虚	危	室	壁	奎	婁	胃	昴	畢	觜	参
11月	井	鬼	柳	星	張	翼	軫	角	亢	氐	房	心	尾	箕	斗	女	虚	危	室	壁	奎	婁	胃	昴	畢	觜	参	井	鬼	柳	
12月	星	張	翼	軫	角	亢	氐	房	心	尾	箕	斗	女	虚	危	室	壁	奎	婁	胃	昴	畢	觜	参	井	鬼	柳	星	張	翼	軫

1986年

	1	2	3	4	5	6	7	8	9	10	11	12	13	14	15	16	17	18	19	20	21	22	23	24	25	26	27	28	29	30	31
1月	角	亢	氐	房	心	尾	箕	斗	女	虚	危	室	壁	奎	婁	胃	昴	畢	觜	参	井	鬼	柳	星	張	翼	軫	角	亢	氐	房
2月	心	尾	箕	斗	女	虚	危	室	室	壁	奎	婁	胃	昴	畢	觜	参	井	鬼	柳	星	張	翼	軫	角	亢	氐	房			
3月	心	尾	箕	斗	女	虚	危	室	壁	奎	婁	胃	昴	畢	觜	参	井	鬼	柳	星	張	翼	軫	角	亢	氐	房	心	尾	箕	斗
4月	女	虚	危	室	壁	奎	婁	胃	胃	昴	畢	觜	参	井	鬼	柳	星	張	翼	軫	角	亢	氐	房	心	尾	箕	斗	女	虚	
5月	危	室	壁	奎	婁	胃	昴	畢	畢	觜	参	井	鬼	柳	星	張	翼	軫	角	亢	氐	房	心	尾	箕	斗	女	虚	危	室	壁
6月	奎	婁	胃	昴	畢	觜	参	井	鬼	柳	星	張	翼	軫	角	亢	氐	房	心	尾	箕	斗	女	虚	危	室	壁	奎	婁	胃	
7月	昴	畢	觜	参	井	鬼	鬼	柳	星	張	翼	軫	角	亢	氐	房	心	尾	箕	斗	女	虚	危	室	壁	奎	婁	胃	昴	畢	觜
8月	参	井	鬼	柳	星	張	翼	軫	角	亢	氐	房	心	尾	箕	斗	女	虚	危	室	壁	奎	婁	胃	昴	畢	觜	参	井	鬼	柳
9月	星	張	翼	角	亢	氐	房	心	尾	箕	斗	女	虚	危	室	壁	奎	婁	胃	昴	畢	觜	参	井	鬼	柳	星	張	翼	軫	
10月	角	亢	氐	氐	房	心	尾	箕	斗	女	虚	危	室	壁	奎	婁	胃	昴	畢	觜	参	井	鬼	柳	星	張	翼	軫	角	亢	氐
11月	房	心	尾	箕	斗	女	虚	危	室	壁	奎	婁	胃	昴	畢	觜	参	井	鬼	柳	星	張	翼	軫	角	亢	氐	房	心	尾	
12月	箕	斗	女	虚	危	室	壁	奎	婁	胃	昴	畢	觜	参	井	鬼	柳	星	張	翼	軫	角	亢	氐	房	心	尾	箕	斗	女	虚

1987年

	1	2	3	4	5	6	7	8	9	10	11	12	13	14	15	16	17	18	19	20	21	22	23	24	25	26	27	28	29	30	31
1月	危	室	壁	奎	婁	胃	昴	畢	觜	参	井	鬼	柳	星	張	翼	軫	角	亢	氐	房	心	尾	箕	斗	女	虚	危	室	壁	奎
2月	婁	胃	昴	畢	觜	参	井	鬼	柳	星	張	翼	軫	角	亢	氐	房	心	尾	箕	斗	女	虚	危	室	壁	奎	奎			
3月	婁	胃	昴	畢	觜	参	井	鬼	柳	星	張	翼	軫	角	亢	氐	房	心	尾	箕	斗	女	虚	危	室	壁	奎	婁	胃	昴	畢
4月	觜	参	井	鬼	柳	星	張	翼	軫	角	亢	氐	房	心	尾	箕	斗	女	虚	危	室	壁	奎	婁	胃	昴	畢	畢	觜	参	
5月	井	鬼	柳	星	張	翼	軫	角	亢	氐	房	心	尾	箕	斗	女	虚	危	室	壁	奎	婁	胃	昴	畢	觜	参	参	井	鬼	柳
6月	星	張	翼	軫	角	亢	氐	房	心	尾	箕	斗	女	虚	危	室	壁	奎	婁	胃	昴	畢	觜	参	井	鬼	柳	星	張	翼	
7月	軫	角	亢	氐	房	心	尾	箕	斗	女	虚	危	室	壁	奎	婁	胃	昴	畢	觜	参	井	鬼	柳	星	鬼	柳	星	張	翼	軫
8月	角	亢	氐	房	心	尾	箕	斗	女	虚	危	室	壁	奎	婁	胃	昴	畢	觜	参	井	鬼	柳	張	翼	軫	角	亢	氐	房	心
9月	尾	箕	斗	女	虚	危	室	壁	奎	婁	胃	昴	畢	觜	参	井	鬼	柳	星	張	翼	軫	角	亢	氐	房	心	尾	箕	斗	
10月	女	虚	危	室	壁	奎	婁	胃	昴	畢	觜	参	井	鬼	柳	星	張	翼	軫	角	亢	氐	氐	房	心	尾	箕	斗	女	虚	危
11月	室	壁	奎	婁	胃	昴	畢	觜	参	井	鬼	柳	星	張	翼	軫	角	亢	氐	房	心	尾	箕	斗	女	虚	危	室	壁	奎	
12月	婁	胃	昴	畢	觜	参	井	鬼	柳	星	張	翼	軫	角	亢	氐	房	心	尾	箕	斗	女	虚	危	室	壁	奎	婁	胃	昴	畢

1988年

	1	2	3	4	5	6	7	8	9	10	11	12	13	14	15	16	17	18	19	20	21	22	23	24	25	26	27	28	29	30	31
1月	觜	参	井	鬼	柳	星	張	翼	軫	角	亢	氐	房	心	尾	箕	斗	女	虚	危	室	壁	奎	婁	胃	昴	畢	觜	参	井	鬼
2月	柳	星	張	翼	軫	角	亢	氐	房	心	尾	箕	斗	女	虚	危	室	室	壁	奎	婁	胃	昴	畢	觜	参	井	鬼	柳		
3月	星	張	翼	軫	角	亢	氐	房	心	尾	箕	斗	女	虚	危	室	壁	奎	婁	胃	昴	畢	觜	参	井	鬼	柳	星	張	翼	軫
4月	角	亢	氐	房	心	尾	箕	斗	女	虚	危	室	壁	奎	婁	胃	昴	畢	觜	参	井	鬼	柳	星	張	翼	軫	角	亢	氐	
5月	房	心	尾	箕	斗	女	虚	危	室	壁	奎	婁	胃	昴	畢	畢	觜	参	井	鬼	柳	星	張	翼	軫	角	亢	氐	房	心	尾
6月	箕	斗	女	虚	危	室	壁	奎	婁	胃	昴	畢	觜	参	井	鬼	柳	星	張	翼	軫	角	亢	氐	房	心	尾	箕	斗	女	
7月	虚	危	室	壁	奎	婁	胃	昴	畢	觜	参	井	鬼	鬼	柳	星	張	翼	軫	角	亢	氐	房	心	尾	箕	斗	女	虚	危	室
8月	壁	奎	婁	胃	昴	畢	觜	参	井	鬼	柳	張	翼	軫	角	亢	氐	房	心	尾	箕	斗	女	虚	危	室	壁	奎	婁	胃	昴
9月	畢	觜	参	井	鬼	柳	星	張	翼	軫	角	亢	氐	房	心	尾	箕	斗	女	虚	危	室	壁	奎	婁	胃	昴	畢	觜	参	
10月	井	鬼	柳	星	張	翼	軫	角	亢	氐	氐	房	心	尾	箕	斗	女	虚	危	室	壁	奎	婁	胃	昴	畢	觜	参	井	鬼	柳
11月	星	張	翼	軫	角	亢	氐	房	心	尾	箕	斗	女	虚	危	室	壁	奎	婁	胃	昴	畢	觜	参	井	鬼	柳	星	張	翼	
12月	軫	角	亢	氐	房	心	尾	箕	斗	女	虚	危	室	壁	奎	婁	胃	昴	畢	觜	参	井	鬼	柳	星	張	翼	軫	角	亢	氐

1989年

	1	2	3	4	5	6	7	8	9	10	11	12	13	14	15	16	17	18	19	20	21	22	23	24	25	26	27	28	29	30	31
1月	房	心	尾	箕	斗	女	虚	虚	危	室	壁	奎	婁	胃	昴	畢	觜	参	井	鬼	柳	星	張	翼	軫	角	亢	氐	房	心	尾
2月	箕	斗	女	虚	危	室	壁	奎	婁	胃	昴	畢	觜	参	井	鬼	柳	星	張	翼	軫	角	亢	氐	房	心	尾	箕			
3月	斗	女	虚	危	室	壁	奎	奎	婁	胃	昴	畢	觜	参	井	鬼	柳	星	張	翼	軫	角	亢	氐	房	心	尾	箕	斗	女	虚
4月	危	室	壁	奎	婁	胃	昴	畢	觜	参	井	鬼	柳	星	張	翼	軫	角	亢	氐	房	心	尾	箕	斗	女	虚	危	室	壁	
5月	奎	婁	胃	昴	畢	觜	参	井	鬼	柳	星	張	翼	軫	角	亢	氐	房	心	尾	箕	斗	女	虚	危	室	壁	奎	婁	胃	昴
6月	畢	觜	参	参	井	鬼	柳	星	張	翼	軫	角	亢	氐	房	心	尾	箕	斗	女	虚	危	室	壁	奎	婁	胃	昴	畢	觜	
7月	参	井	鬼	柳	星	張	翼	軫	角	亢	氐	房	心	尾	箕	斗	女	虚	危	室	壁	奎	婁	胃	昴	畢	觜	参	井	鬼	柳
8月	星	張	翼	軫	角	亢	氐	房	心	尾	箕	斗	女	虚	危	室	壁	奎	婁	胃	昴	畢	觜	参	井	鬼	柳	星	張	翼	角
9月	亢	氐	房	心	尾	箕	斗	女	虚	危	室	壁	奎	婁	胃	昴	畢	觜	参	井	鬼	柳	星	張	翼	軫	角	亢	氐	氐	
10月	房	心	尾	箕	斗	女	虚	危	室	壁	奎	婁	胃	昴	畢	觜	参	井	鬼	柳	星	張	翼	軫	角	亢	氐	房	心	心	尾
11月	箕	斗	女	虚	危	室	壁	奎	婁	胃	昴	畢	觜	参	井	鬼	柳	星	張	翼	軫	角	亢	氐	房	心	尾	斗	女	虚	
12月	危	室	壁	奎	婁	胃	昴	畢	觜	参	井	鬼	柳	星	張	翼	軫	角	亢	氐	房	心	尾	箕	斗	女	虚	虚	危	室	壁

1990年

	1	2	3	4	5	6	7	8	9	10	11	12	13	14	15	16	17	18	19	20	21	22	23	24	25	26	27	28	29	30	31
1月	奎	婁	胃	昴	畢	觜	参	井	鬼	柳	星	張	翼	軫	角	亢	氐	房	心	尾	箕	斗	女	虚	危	室	室	壁	奎	婁	胃
2月	昴	畢	觜	参	井	鬼	柳	星	張	翼	軫	角	亢	氐	房	心	尾	箕	斗	女	虚	危	室	壁	奎	婁	胃	昴			
3月	畢	觜	参	井	鬼	柳	星	張	翼	軫	角	亢	氐	房	心	尾	箕	斗	女	虚	危	室	壁	奎	婁	胃	胃	昴	畢	觜	参
4月	井	鬼	柳	星	張	翼	軫	角	亢	氐	房	心	尾	箕	斗	女	虚	危	室	壁	奎	婁	胃	昴	畢	觜	参	井	鬼	柳	
5月	星	張	翼	軫	角	亢	氐	房	心	尾	箕	斗	女	虚	危	室	壁	奎	婁	胃	昴	畢	觜	参	井	鬼	柳	星	張	翼	軫
6月	角	亢	氐	房	心	尾	箕	斗	女	虚	危	室	壁	奎	婁	胃	昴	畢	觜	参	井	鬼	参	井	鬼	柳	星	張	翼	軫	
7月	角	亢	氐	房	心	尾	箕	斗	女	虚	危	室	壁	奎	婁	胃	昴	畢	觜	参	井	鬼	柳	星	張	翼	軫	角	亢	氐	房
8月	心	尾	箕	斗	女	虚	危	室	壁	奎	婁	胃	昴	畢	觜	参	井	鬼	柳	張	翼	軫	角	亢	氐	房	心	尾	箕	斗	女
9月	虚	危	室	壁	奎	婁	胃	昴	畢	觜	参	井	鬼	柳	星	張	翼	軫	角	亢	氐	房	心	尾	箕	斗	女	虚	危	室	
10月	壁	奎	婁	胃	昴	畢	觜	参	井	鬼	柳	星	張	翼	軫	角	亢	氐	氐	房	心	尾	箕	斗	女	虚	危	室	壁	奎	婁
11月	胃	昴	畢	觜	参	井	鬼	柳	星	張	翼	軫	角	亢	氐	房	心	尾	箕	斗	女	虚	危	室	壁	奎	婁	胃	昴	畢	
12月	觜	参	井	鬼	柳	星	張	翼	軫	角	亢	氐	房	心	尾	箕	斗	女	虚	危	室	壁	奎	婁	胃	昴	畢	觜	参	井	鬼

1991年

	1	2	3	4	5	6	7	8	9	10	11	12	13	14	15	16	17	18	19	20	21	22	23	24	25	26	27	28	29	30	31
1月	柳	星	張	翼	軫	角	亢	氐	房	心	尾	箕	斗	女	虚	虚	危	室	壁	奎	婁	胃	昴	畢	觜	参	井	鬼	柳	星	張
2月	翼	軫	角	亢	氐	房	心	尾	箕	斗	女	虚	危	室	室	壁	奎	婁	胃	昴	畢	觜	参	井	鬼	柳	星	張			
3月	翼	軫	角	亢	氐	房	心	尾	箕	斗	女	虚	危	室	壁	奎	婁	胃	昴	畢	觜	参	井	鬼	柳	星	張	翼	軫	角	亢
4月	氐	房	心	尾	箕	斗	女	虚	危	室	壁	奎	婁	胃	胃	昴	畢	觜	参	井	鬼	柳	星	張	翼	軫	角	亢	氐	房	
5月	心	尾	箕	斗	女	虚	危	室	壁	奎	婁	胃	昴	畢	觜	参	井	鬼	柳	星	張	翼	軫	角	亢	氐	房	心	尾	箕	斗
6月	女	虚	危	室	壁	奎	婁	胃	昴	畢	觜	参	井	鬼	柳	星	張	翼	軫	角	亢	氐	房	心	尾	箕	斗	女	虚	危	
7月	室	壁	奎	婁	胃	昴	畢	觜	参	井	鬼	鬼	柳	星	張	翼	軫	角	亢	氐	房	心	尾	箕	斗	女	虚	危	室	壁	奎
8月	婁	胃	昴	畢	觜	参	井	鬼	柳	張	翼	軫	角	亢	氐	房	心	尾	箕	斗	女	虚	危	室	壁	奎	婁	胃	昴	畢	觜
9月	参	井	鬼	柳	星	張	翼	角	亢	氐	房	心	尾	箕	斗	女	虚	危	室	壁	奎	婁	胃	昴	畢	觜	参	井	鬼	柳	
10月	星	張	翼	軫	角	亢	氐	氐	房	心	尾	箕	斗	女	虚	危	室	壁	奎	婁	胃	昴	畢	觜	参	井	鬼	柳	星	張	翼
11月	軫	角	亢	氐	房	心	尾	箕	斗	女	虚	危	室	壁	奎	婁	胃	昴	畢	觜	参	井	鬼	柳	星	張	翼	軫	角	亢	
12月	氐	房	心	尾	箕	斗	女	虚	危	室	壁	奎	婁	胃	昴	畢	觜	参	井	鬼	柳	星	張	翼	軫	角	亢	氐	房	心	尾

1992年

	1	2	3	4	5	6	7	8	9	10	11	12	13	14	15	16	17	18	19	20	21	22	23	24	25	26	27	28	29	30	31
1月	箕	斗	女	虚	虚	危	室	壁	奎	婁	胃	昴	畢	觜	参	井	鬼	柳	星	張	翼	軫	角	亢	氐	房	心	尾	箕	斗	女
2月	虚	危	室	室	壁	奎	婁	胃	昴	畢	觜	参	井	鬼	柳	星	張	翼	軫	角	亢	氐	房	心	尾	箕	斗	女	虚		
3月	危	室	壁	奎	婁	胃	昴	畢	觜	参	井	鬼	柳	星	張	翼	軫	角	亢	氐	房	心	尾	箕	斗	女	虚	危	室	壁	奎
4月	婁	胃	胃	昴	畢	觜	参	井	鬼	柳	星	張	翼	軫	角	亢	氐	房	心	尾	箕	斗	女	虚	危	室	壁	奎	婁	胃	
5月	昴	畢	畢	觜	参	井	鬼	柳	星	張	翼	軫	角	亢	氐	房	心	尾	箕	斗	女	虚	危	室	壁	奎	婁	胃	昴	畢	觜
6月	参	井	鬼	柳	星	張	翼	軫	角	亢	氐	房	心	尾	箕	斗	女	虚	危	室	壁	奎	婁	胃	昴	畢	觜	参	井	鬼	
7月	柳	星	張	翼	軫	角	亢	氐	房	心	尾	箕	斗	女	虚	危	室	壁	奎	婁	胃	昴	畢	觜	参	井	鬼	柳	星	張	翼
8月	軫	角	亢	氐	房	心	尾	箕	斗	女	虚	危	室	壁	奎	婁	胃	昴	畢	觜	参	井	鬼	柳	星	張	翼	角	亢	氐	房
9月	心	尾	箕	斗	女	虚	危	室	壁	奎	婁	胃	昴	畢	觜	参	井	鬼	柳	星	張	翼	軫	角	亢	氐	房	心	尾	箕	
10月	斗	女	虚	危	室	壁	奎	婁	胃	昴	畢	觜	参	井	鬼	柳	星	張	翼	軫	角	亢	氐	房	心	心	尾	箕	斗	女	虚
11月	危	室	壁	奎	婁	胃	昴	畢	觜	参	井	鬼	柳	星	張	翼	軫	角	亢	氐	房	心	尾	斗	女	虚	危	室	壁	奎	
12月	婁	胃	昴	畢	觜	参	井	鬼	柳	星	張	翼	軫	角	亢	氐	房	心	尾	箕	斗	女	虚	虚	危	室	壁	奎	婁	胃	昴

1993年

	1	2	3	4	5	6	7	8	9	10	11	12	13	14	15	16	17	18	19	20	21	22	23	24	25	26	27	28	29	30	31
1月	畢	觜	参	井	鬼	柳	星	張	翼	軫	角	亢	氐	房	心	尾	箕	斗	女	虚	危	室	室	壁	奎	婁	胃	昴	畢	觜	参
2月	井	鬼	柳	星	張	翼	軫	角	亢	氐	房	心	尾	箕	斗	女	虚	危	室	壁	奎	婁	胃	昴	畢	觜	参	井			
3月	鬼	柳	星	張	翼	軫	角	亢	氐	房	心	尾	箕	斗	女	虚	危	室	壁	奎	婁	胃	胃	昴	畢	觜	参	井	鬼	柳	星
4月	張	翼	軫	角	亢	氐	房	心	尾	箕	斗	女	虚	危	室	壁	奎	婁	胃	昴	畢	胃	昴	畢	觜	参	井	鬼	柳	星	
5月	張	翼	軫	角	亢	氐	房	心	尾	箕	斗	女	虚	危	室	壁	奎	婁	胃	昴	畢	觜	参	井	鬼	柳	星	張	翼	軫	角
6月	亢	氐	房	心	尾	箕	斗	女	虚	危	室	壁	奎	婁	胃	昴	畢	觜	参	参	井	鬼	柳	星	張	翼	軫	角	亢	氐	
7月	房	心	尾	箕	斗	女	虚	危	室	壁	奎	婁	胃	昴	畢	觜	参	井	鬼	柳	星	張	翼	軫	角	亢	氐	房	心	尾	箕
8月	斗	女	虚	危	室	壁	奎	婁	胃	昴	畢	觜	参	井	鬼	柳	星	張	翼	軫	角	亢	氐	房	心	尾	箕	斗	女	虚	危
9月	室	壁	奎	婁	胃	昴	畢	觜	参	井	鬼	柳	星	張	翼	角	亢	氐	房	心	尾	箕	斗	女	虚	危	室	壁	奎	婁	
10月	胃	昴	畢	觜	参	井	鬼	柳	星	張	翼	軫	角	亢	氐	房	心	尾	箕	斗	女	虚	危	室	壁	奎	婁	胃	昴	畢	觜
11月	参	井	鬼	柳	星	張	翼	軫	角	亢	氐	房	心	心	尾	箕	斗	女	虚	危	室	壁	奎	婁	胃	昴	畢	觜	参	井	
12月	鬼	柳	星	張	翼	軫	角	亢	氐	房	心	尾	斗	女	虚	危	室	壁	奎	婁	胃	昴	畢	觜	参	井	鬼	柳	星	張	翼

1994年

	1	2	3	4	5	6	7	8	9	10	11	12	13	14	15	16	17	18	19	20	21	22	23	24	25	26	27	28	29	30	31
1月	軫	角	亢	氐	房	心	尾	箕	斗	女	虚	虚	危	室	壁	奎	婁	胃	昴	畢	觜	参	井	鬼	柳	星	張	翼	軫	角	亢
2月	氐	房	心	尾	箕	斗	女	虚	危	室	壁	奎	婁	胃	昴	畢	觜	参	井	鬼	柳	星	張	翼	軫	角	亢	氐			
3月	房	心	尾	箕	斗	女	虚	危	室	壁	奎	奎	婁	胃	昴	畢	觜	参	井	鬼	柳	星	張	翼	軫	角	亢	氐	房	心	尾
4月	箕	斗	女	虚	危	室	壁	奎	婁	胃	胃	昴	畢	觜	参	井	鬼	柳	星	張	翼	軫	角	亢	氐	房	心	尾	箕	斗	
5月	女	虚	危	室	壁	奎	婁	胃	昴	畢	畢	觜	参	井	鬼	柳	星	張	翼	軫	角	亢	氐	房	心	尾	箕	斗	女	虚	危
6月	室	壁	奎	婁	胃	昴	畢	觜	参	井	鬼	柳	星	張	翼	軫	角	亢	氐	房	心	尾	箕	斗	女	虚	危	室	壁	奎	
7月	婁	胃	昴	畢	觜	参	井	鬼	鬼	柳	星	張	翼	軫	角	亢	氐	房	心	尾	箕	斗	女	虚	危	室	壁	奎	婁	胃	昴
8月	畢	觜	参	井	鬼	柳	張	翼	軫	角	亢	氐	房	心	尾	箕	斗	女	虚	危	室	壁	奎	婁	胃	昴	畢	觜	参	井	鬼
9月	柳	星	張	翼	軫	角	亢	氐	房	心	尾	箕	斗	女	虚	危	室	壁	奎	婁	胃	昴	畢	觜	参	井	鬼	柳	星	張	
10月	翼	軫	角	亢	氐	房	心	尾	箕	斗	女	虚	危	室	壁	奎	婁	胃	昴	畢	觜	参	井	鬼	柳	星	張	翼	軫	角	亢
11月	氐	房	心	尾	箕	斗	女	虚	危	室	壁	奎	婁	胃	昴	畢	觜	参	井	鬼	柳	星	張	翼	軫	角	亢	氐	房	心	
12月	尾	箕	斗	女	虚	危	室	壁	奎	婁	胃	昴	畢	觜	参	井	鬼	柳	星	張	翼	軫	角	亢	氐	房	心	尾	箕	斗	女

1995年

	1	2	3	4	5	6	7	8	9	10	11	12	13	14	15	16	17	18	19	20	21	22	23	24	25	26	27	28	29	30	31
1月	虚	危	室	壁	奎	婁	胃	昴	畢	觜	参	井	鬼	柳	星	張	翼	軫	角	亢	氐	房	心	尾	箕	斗	女	虚	危	室	室
2月	壁	奎	婁	胃	昴	畢	觜	参	井	鬼	柳	星	張	翼	軫	角	亢	氐	房	心	尾	箕	斗	女	虚	危	室	壁			
3月	奎	婁	胃	昴	畢	觜	参	井	鬼	柳	星	張	翼	軫	角	亢	氐	房	心	尾	箕	斗	女	虚	危	室	壁	奎	婁	胃	胃
4月	昴	畢	觜	参	井	鬼	柳	星	張	翼	軫	角	亢	氐	房	心	尾	箕	斗	女	虚	危	室	壁	奎	婁	胃	昴	畢	畢	
5月	觜	参	井	鬼	柳	星	張	翼	軫	角	亢	氐	房	心	尾	箕	斗	女	虚	危	室	壁	奎	婁	胃	昴	畢	觜	参	井	鬼
6月	柳	星	張	翼	軫	角	亢	氐	房	心	尾	箕	斗	女	虚	危	室	壁	奎	婁	胃	昴	畢	觜	参	井	鬼	鬼	柳	星	
7月	張	翼	軫	角	亢	氐	房	心	尾	箕	斗	女	虚	危	室	壁	奎	婁	胃	昴	畢	觜	参	井	鬼	柳	星	張	翼	軫	角
8月	亢	氐	房	心	尾	箕	斗	女	虚	危	室	壁	奎	婁	胃	昴	畢	觜	参	井	鬼	柳	星	張	翼	角	亢	氐	房	心	尾
9月	箕	斗	女	虚	危	室	壁	奎	婁	胃	昴	畢	觜	参	井	鬼	柳	星	張	翼	軫	角	亢	氐	角	亢	氐	房	心	尾	
10月	箕	斗	女	虚	危	室	壁	奎	婁	胃	昴	畢	觜	参	井	鬼	柳	星	張	翼	軫	角	亢	氐	房	心	尾	箕	斗	女	虚
11月	危	室	壁	奎	婁	胃	昴	畢	觜	参	井	鬼	柳	星	張	翼	軫	角	亢	氐	房	心	心	尾	箕	斗	女	虚	危	室	
12月	壁	奎	婁	胃	昴	畢	觜	参	井	鬼	柳	星	張	翼	軫	角	亢	氐	房	心	尾	斗	女	虚	危	室	壁	奎	婁	胃	昴

1996年

	1	2	3	4	5	6	7	8	9	10	11	12	13	14	15	16	17	18	19	20	21	22	23	24	25	26	27	28	29	30	31
1月	畢	觜	参	井	鬼	柳	星	張	翼	軫	角	亢	氐	房	心	尾	箕	斗	女	虚	危	室	壁	奎	婁	胃	昴	畢	觜	参	井
2月	鬼	柳	星	張	翼	軫	角	亢	氐	房	心	尾	箕	斗	女	虚	危	室	室	壁	奎	婁	胃	昴	畢	觜	参	井	鬼		
3月	柳	星	張	翼	軫	角	亢	氐	房	心	尾	箕	斗	女	虚	危	室	壁	奎	婁	胃	昴	畢	觜	参	井	鬼	柳	星	張	翼
4月	軫	角	亢	氐	房	心	尾	箕	斗	女	虚	危	室	壁	奎	婁	胃	胃	昴	畢	觜	参	井	鬼	柳	星	張	翼	軫	角	
5月	亢	氐	房	心	尾	箕	斗	女	虚	危	室	壁	奎	婁	胃	昴	畢	觜	参	井	鬼	柳	星	張	翼	軫	角	亢	氐	房	心
6月	尾	箕	斗	女	虚	危	室	壁	奎	婁	胃	昴	畢	觜	参	参	井	鬼	柳	星	張	翼	軫	角	亢	氐	房	心	尾	箕	
7月	斗	女	虚	危	室	壁	奎	婁	胃	昴	畢	觜	参	井	鬼	鬼	柳	星	張	翼	軫	角	亢	氐	房	心	尾	箕	斗	女	虚
8月	危	室	壁	奎	婁	胃	昴	畢	觜	参	井	鬼	柳	張	翼	軫	角	亢	氐	房	心	尾	箕	斗	女	虚	危	室	壁	奎	婁
9月	胃	昴	畢	觜	参	井	鬼	柳	星	張	翼	軫	角	亢	氐	房	心	尾	箕	斗	女	虚	危	室	壁	奎	婁	胃	昴	畢	
10月	觜	参	井	鬼	柳	星	張	翼	軫	角	亢	氐	房	心	尾	箕	斗	女	虚	危	室	壁	奎	婁	胃	昴	畢	觜	参	井	鬼
11月	柳	星	張	翼	軫	角	亢	氐	房	心	心	尾	箕	斗	女	虚	危	室	壁	奎	婁	胃	昴	畢	觜	参	井	鬼	柳	星	
12月	張	翼	軫	角	亢	氐	房	心	尾	箕	斗	女	虚	危	室	壁	奎	婁	胃	昴	畢	觜	参	井	鬼	柳	星	張	翼	軫	角

1997年

	1	2	3	4	5	6	7	8	9	10	11	12	13	14	15	16	17	18	19	20	21	22	23	24	25	26	27	28	29	30	31
1月	亢	氐	房	心	尾	箕	斗	女	虚	危	室	壁	奎	婁	胃	昴	畢	觜	参	井	鬼	柳	星	張	翼	軫	角	亢	氐	房	心
2月	尾	箕	斗	女	虚	危	室	室	壁	奎	婁	胃	昴	畢	觜	参	井	鬼	柳	星	張	翼	軫	角	亢	氐	房	心			
3月	尾	箕	斗	女	虚	危	室	壁	奎	婁	胃	昴	畢	觜	参	井	鬼	柳	星	張	翼	軫	角	亢	氐	房	心	尾	箕	斗	女
4月	虚	危	室	壁	奎	婁	胃	昴	畢	觜	参	井	鬼	柳	星	張	翼	軫	角	亢	氐	房	心	尾	箕	斗	女	虚	危	室	
5月	壁	奎	婁	胃	昴	畢	畢	觜	参	井	鬼	柳	星	張	翼	軫	角	亢	氐	房	心	尾	箕	斗	女	虚	危	室	壁	奎	婁
6月	胃	昴	畢	觜	参	井	鬼	柳	星	張	翼	軫	角	亢	氐	房	心	尾	箕	斗	女	虚	危	室	壁	奎	婁	胃	昴	畢	
7月	觜	参	井	鬼	鬼	柳	星	張	翼	軫	角	亢	氐	房	心	尾	箕	斗	女	虚	危	室	壁	奎	婁	胃	昴	畢	觜	参	井
8月	鬼	柳	張	翼	軫	角	亢	氐	房	心	尾	箕	斗	女	虚	危	室	壁	奎	婁	胃	昴	畢	觜	参	井	鬼	柳	星	張	翼
9月	軫	角	亢	氐	房	心	尾	箕	斗	女	虚	危	室	壁	奎	婁	胃	昴	畢	觜	参	井	鬼	柳	星	張	翼	軫	角	亢	
10月	氐	氐	房	心	尾	箕	斗	女	虚	危	室	壁	奎	婁	胃	昴	畢	觜	参	井	鬼	柳	星	張	翼	軫	角	亢	氐	房	心
11月	尾	箕	斗	女	虚	危	室	壁	奎	婁	胃	昴	畢	觜	参	井	鬼	柳	星	張	翼	軫	角	亢	氐	房	心	尾	箕	斗	
12月	女	虚	危	室	壁	奎	婁	胃	昴	畢	觜	参	井	鬼	柳	星	張	翼	軫	角	亢	氐	房	心	尾	箕	斗	女	虚	虚	危

1998年

	1	2	3	4	5	6	7	8	9	10	11	12	13	14	15	16	17	18	19	20	21	22	23	24	25	26	27	28	29	30	31
1月	室	壁	奎	婁	胃	昴	畢	觜	参	井	鬼	柳	星	張	翼	軫	角	亢	氐	房	心	尾	箕	斗	女	虚	危	室	壁	奎	婁
2月	胃	昴	畢	觜	参	井	鬼	柳	星	張	翼	軫	角	亢	氐	房	心	尾	箕	斗	女	虚	危	室	壁	奎	奎	婁			
3月	胃	昴	畢	觜	参	井	鬼	柳	星	張	翼	軫	角	亢	氐	房	心	尾	箕	斗	女	虚	危	室	壁	奎	婁	胃	昴	畢	觜
4月	参	井	鬼	柳	星	張	翼	軫	角	亢	氐	房	心	尾	箕	斗	女	虚	危	室	壁	奎	婁	胃	昴	畢	觜	参	井	鬼	
5月	柳	星	張	翼	軫	角	亢	氐	房	心	尾	箕	斗	女	虚	危	室	壁	奎	婁	胃	昴	畢	觜	参	参	井	鬼	柳	星	張
6月	翼	軫	角	亢	氐	房	心	尾	箕	斗	女	虚	危	室	壁	奎	婁	胃	昴	畢	觜	参	井	参	井	鬼	柳	星	張	翼	
7月	軫	角	亢	氐	房	心	尾	箕	斗	女	虚	危	室	壁	奎	婁	胃	昴	畢	觜	参	井	鬼	柳	星	張	翼	軫	角	亢	氐
8月	房	心	尾	箕	斗	女	虚	危	室	壁	奎	婁	胃	昴	畢	觜	参	井	鬼	柳	星	張	翼	軫	角	亢	氐	房	心	尾	箕
9月	斗	女	虚	危	室	壁	奎	婁	胃	昴	畢	觜	参	井	鬼	柳	星	張	翼	軫	角	亢	氐	房	心	尾	箕	斗	女	虚	
10月	危	室	壁	奎	婁	胃	昴	畢	觜	参	井	鬼	柳	星	張	翼	軫	角	亢	氐	房	心	尾	箕	斗	女	虚	危	室	壁	奎
11月	婁	胃	昴	畢	觜	参	井	鬼	柳	星	張	翼	軫	角	亢	氐	房	心	心	尾	箕	斗	女	虚	危	室	壁	奎	婁	胃	
12月	昴	畢	觜	参	井	鬼	柳	星	張	翼	軫	角	亢	氐	房	心	尾	箕	斗	女	虚	危	室	壁	奎	婁	胃	昴	畢	觜	参

1999年

	1	2	3	4	5	6	7	8	9	10	11	12	13	14	15	16	17	18	19	20	21	22	23	24	25	26	27	28	29	30	31
1月	井	鬼	柳	星	張	翼	軫	角	亢	氐	房	心	尾	箕	斗	女	虚	虚	危	室	壁	奎	婁	胃	昴	畢	觜	参	井	鬼	柳
2月	星	張	翼	軫	角	亢	氐	房	心	尾	箕	斗	女	虚	危	室	壁	奎	婁	胃	昴	畢	觜	参	井	鬼	柳	星			
3月	張	翼	軫	角	亢	氐	房	心	尾	箕	斗	女	虚	危	室	壁	奎	奎	婁	胃	昴	畢	觜	参	井	鬼	柳	星	張	翼	軫
4月	角	亢	氐	房	心	尾	箕	斗	女	虚	危	室	壁	奎	婁	胃	昴	畢	觜	参	井	鬼	柳	星	張	翼	軫	角	亢	氐	
5月	房	心	尾	箕	斗	女	虚	危	室	壁	奎	婁	胃	昴	畢	觜	参	井	鬼	柳	星	張	翼	軫	角	亢	氐	房	心	尾	箕
6月	斗	女	虚	危	室	壁	奎	婁	胃	昴	畢	觜	参	参	井	鬼	柳	星	張	翼	軫	角	亢	氐	房	心	尾	箕	斗	女	
7月	虚	危	室	壁	奎	婁	胃	昴	畢	觜	参	井	鬼	柳	星	張	翼	軫	角	亢	氐	房	心	尾	箕	斗	女	虚	危	室	壁
8月	奎	婁	胃	昴	畢	觜	参	井	鬼	柳	張	翼	軫	角	亢	氐	房	心	尾	箕	斗	女	虚	危	室	壁	奎	婁	胃	昴	畢
9月	觜	参	井	鬼	柳	星	張	翼	軫	角	亢	氐	房	心	尾	箕	斗	女	虚	危	室	壁	奎	婁	胃	昴	畢	觜	参	井	
10月	鬼	柳	星	張	翼	軫	角	亢	氐	房	心	尾	箕	斗	女	虚	危	室	壁	奎	婁	胃	昴	畢	觜	参	井	鬼	柳	星	張
11月	翼	軫	角	亢	氐	房	心	心	尾	箕	斗	女	虚	危	室	壁	奎	婁	胃	昴	畢	觜	参	井	鬼	柳	星	張	翼	軫	
12月	角	亢	氐	房	心	尾	箕	斗	女	虚	危	室	壁	奎	婁	胃	昴	畢	觜	参	井	鬼	柳	星	張	翼	軫	角	亢	氐	房

2000年

	1	2	3	4	5	6	7	8	9	10	11	12	13	14	15	16	17	18	19	20	21	22	23	24	25	26	27	28	29	30	31
1月	心	尾	箕	斗	女	虚	虚	危	室	壁	奎	婁	胃	昴	畢	觜	参	井	鬼	柳	星	張	翼	軫	角	亢	氐	房	心	尾	箕
2月	斗	女	虚	危	室	壁	奎	婁	胃	昴	畢	觜	参	井	鬼	柳	星	張	翼	軫	角	亢	氐	房	心	尾	箕	斗	女		
3月	虚	危	室	壁	奎	奎	婁	胃	昴	畢	觜	参	井	鬼	柳	星	張	翼	軫	角	亢	氐	房	心	尾	箕	斗	女	虚	危	室
4月	壁	奎	婁	胃	胃	昴	畢	觜	参	井	鬼	柳	星	張	翼	軫	角	亢	氐	房	心	尾	箕	斗	女	虚	危	室	壁	奎	
5月	婁	胃	昴	畢	觜	参	井	鬼	柳	星	張	翼	軫	角	亢	氐	房	心	尾	箕	斗	女	虚	危	室	壁	奎	婁	胃	昴	畢
6月	觜	参	井	鬼	柳	星	張	翼	軫	角	亢	氐	房	心	尾	箕	斗	女	虚	危	室	壁	奎	婁	胃	昴	畢	觜	参	井	
7月	鬼	鬼	柳	星	張	翼	軫	角	亢	氐	房	心	尾	箕	斗	女	虚	危	室	壁	奎	婁	胃	昴	畢	觜	参	井	鬼	柳	張
8月	翼	軫	角	亢	氐	房	心	尾	箕	斗	女	虚	危	室	壁	奎	婁	胃	昴	畢	觜	参	井	鬼	柳	星	張	翼	角	亢	氐
9月	房	心	尾	箕	斗	女	虚	危	室	壁	奎	婁	胃	昴	畢	觜	参	井	鬼	柳	星	張	翼	軫	角	亢	氐	氐	房	心	
10月	尾	箕	斗	女	虚	危	室	壁	奎	婁	胃	昴	畢	觜	参	井	鬼	柳	星	張	翼	軫	角	亢	氐	房	心	尾	箕	斗	女
11月	虚	危	室	壁	奎	婁	胃	昴	畢	觜	参	井	鬼	柳	星	張	翼	軫	角	亢	氐	房	心	尾	箕	斗	女	虚	危	室	
12月	壁	奎	婁	胃	昴	畢	觜	参	井	鬼	柳	星	張	翼	軫	角	亢	氐	房	心	尾	箕	斗	女	虚	虚	危	室	壁	奎	婁

2001年

	1	2	3	4	5	6	7	8	9	10	11	12	13	14	15	16	17	18	19	20	21	22	23	24	25	26	27	28	29	30	31
1月	胃	昴	畢	觜	参	井	鬼	柳	星	張	翼	軫	角	亢	氐	房	心	尾	箕	斗	女	虚	危	室	壁	奎	婁	胃	昴	畢	觜
2月	参	井	鬼	柳	星	張	翼	軫	角	亢	氐	房	心	尾	箕	斗	女	虚	危	室	壁	奎	奎	婁	胃	昴	畢	觜			
3月	参	井	鬼	柳	星	張	翼	軫	角	亢	氐	房	心	尾	箕	斗	女	虚	危	室	壁	奎	婁	胃	胃	昴	畢	觜	参	井	鬼
4月	柳	星	張	翼	軫	角	亢	氐	房	心	尾	箕	斗	女	虚	危	室	壁	奎	婁	胃	昴	畢	畢	觜	参	井	鬼	柳	星	
5月	張	翼	軫	角	亢	氐	房	心	尾	箕	斗	女	虚	危	室	壁	奎	婁	胃	昴	畢	觜	畢	觜	参	井	鬼	柳	星	張	翼
6月	軫	角	亢	氐	房	心	尾	箕	斗	女	虚	危	室	壁	奎	婁	胃	昴	畢	觜	参	井	鬼	柳	星	張	翼	軫	角	亢	
7月	氐	房	心	尾	箕	斗	女	虚	危	室	壁	奎	婁	胃	昴	畢	觜	参	井	鬼	鬼	柳	星	張	翼	軫	角	亢	氐	房	心
8月	尾	箕	斗	女	虚	危	室	壁	奎	婁	胃	昴	畢	觜	参	井	鬼	柳	張	翼	軫	角	亢	氐	房	心	尾	箕	斗	女	虚
9月	危	室	壁	奎	婁	胃	昴	畢	觜	参	井	鬼	柳	星	張	翼	角	亢	氐	房	心	尾	箕	斗	女	虚	危	室	壁	奎	
10月	婁	胃	昴	畢	觜	参	井	鬼	柳	星	張	翼	軫	角	亢	氐	氐	房	心	尾	箕	斗	女	虚	危	室	壁	奎	婁	胃	昴
11月	畢	觜	参	井	鬼	柳	星	張	翼	軫	角	亢	氐	房	心	尾	箕	斗	女	虚	危	室	壁	奎	婁	胃	昴	畢	觜	参	
12月	井	鬼	柳	星	張	翼	軫	角	亢	氐	房	心	尾	箕	斗	女	虚	危	室	壁	奎	婁	胃	昴	畢	觜	参	井	鬼	柳	星

2002年

	1	2	3	4	5	6	7	8	9	10	11	12	13	14	15	16	17	18	19	20	21	22	23	24	25	26	27	28	29	30	31
1月	張	翼	軫	角	亢	氐	房	心	尾	箕	斗	女	虚	危	室	壁	奎	婁	胃	昴	畢	觜	参	井	鬼	柳	星	張	翼	軫	角
2月	亢	氐	房	心	尾	箕	斗	女	虚	危	室	室	壁	奎	婁	胃	昴	畢	觜	参	井	鬼	柳	星	張	翼	軫	角			
3月	亢	氐	房	心	尾	箕	斗	女	虚	危	室	壁	奎	奎	婁	胃	昴	畢	觜	参	井	鬼	柳	星	張	翼	軫	角	亢	氐	房
4月	心	尾	箕	斗	女	虚	危	室	壁	奎	婁	胃	胃	昴	畢	觜	参	井	鬼	柳	星	張	翼	軫	角	亢	氐	房	心	尾	
5月	箕	斗	女	虚	危	室	壁	奎	婁	胃	昴	畢	觜	参	井	鬼	柳	星	張	翼	軫	角	亢	氐	房	心	尾	箕	斗	女	虚
6月	危	室	壁	奎	婁	胃	昴	畢	觜	参	参	井	鬼	柳	星	張	翼	軫	角	亢	氐	房	心	尾	箕	斗	女	虚	危	室	
7月	壁	奎	婁	胃	昴	畢	觜	参	井	鬼	柳	星	張	翼	軫	角	亢	氐	房	心	尾	箕	斗	女	虚	危	室	壁	奎	婁	胃
8月	昴	畢	觜	参	井	鬼	柳	星	張	翼	軫	角	亢	氐	房	心	尾	箕	斗	女	虚	危	室	壁	奎	婁	胃	昴	畢	觜	参
9月	井	鬼	柳	星	張	翼	角	亢	氐	房	心	尾	箕	斗	女	虚	危	室	壁	奎	婁	胃	昴	畢	觜	参	井	鬼	柳	星	
10月	張	翼	軫	角	亢	氐	房	心	尾	箕	斗	女	虚	危	室	壁	奎	婁	胃	昴	畢	觜	参	井	鬼	柳	星	張	翼	軫	角
11月	亢	氐	房	心	心	尾	箕	斗	女	虚	危	室	壁	奎	婁	胃	昴	畢	觜	参	井	鬼	柳	星	張	翼	軫	角	亢	氐	
12月	房	心	尾	斗	女	虚	危	室	壁	奎	婁	胃	昴	畢	觜	参	井	鬼	柳	星	張	翼	軫	角	亢	氐	房	心	尾	箕	斗

2003年

	1	2	3	4	5	6	7	8	9	10	11	12	13	14	15	16	17	18	19	20	21	22	23	24	25	26	27	28	29	30	31
1月	女	虚	虚	危	室	壁	奎	婁	胃	昴	畢	觜	参	井	鬼	柳	星	張	翼	軫	角	亢	氐	房	心	尾	箕	斗	女	虚	危
2月	室	壁	奎	婁	胃	昴	畢	觜	参	井	鬼	柳	星	張	翼	軫	角	亢	氐	房	心	尾	箕	斗	女	虚	危	室			
3月	壁	奎	奎	婁	胃	昴	畢	觜	参	井	鬼	柳	星	張	翼	軫	角	亢	氐	房	心	尾	箕	斗	女	虚	危	室	壁	奎	婁
4月	胃	胃	昴	畢	觜	参	井	鬼	柳	星	張	翼	軫	角	亢	氐	房	心	尾	箕	斗	女	虚	危	室	壁	奎	婁	胃	昴	
5月	畢	觜	参	井	鬼	柳	星	張	翼	軫	角	亢	氐	房	心	尾	箕	斗	女	虚	危	室	壁	奎	婁	胃	昴	畢	觜	参	参
6月	井	鬼	柳	星	張	翼	軫	角	亢	氐	房	心	尾	箕	斗	女	虚	危	室	壁	奎	婁	胃	昴	畢	觜	参	井	鬼	鬼	
7月	柳	星	張	翼	軫	角	亢	氐	房	心	尾	箕	斗	女	虚	危	室	壁	奎	婁	胃	昴	畢	觜	参	井	鬼	柳	張	翼	軫
8月	角	亢	氐	房	心	尾	箕	斗	女	虚	危	室	壁	奎	婁	胃	昴	畢	觜	参	井	鬼	柳	星	張	翼	軫	角	亢	氐	房
9月	心	尾	箕	斗	女	虚	危	室	壁	奎	婁	胃	昴	畢	觜	参	井	鬼	柳	星	張	翼	軫	角	亢	氐	房	心	尾	箕	
10月	斗	女	虚	危	室	壁	奎	婁	胃	昴	畢	觜	参	井	鬼	柳	星	張	翼	軫	角	亢	氐	房	心	尾	箕	斗	女	虚	危
11月	室	壁	奎	婁	胃	昴	畢	觜	参	井	鬼	柳	星	張	翼	軫	角	亢	氐	房	心	尾	箕	斗	女	虚	危	室	壁	奎	
12月	婁	胃	昴	畢	觜	参	井	鬼	柳	星	張	翼	軫	角	亢	氐	房	心	尾	箕	斗	女	虚	危	室	壁	奎	婁	胃	昴	畢

2004年

	1	2	3	4	5	6	7	8	9	10	11	12	13	14	15	16	17	18	19	20	21	22	23	24	25	26	27	28	29	30	31
1月	觜	参	井	鬼	柳	星	張	翼	軫	角	亢	氐	房	心	尾	箕	斗	女	虚	危	室	室	壁	奎	婁	胃	昴	畢	觜	参	井
2月	鬼	柳	星	張	翼	軫	角	亢	氐	房	心	尾	箕	斗	女	虚	危	室	壁	奎	婁	胃	昴	畢	觜	参	井	鬼	柳		
3月	星	張	翼	軫	角	亢	氐	房	心	尾	箕	斗	女	虚	危	室	壁	奎	婁	胃	奎	婁	胃	昴	畢	觜	参	井	鬼	柳	星
4月	張	翼	軫	角	亢	氐	房	心	尾	箕	斗	女	虚	危	室	壁	奎	婁	胃	昴	畢	觜	参	井	鬼	柳	星	張	翼	軫	
5月	角	亢	氐	房	心	尾	箕	斗	女	虚	危	室	壁	奎	婁	胃	昴	畢	畢	觜	参	井	鬼	柳	星	張	翼	軫	角	亢	氐
6月	房	心	尾	箕	斗	女	虚	危	室	壁	奎	婁	胃	昴	畢	觜	参	参	井	鬼	柳	星	張	翼	軫	角	亢	氐	房	心	
7月	尾	箕	斗	女	虚	危	室	壁	奎	婁	胃	昴	畢	觜	参	井	鬼	柳	星	張	翼	軫	角	亢	氐	房	心	尾	箕	斗	女
8月	虚	危	室	壁	奎	婁	胃	昴	畢	觜	参	井	鬼	柳	星	張	翼	軫	角	亢	氐	房	心	尾	箕	斗	女	虚	危	室	壁
9月	奎	婁	胃	昴	畢	觜	参	井	鬼	柳	星	張	翼	角	亢	氐	房	心	尾	箕	斗	女	虚	危	室	壁	奎	婁	胃	昴	
10月	畢	觜	参	井	鬼	柳	星	張	翼	軫	角	亢	氐	氐	房	心	尾	箕	斗	女	虚	危	室	壁	奎	婁	胃	昴	畢	觜	参
11月	井	鬼	柳	星	張	翼	軫	角	亢	氐	房	心	尾	箕	斗	女	虚	危	室	壁	奎	婁	胃	昴	畢	觜	参	井	鬼	柳	
12月	星	張	翼	軫	角	亢	氐	房	心	尾	箕	斗	女	虚	危	室	壁	奎	婁	胃	昴	畢	觜	参	井	鬼	柳	星	張	翼	軫

2005年

	1	2	3	4	5	6	7	8	9	10	11	12	13	14	15	16	17	18	19	20	21	22	23	24	25	26	27	28	29	30	31
1月	角	亢	氐	房	心	尾	箕	斗	女	虚	危	室	壁	奎	婁	胃	昴	畢	觜	参	井	鬼	柳	星	張	翼	軫	角	亢	氐	房
2月	心	尾	箕	斗	女	虚	危	室	室	壁	奎	婁	胃	昴	畢	觜	参	井	鬼	柳	星	張	翼	軫	角	亢	氐	房			
3月	心	尾	箕	斗	女	虚	危	室	壁	奎	婁	胃	昴	畢	觜	参	井	鬼	柳	星	張	翼	軫	角	亢	氐	房	心	尾	箕	斗
4月	女	虚	危	室	壁	奎	婁	胃	胃	昴	畢	觜	参	井	鬼	柳	星	張	翼	軫	角	亢	氐	房	心	尾	箕	斗	女	虚	
5月	危	室	壁	奎	婁	胃	昴	畢	觜	参	井	鬼	柳	星	張	翼	軫	角	亢	氐	房	心	尾	箕	斗	女	虚	危	室	壁	奎
6月	婁	胃	昴	畢	觜	参	参	井	鬼	柳	星	張	翼	軫	角	亢	氐	房	心	尾	箕	斗	女	虚	危	室	壁	奎	婁	胃	
7月	昴	畢	觜	参	井	鬼	柳	星	張	翼	軫	角	亢	氐	房	心	尾	箕	斗	女	虚	危	室	壁	奎	婁	胃	昴	畢	觜	参
8月	井	鬼	柳	星	張	翼	軫	角	亢	氐	房	心	尾	箕	斗	女	虚	危	室	壁	奎	婁	胃	昴	畢	觜	参	井	鬼	柳	星
9月	張	翼	軫	角	亢	氐	房	心	尾	箕	斗	女	虚	危	室	壁	奎	婁	胃	昴	畢	觜	参	井	鬼	柳	星	張	翼	軫	
10月	角	亢	氐	房	心	尾	箕	斗	女	虚	危	室	壁	奎	婁	胃	昴	畢	觜	参	井	鬼	柳	星	張	翼	軫	角	亢	氐	房
11月	心	心	尾	箕	斗	女	虚	危	室	壁	奎	婁	胃	昴	畢	觜	参	井	鬼	柳	星	張	翼	軫	角	亢	氐	房	心	尾	
12月	箕	斗	女	虚	危	室	壁	奎	婁	胃	昴	畢	觜	参	井	鬼	柳	星	張	翼	軫	角	亢	氐	房	心	尾	箕	斗	女	虚

2006年

	1	2	3	4	5	6	7	8	9	10	11	12	13	14	15	16	17	18	19	20	21	22	23	24	25	26	27	28	29	30	31
1月	危	室	壁	奎	婁	胃	昴	畢	觜	参	井	鬼	柳	星	張	翼	軫	角	亢	氐	房	心	尾	箕	斗	女	虚	危	室	壁	奎
2月	婁	胃	昴	畢	觜	参	井	鬼	柳	星	張	翼	軫	角	亢	氐	房	心	尾	箕	斗	女	虚	危	室	壁	奎	奎			
3月	婁	胃	昴	畢	觜	参	井	鬼	柳	星	張	翼	軫	角	亢	氐	房	心	尾	箕	斗	女	虚	危	室	壁	奎	婁	胃	昴	畢
4月	觜	参	井	鬼	柳	星	張	翼	軫	角	亢	氐	房	心	尾	箕	斗	女	虚	危	室	壁	奎	婁	胃	昴	畢	畢	觜	参	
5月	井	鬼	柳	星	張	翼	軫	角	亢	氐	房	心	尾	箕	斗	女	虚	危	室	壁	奎	婁	胃	昴	畢	觜	参	井	鬼	柳	星
6月	張	翼	軫	角	亢	氐	房	心	尾	箕	斗	女	虚	危	室	壁	奎	婁	胃	昴	畢	觜	参	井	鬼	鬼	柳	星	張	翼	
7月	軫	角	亢	氐	房	心	尾	箕	斗	女	虚	危	室	壁	奎	婁	胃	昴	畢	觜	参	井	鬼	柳	張	翼	軫	角	亢	氐	房
8月	心	尾	箕	斗	女	虚	危	室	壁	奎	婁	胃	昴	畢	觜	参	井	鬼	柳	星	張	翼	軫	張	翼	軫	角	亢	氐	房	心
9月	尾	箕	斗	女	虚	危	室	壁	奎	婁	胃	昴	畢	觜	参	井	鬼	柳	星	張	翼	角	亢	氐	房	心	尾	箕	斗	女	
10月	虚	危	室	壁	奎	婁	胃	昴	畢	觜	参	井	鬼	柳	星	張	翼	軫	角	亢	氐	氐	房	心	尾	箕	斗	女	虚	危	室
11月	壁	奎	婁	胃	昴	畢	觜	参	井	鬼	柳	星	張	翼	軫	角	亢	氐	房	心	心	尾	箕	斗	女	虚	危	室	壁	奎	
12月	婁	胃	昴	畢	觜	参	井	鬼	柳	星	張	翼	軫	角	亢	氐	房	心	尾	斗	女	虚	危	室	壁	奎	婁	胃	昴	畢	觜

2007年

	1	2	3	4	5	6	7	8	9	10	11	12	13	14	15	16	17	18	19	20	21	22	23	24	25	26	27	28	29	30	31
1月	参	井	鬼	柳	星	張	翼	軫	角	亢	氐	房	心	尾	箕	斗	女	虚	虚	危	室	壁	奎	婁	胃	昴	畢	觜	参	井	鬼
2月	柳	星	張	翼	軫	角	亢	氐	房	心	尾	箕	斗	女	虚	危	室	室	壁	奎	婁	胃	昴	畢	觜	参	井	鬼			
3月	柳	星	張	翼	軫	角	亢	氐	房	心	尾	箕	斗	女	虚	危	室	壁	奎	婁	胃	昴	畢	觜	参	井	鬼	柳	星	張	翼
4月	軫	角	亢	氐	房	心	尾	箕	斗	女	虚	危	室	壁	奎	婁	胃	昴	畢	觜	参	井	鬼	柳	星	張	翼	軫	角	亢	
5月	氐	房	心	尾	箕	斗	女	虚	危	室	壁	奎	婁	胃	昴	畢	畢	觜	参	井	鬼	柳	星	張	翼	軫	角	亢	氐	房	心
6月	尾	箕	斗	女	虚	危	室	壁	奎	婁	胃	昴	畢	觜	参	井	鬼	柳	星	張	翼	軫	角	亢	氐	房	心	尾	箕	斗	
7月	女	虚	危	室	壁	奎	婁	胃	昴	畢	觜	参	井	鬼	柳	星	張	翼	軫	角	亢	氐	房	心	尾	箕	斗	女	虚	危	室
8月	壁	奎	婁	胃	昴	畢	觜	参	井	鬼	柳	星	張	翼	軫	角	亢	氐	房	心	尾	箕	斗	女	虚	危	室	壁	奎	婁	胃
9月	昴	畢	觜	参	井	鬼	柳	星	張	翼	角	亢	氐	房	心	尾	箕	斗	女	虚	危	室	壁	奎	婁	胃	昴	畢	觜	参	
10月	井	鬼	柳	星	張	翼	軫	角	亢	氐	氐	房	心	尾	箕	斗	女	虚	危	室	壁	奎	婁	胃	昴	畢	觜	参	井	鬼	柳
11月	星	張	翼	軫	角	亢	氐	房	心	心	尾	箕	斗	女	虚	危	室	壁	奎	婁	胃	昴	畢	觜	参	井	鬼	柳	星	張	
12月	翼	軫	角	亢	氐	房	心	尾	箕	斗	女	虚	危	室	壁	奎	婁	胃	昴	畢	觜	参	井	鬼	柳	星	張	翼	軫	角	亢

2008年

	1	2	3	4	5	6	7	8	9	10	11	12	13	14	15	16	17	18	19	20	21	22	23	24	25	26	27	28	29	30	31
1月	氐	房	心	尾	箕	斗	女	虚	危	室	壁	奎	婁	胃	昴	畢	觜	参	井	鬼	柳	星	張	翼	軫	角	亢	氐	房	心	尾
2月	箕	斗	女	虚	危	室	室	壁	奎	婁	胃	昴	畢	觜	参	井	鬼	柳	星	張	翼	軫	角	亢	氐	房	心	尾	箕		
3月	斗	女	虚	危	室	壁	奎	奎	婁	胃	昴	畢	觜	参	井	鬼	柳	星	張	翼	軫	角	亢	氐	房	心	尾	箕	斗	女	虚
4月	危	室	壁	奎	婁	胃	昴	畢	觜	参	井	鬼	柳	星	張	翼	軫	角	亢	氐	房	心	尾	箕	斗	女	虚	危	室	壁	
5月	奎	婁	胃	昴	畢	觜	参	井	鬼	柳	星	張	翼	軫	角	亢	氐	房	心	尾	箕	斗	女	虚	危	室	壁	奎	婁	胃	昴
6月	畢	觜	参	参	井	鬼	柳	星	張	翼	軫	角	亢	氐	房	心	尾	箕	斗	女	虚	危	室	壁	奎	婁	胃	昴	畢	觜	
7月	参	井	鬼	柳	星	張	翼	軫	角	亢	氐	房	心	尾	箕	斗	女	虚	危	室	壁	奎	婁	胃	昴	畢	觜	参	井	鬼	柳
8月	張	翼	軫	角	亢	氐	房	心	尾	箕	斗	女	虚	危	室	壁	奎	婁	胃	昴	畢	觜	参	井	鬼	柳	星	張	翼	軫	角
9月	亢	氐	房	心	尾	箕	斗	女	虚	危	室	壁	奎	婁	胃	昴	畢	觜	参	井	鬼	柳	星	張	翼	軫	角	亢	氐	房	
10月	心	尾	箕	斗	女	虚	危	室	壁	奎	婁	胃	昴	畢	觜	参	井	鬼	柳	星	張	翼	軫	角	亢	氐	房	心	心	尾	箕
11月	斗	女	虚	危	室	壁	奎	婁	胃	昴	畢	觜	参	井	鬼	柳	星	張	翼	軫	角	亢	氐	房	心	尾	箕	斗	女	虚	
12月	危	室	壁	奎	婁	胃	昴	畢	觜	参	井	鬼	柳	星	張	翼	軫	角	亢	氐	房	心	尾	箕	斗	女	虚	危	室	壁	奎

2009年

	1	2	3	4	5	6	7	8	9	10	11	12	13	14	15	16	17	18	19	20	21	22	23	24	25	26	27	28	29	30	31
1月	婁	胃	昴	畢	觜	参	井	鬼	柳	星	張	翼	軫	角	亢	氐	房	心	尾	箕	斗	女	虚	危	室	室	壁	奎	婁	胃	昴
2月	畢	觜	参	井	鬼	柳	星	張	翼	軫	角	亢	氐	房	心	尾	箕	斗	女	虚	危	室	壁	奎	奎	婁	胃	昴			
3月	畢	觜	参	井	鬼	柳	星	張	翼	軫	角	亢	氐	房	心	尾	箕	斗	女	虚	危	室	壁	奎	婁	胃	胃	昴	畢	觜	参
4月	井	鬼	柳	星	張	翼	軫	角	亢	氐	房	心	尾	箕	斗	女	虚	危	室	壁	奎	婁	胃	昴	畢	觜	参	井	鬼	柳	
5月	星	張	翼	軫	角	亢	氐	房	心	尾	箕	斗	女	虚	危	室	壁	奎	婁	胃	昴	畢	觜	参	井	鬼	柳	星	張	翼	軫
6月	角	亢	氐	房	心	尾	箕	斗	女	虚	危	室	壁	奎	婁	胃	昴	畢	觜	参	井	鬼	参	井	鬼	柳	星	張	翼	軫	
7月	角	亢	氐	房	心	尾	箕	斗	女	虚	危	室	壁	奎	婁	胃	昴	畢	觜	参	井	鬼	柳	星	張	翼	軫	角	亢	氐	房
8月	心	尾	箕	斗	女	虚	危	室	壁	奎	婁	胃	昴	畢	觜	参	井	鬼	柳	張	翼	軫	角	亢	氐	房	心	尾	箕	斗	女
9月	虚	危	室	壁	奎	婁	胃	昴	畢	觜	参	井	鬼	柳	星	張	翼	軫	角	亢	氐	房	心	尾	箕	斗	女	虚	危	室	
10月	壁	奎	婁	胃	昴	畢	觜	参	井	鬼	柳	星	張	翼	軫	角	亢	氐	房	心	尾	箕	斗	女	虚	危	室	壁	奎	婁	胃
11月	昴	畢	觜	参	井	鬼	柳	星	張	翼	軫	角	亢	氐	房	心	心	尾	箕	斗	女	虚	危	室	壁	奎	婁	胃	昴	畢	
12月	觜	参	井	鬼	柳	星	張	翼	軫	角	亢	氐	房	心	尾	斗	女	虚	危	室	壁	奎	婁	胃	昴	畢	觜	参	井	鬼	柳

2010年

	1	2	3	4	5	6	7	8	9	10	11	12	13	14	15	16	17	18	19	20	21	22	23	24	25	26	27	28	29	30	31
1月	星	張	翼	軫	角	亢	氐	房	心	尾	箕	斗	女	虚	虚	危	室	壁	奎	婁	胃	昴	畢	觜	参	井	鬼	柳	星	張	翼
2月	軫	角	亢	氐	房	心	尾	箕	斗	女	虚	危	室	室	壁	奎	婁	胃	昴	畢	觜	参	井	鬼	柳	星	張	翼			
3月	軫	角	亢	氐	房	心	尾	箕	斗	女	虚	危	室	壁	奎	奎	婁	胃	昴	畢	觜	参	井	鬼	柳	星	張	翼	軫	角	亢
4月	氐	房	心	尾	箕	斗	女	虚	危	室	壁	奎	婁	胃	昴	畢	觜	参	井	鬼	柳	星	張	翼	軫	角	亢	氐	房	心	
5月	尾	箕	斗	女	虚	危	室	壁	奎	婁	胃	昴	畢	畢	觜	参	井	鬼	柳	星	張	翼	軫	角	亢	氐	房	心	尾	箕	斗
6月	女	虚	危	室	壁	奎	婁	胃	昴	畢	觜	参	井	鬼	柳	星	張	翼	軫	角	亢	氐	房	心	尾	箕	斗	女	虚	危	
7月	室	壁	奎	婁	胃	昴	畢	觜	参	井	鬼	鬼	柳	星	張	翼	軫	角	亢	氐	房	心	尾	箕	斗	女	虚	危	室	壁	奎
8月	婁	胃	昴	畢	觜	参	井	鬼	柳	張	翼	軫	角	亢	氐	房	心	尾	箕	斗	女	虚	危	室	壁	奎	婁	胃	昴	畢	觜
9月	参	井	鬼	柳	星	張	翼	角	亢	氐	房	心	尾	箕	斗	女	虚	危	室	壁	奎	婁	胃	昴	畢	觜	参	井	鬼	柳	
10月	星	張	翼	軫	角	亢	氐	氐	房	心	尾	箕	斗	女	虚	危	室	壁	奎	婁	胃	昴	畢	觜	参	井	鬼	柳	星	張	翼
11月	軫	角	亢	氐	房	心	尾	箕	斗	女	虚	危	室	壁	奎	婁	胃	昴	畢	觜	参	井	鬼	柳	星	張	翼	軫	角	亢	
12月	氐	房	心	尾	箕	斗	女	虚	危	室	壁	奎	婁	胃	昴	畢	觜	参	井	鬼	柳	星	張	翼	軫	角	亢	氐	房	心	尾

2011年

	1	2	3	4	5	6	7	8	9	10	11	12	13	14	15	16	17	18	19	20	21	22	23	24	25	26	27	28	29	30	31
1月	箕	斗	女	虚	危	室	壁	奎	婁	胃	昴	畢	觜	参	井	鬼	柳	星	張	翼	軫	角	亢	氐	房	心	尾	箕	斗	女	虚
2月	危	室	室	壁	奎	婁	胃	昴	畢	觜	参	井	鬼	柳	星	張	翼	軫	角	亢	氐	房	心	尾	箕	斗	女	虚			
3月	危	室	壁	奎	奎	婁	胃	昴	畢	觜	参	井	鬼	柳	星	張	翼	軫	角	亢	氐	房	心	尾	箕	斗	女	虚	危	室	壁
4月	奎	婁	胃	昴	畢	觜	参	井	鬼	柳	星	張	翼	軫	角	亢	氐	房	心	尾	箕	斗	女	虚	危	室	壁	奎	婁	胃	
5月	昴	畢	畢	觜	参	井	鬼	柳	星	張	翼	軫	角	亢	氐	房	心	尾	箕	斗	女	虚	危	室	壁	奎	婁	胃	昴	畢	觜
6月	参	参	井	鬼	柳	星	張	翼	軫	角	亢	氐	房	心	尾	箕	斗	女	虚	危	室	壁	奎	婁	胃	昴	畢	觜	参	井	
7月	鬼	柳	星	張	翼	軫	角	亢	氐	房	心	尾	箕	斗	女	虚	危	室	壁	奎	婁	胃	昴	畢	觜	参	井	鬼	柳	星	張
8月	翼	軫	角	亢	氐	房	心	尾	箕	斗	女	虚	危	室	壁	奎	婁	胃	昴	畢	觜	参	井	鬼	柳	星	張	翼	角	亢	氐
9月	房	心	尾	箕	斗	女	虚	危	室	壁	奎	婁	胃	昴	畢	觜	参	井	鬼	柳	星	張	翼	軫	角	亢	氐	房	心	尾	
10月	箕	斗	女	虚	危	室	壁	奎	婁	胃	昴	畢	觜	参	井	鬼	柳	星	張	翼	軫	角	亢	氐	房	心	心	尾	箕	斗	女
11月	虚	危	室	壁	奎	婁	胃	昴	畢	觜	参	井	鬼	柳	星	張	翼	軫	角	亢	氐	房	心	尾	斗	女	虚	危	室	壁	
12月	奎	婁	胃	昴	畢	觜	参	井	鬼	柳	星	張	翼	軫	角	亢	氐	房	心	尾	箕	斗	女	虚	虚	危	室	壁	奎	婁	胃

2012年

	1	2	3	4	5	6	7	8	9	10	11	12	13	14	15	16	17	18	19	20	21	22	23	24	25	26	27	28	29	30	31
1月	昴	畢	觜	参	井	鬼	柳	星	張	翼	軫	角	亢	氐	房	心	尾	箕	斗	女	虚	危	室	壁	奎	婁	胃	昴	畢	觜	参
2月	井	鬼	柳	星	張	翼	軫	角	亢	氐	房	心	尾	箕	斗	女	虚	危	室	壁	奎	奎	婁	胃	昴	畢	觜	参	井		
3月	鬼	柳	星	張	翼	軫	角	亢	氐	房	心	尾	箕	斗	女	虚	危	室	壁	奎	婁	胃	昴	畢	觜	参	井	鬼	柳	星	張
4月	翼	軫	角	亢	氐	房	心	尾	箕	斗	女	虚	危	室	壁	奎	婁	胃	昴	畢	胃	昴	畢	觜	参	井	鬼	柳	星	張	
5月	翼	軫	角	亢	氐	房	心	尾	箕	斗	女	虚	危	室	壁	奎	婁	胃	昴	畢	畢	觜	参	井	鬼	柳	星	張	翼	軫	角
6月	亢	氐	房	心	尾	箕	斗	女	虚	危	室	壁	奎	婁	胃	昴	畢	觜	参	参	井	鬼	柳	星	張	翼	軫	角	亢	氐	
7月	房	心	尾	箕	斗	女	虚	危	室	壁	奎	婁	胃	昴	畢	觜	参	井	鬼	柳	星	張	翼	軫	角	亢	氐	房	心	尾	箕
8月	斗	女	虚	危	室	壁	奎	婁	胃	昴	畢	觜	参	井	鬼	柳	星	張	翼	軫	角	亢	氐	房	心	尾	箕	斗	女	虚	危
9月	室	壁	奎	婁	胃	昴	畢	觜	参	井	鬼	柳	星	張	翼	角	亢	氐	房	心	尾	箕	斗	女	虚	危	室	壁	奎	婁	
10月	胃	昴	畢	觜	参	井	鬼	柳	星	張	翼	軫	角	亢	氐	房	心	尾	箕	斗	女	虚	危	室	壁	奎	婁	胃	昴	畢	觜
11月	参	井	鬼	柳	星	張	翼	軫	角	亢	氐	房	心	心	尾	箕	斗	女	虚	危	室	壁	奎	婁	胃	昴	畢	觜	参	井	
12月	鬼	柳	星	張	翼	軫	角	亢	氐	房	心	尾	斗	女	虚	危	室	壁	奎	婁	胃	昴	畢	觜	参	井	鬼	柳	星	張	翼

2013年

	1	2	3	4	5	6	7	8	9	10	11	12	13	14	15	16	17	18	19	20	21	22	23	24	25	26	27	28	29	30	31
1月	軫	角	亢	氐	房	心	尾	箕	斗	女	虚	虚	危	室	壁	奎	婁	胃	昴	畢	觜	参	井	鬼	柳	星	張	翼	軫	角	亢
2月	氐	房	心	尾	箕	斗	女	虚	危	室	壁	奎	婁	胃	昴	畢	觜	参	井	鬼	柳	星	張	翼	軫	角	亢	氐			
3月	房	心	尾	箕	斗	女	虚	危	室	壁	奎	奎	婁	胃	昴	畢	觜	参	井	鬼	柳	星	張	翼	軫	角	亢	氐	房	心	尾
4月	箕	斗	女	虚	危	室	壁	奎	婁	胃	昴	畢	觜	参	井	鬼	柳	星	張	翼	軫	角	亢	氐	房	心	尾	箕	斗	女	
5月	虚	危	室	壁	奎	婁	胃	昴	畢	畢	觜	参	井	鬼	柳	星	張	翼	軫	角	亢	氐	房	心	尾	箕	斗	女	虚	危	室
6月	壁	奎	婁	胃	昴	畢	觜	参	参	井	鬼	柳	星	張	翼	軫	角	亢	氐	房	心	尾	箕	斗	女	虚	危	室	壁	奎	
7月	婁	胃	昴	畢	觜	参	井	鬼	柳	星	張	翼	軫	角	亢	氐	房	心	尾	箕	斗	女	虚	危	室	壁	奎	婁	胃	昴	畢
8月	觜	参	井	鬼	柳	星	張	翼	軫	角	亢	氐	房	心	尾	箕	斗	女	虚	危	室	壁	奎	婁	胃	昴	畢	觜	参	井	鬼
9月	柳	星	張	翼	角	亢	氐	房	心	尾	箕	斗	女	虚	危	室	壁	奎	婁	胃	昴	畢	觜	参	井	鬼	柳	星	張	翼	
10月	軫	角	亢	氐	氐	房	心	尾	箕	斗	女	虚	危	室	壁	奎	婁	胃	昴	畢	觜	参	井	鬼	柳	星	張	翼	軫	角	亢
11月	氐	房	心	尾	箕	斗	女	虚	危	室	壁	奎	婁	胃	昴	畢	觜	参	井	鬼	柳	星	張	翼	軫	角	亢	氐	房	心	
12月	尾	箕	斗	女	虚	危	室	壁	奎	婁	胃	昴	畢	觜	参	井	鬼	柳	星	張	翼	軫	角	亢	氐	房	心	尾	箕	斗	女

2014年

	1	2	3	4	5	6	7	8	9	10	11	12	13	14	15	16	17	18	19	20	21	22	23	24	25	26	27	28	29	30	31
1月	虚	危	室	壁	奎	婁	胃	昴	畢	觜	参	井	鬼	柳	星	張	翼	軫	角	亢	氐	房	心	尾	箕	斗	女	虚	危	室	室
2月	壁	奎	婁	胃	昴	畢	觜	参	井	鬼	柳	星	張	翼	軫	角	亢	氐	房	心	尾	箕	斗	女	虚	危	室	壁			
3月	奎	婁	胃	昴	畢	觜	参	井	鬼	柳	星	張	翼	軫	角	亢	氐	房	心	尾	箕	斗	女	虚	危	室	壁	奎	婁	胃	胃
4月	昴	畢	觜	参	井	鬼	柳	星	張	翼	軫	角	亢	氐	房	心	尾	箕	斗	女	虚	危	室	壁	奎	婁	胃	昴	畢	觜	
5月	参	井	鬼	柳	星	張	翼	軫	角	亢	氐	房	心	尾	箕	斗	女	虚	危	室	壁	奎	婁	胃	昴	畢	觜	参	参	井	鬼
6月	柳	星	張	翼	軫	角	亢	氐	房	心	尾	箕	斗	女	虚	危	室	壁	奎	婁	胃	昴	畢	觜	参	井	鬼	柳	星	張	
7月	翼	軫	角	亢	氐	房	心	尾	箕	斗	女	虚	危	室	壁	奎	婁	胃	昴	畢	觜	参	井	鬼	柳	星	張	翼	軫	角	亢
8月	氐	房	心	尾	箕	斗	女	虚	危	室	壁	奎	婁	胃	昴	畢	觜	参	井	鬼	柳	星	張	翼	角	亢	氐	房	心	尾	箕
9月	斗	女	虚	危	室	壁	奎	婁	胃	昴	畢	觜	参	井	鬼	柳	星	張	翼	軫	角	亢	氐	氐	房	心	尾	箕	斗	女	
10月	虚	危	室	壁	奎	婁	胃	昴	畢	觜	参	井	鬼	柳	星	張	翼	軫	角	亢	氐	房	心	氐	房	心	尾	箕	斗	女	虚
11月	危	室	壁	奎	婁	胃	昴	畢	觜	参	井	鬼	柳	星	張	翼	軫	角	亢	氐	房	心	尾	箕	斗	女	虚	危	室	壁	
12月	奎	婁	胃	昴	畢	觜	参	井	鬼	柳	星	張	翼	軫	角	亢	氐	房	心	尾	箕	斗	女	虚	危	室	壁	奎	婁	胃	昴

2015年

	1	2	3	4	5	6	7	8	9	10	11	12	13	14	15	16	17	18	19	20	21	22	23	24	25	26	27	28	29	30	31
1月	畢	觜	参	井	鬼	柳	星	張	翼	軫	角	亢	氐	房	心	尾	箕	斗	女	虚	危	室	壁	奎	婁	胃	昴	畢	觜	参	井
2月	鬼	柳	星	張	翼	軫	角	亢	氐	房	心	尾	箕	斗	女	虚	危	室	室	壁	奎	婁	胃	昴	畢	觜	参	井			
3月	鬼	柳	星	張	翼	軫	角	亢	氐	房	心	尾	箕	斗	女	虚	危	室	壁	奎	婁	胃	昴	畢	觜	参	井	鬼	柳	星	張
4月	翼	軫	角	亢	氐	房	心	尾	箕	斗	女	虚	危	室	壁	奎	婁	胃	胃	昴	畢	觜	参	井	鬼	柳	星	張	翼	軫	
5月	角	亢	氐	房	心	尾	箕	斗	女	虚	危	室	壁	奎	婁	胃	昴	畢	觜	参	井	鬼	柳	星	張	翼	軫	角	亢	氐	房
6月	心	尾	箕	斗	女	虚	危	室	壁	奎	婁	胃	昴	畢	觜	参	井	鬼	柳	星	張	翼	軫	角	亢	氐	房	心	尾	箕	
7月	斗	女	虚	危	室	壁	奎	婁	胃	昴	畢	觜	参	井	鬼	鬼	柳	星	張	翼	軫	角	亢	氐	房	心	尾	箕	斗	女	虚
8月	危	室	壁	奎	婁	胃	昴	畢	觜	参	井	鬼	柳	張	翼	軫	角	亢	氐	房	心	尾	箕	斗	女	虚	危	室	壁	奎	婁
9月	胃	昴	畢	觜	参	井	鬼	柳	星	張	翼	軫	角	亢	氐	房	心	尾	箕	斗	女	虚	危	室	壁	奎	婁	胃	昴	畢	
10月	觜	参	井	鬼	柳	星	張	翼	軫	角	亢	氐	氐	房	心	尾	箕	斗	女	虚	危	室	壁	奎	婁	胃	昴	畢	觜	参	井
11月	鬼	柳	星	張	翼	軫	角	亢	氐	房	心	心	尾	箕	斗	女	虚	危	室	壁	奎	婁	胃	昴	畢	觜	参	井	鬼	柳	
12月	星	張	翼	軫	角	亢	氐	房	心	尾	斗	女	虚	危	室	壁	奎	婁	胃	昴	畢	觜	参	井	鬼	柳	星	張	翼	軫	角

2016年

	1	2	3	4	5	6	7	8	9	10	11	12	13	14	15	16	17	18	19	20	21	22	23	24	25	26	27	28	29	30	31
1月	亢	氐	房	心	尾	箕	斗	女	虚	虚	危	室	壁	奎	婁	胃	昴	畢	觜	参	井	鬼	柳	星	張	翼	軫	角	亢	氐	房
2月	心	尾	箕	斗	女	虚	危	室	壁	奎	婁	胃	昴	畢	觜	参	井	鬼	柳	星	張	翼	軫	角	亢	氐	房	心	尾		
3月	箕	斗	女	虚	危	室	壁	奎	奎	婁	胃	昴	畢	觜	参	井	鬼	柳	星	張	翼	軫	角	亢	氐	房	心	尾	箕	斗	女
4月	虚	危	室	壁	奎	婁	胃	昴	畢	觜	参	井	鬼	柳	星	張	翼	軫	角	亢	氐	房	心	尾	箕	斗	女	虚	危	室	
5月	壁	奎	婁	胃	昴	畢	畢	觜	参	井	鬼	柳	星	張	翼	軫	角	亢	氐	房	心	尾	箕	斗	女	虚	危	室	壁	奎	婁
6月	胃	昴	畢	觜	参	井	鬼	柳	星	張	翼	軫	角	亢	氐	房	心	尾	箕	斗	女	虚	危	室	壁	奎	婁	胃	昴	畢	
7月	觜	参	井	鬼	柳	星	張	翼	軫	角	亢	氐	房	心	尾	箕	斗	女	虚	危	室	壁	奎	婁	胃	昴	畢	觜	参	井	鬼
8月	柳	星	張	翼	軫	角	亢	氐	房	心	尾	箕	斗	女	虚	危	室	壁	奎	婁	胃	昴	畢	觜	参	井	鬼	柳	星	張	翼
9月	角	亢	氐	房	心	尾	箕	斗	女	虚	危	室	壁	奎	婁	胃	昴	畢	觜	参	井	鬼	柳	星	張	翼	軫	角	亢	氐	
10月	氐	房	心	尾	箕	斗	女	虚	危	室	壁	奎	婁	胃	昴	畢	觜	参	井	鬼	柳	星	張	翼	軫	角	亢	氐	房	心	心
11月	尾	箕	斗	女	虚	危	室	壁	奎	婁	胃	昴	畢	觜	参	井	鬼	柳	星	張	翼	軫	角	亢	氐	房	心	尾	斗	女	
12月	虚	危	室	壁	奎	婁	胃	昴	畢	觜	参	井	鬼	柳	星	張	翼	軫	角	亢	氐	房	心	尾	箕	斗	女	虚	虚	危	室

2017年

	1	2	3	4	5	6	7	8	9	10	11	12	13	14	15	16	17	18	19	20	21	22	23	24	25	26	27	28	29	30	31
1月	壁	奎	婁	胃	昴	畢	觜	参	井	鬼	柳	星	張	翼	軫	角	亢	氐	房	心	尾	箕	斗	女	虚	危	室	室	壁	奎	婁
2月	胃	昴	畢	觜	参	井	鬼	柳	星	張	翼	軫	角	亢	氐	房	心	尾	箕	斗	女	虚	危	室	壁	奎	婁	胃			
3月	昴	畢	觜	参	井	鬼	柳	星	張	翼	軫	角	亢	氐	房	心	尾	箕	斗	女	虚	危	室	壁	奎	婁	胃	胃	昴	畢	觜
4月	参	井	鬼	柳	星	張	翼	軫	角	亢	氐	房	心	尾	箕	斗	女	虚	危	室	壁	奎	婁	胃	昴	畢	觜	参	井	鬼	
5月	柳	星	張	翼	軫	角	亢	氐	房	心	尾	箕	斗	女	虚	危	室	壁	奎	婁	胃	昴	畢	觜	参	参	井	鬼	柳	星	張
6月	翼	軫	角	亢	氐	房	心	尾	箕	斗	女	虚	危	室	壁	奎	婁	胃	昴	畢	觜	参	井	参	井	鬼	柳	星	張	翼	
7月	軫	角	亢	氐	房	心	尾	箕	斗	女	虚	危	室	壁	奎	婁	胃	昴	畢	觜	参	井	鬼	柳	星	張	翼	軫	角	亢	氐
8月	房	心	尾	箕	斗	女	虚	危	室	壁	奎	婁	胃	昴	畢	觜	参	井	鬼	柳	星	張	翼	軫	角	亢	氐	房	心	尾	箕
9月	斗	女	虚	危	室	壁	奎	婁	胃	昴	畢	觜	参	井	鬼	柳	星	張	翼	角	亢	氐	房	心	尾	箕	斗	女	虚	危	
10月	室	壁	奎	婁	胃	昴	畢	觜	参	井	鬼	柳	星	張	翼	軫	角	亢	氐	氐	房	心	尾	箕	斗	女	虚	危	室	壁	奎
11月	婁	胃	昴	畢	觜	参	井	鬼	柳	星	張	翼	軫	角	亢	氐	房	心	尾	箕	斗	女	虚	危	室	壁	奎	婁	胃	昴	
12月	畢	觜	参	井	鬼	柳	星	張	翼	軫	角	亢	氐	房	心	尾	箕	斗	女	虚	危	室	壁	奎	婁	胃	昴	畢	觜	参	井

2018年

	1	2	3	4	5	6	7	8	9	10	11	12	13	14	15	16	17	18	19	20	21	22	23	24	25	26	27	28	29	30	31
1月	鬼	柳	星	張	翼	軫	角	亢	氐	房	心	尾	箕	斗	女	虚	虚	危	室	壁	奎	婁	胃	昴	畢	觜	参	井	鬼	柳	星
2月	張	翼	軫	角	亢	氐	房	心	尾	箕	斗	女	虚	危	室	室	壁	奎	婁	胃	昴	畢	觜	参	井	鬼	柳	星			
3月	張	翼	軫	角	亢	氐	房	心	尾	箕	斗	女	虚	危	室	壁	奎	婁	胃	昴	畢	觜	参	井	鬼	柳	星	張	翼	軫	角
4月	亢	氐	房	心	尾	箕	斗	女	虚	危	室	壁	奎	婁	胃	胃	昴	畢	觜	参	井	鬼	柳	星	張	翼	軫	角	亢	氐	
5月	房	心	尾	箕	斗	女	虚	危	室	壁	奎	婁	胃	昴	畢	觜	参	井	鬼	柳	星	張	翼	軫	角	亢	氐	房	心	尾	箕
6月	斗	女	虚	危	室	壁	奎	婁	胃	昴	畢	觜	参	参	井	鬼	柳	星	張	翼	軫	角	亢	氐	房	心	尾	箕	斗	女	
7月	虚	危	室	壁	奎	婁	胃	昴	畢	觜	参	井	鬼	柳	星	張	翼	軫	角	亢	氐	房	心	尾	箕	斗	女	虚	危	室	壁
8月	奎	婁	胃	昴	畢	觜	参	井	鬼	柳	張	翼	軫	角	亢	氐	房	心	尾	箕	斗	女	虚	危	室	壁	奎	婁	胃	昴	畢
9月	觜	参	井	鬼	柳	星	張	翼	軫	角	亢	氐	房	心	尾	箕	斗	女	虚	危	室	壁	奎	婁	胃	昴	畢	觜	参	井	
10月	鬼	柳	星	張	翼	軫	角	亢	氐	房	心	尾	箕	斗	女	虚	危	室	壁	奎	婁	胃	昴	畢	觜	参	井	鬼	柳	星	張
11月	翼	軫	角	亢	氐	房	心	心	尾	箕	斗	女	虚	危	室	壁	奎	婁	胃	昴	畢	觜	参	井	鬼	柳	星	張	翼	軫	
12月	角	亢	氐	房	心	尾	斗	女	虚	危	室	壁	奎	婁	胃	昴	畢	觜	参	井	鬼	柳	星	張	翼	軫	角	亢	氐	房	心

2019年

	1	2	3	4	5	6	7	8	9	10	11	12	13	14	15	16	17	18	19	20	21	22	23	24	25	26	27	28	29	30	31
1月	尾	箕	斗	女	虚	虚	危	室	壁	奎	婁	胃	昴	畢	觜	参	井	鬼	柳	星	張	翼	軫	角	亢	氐	房	心	尾	箕	斗
2月	女	虚	危	室	室	壁	奎	婁	胃	昴	畢	觜	参	井	鬼	柳	星	張	翼	軫	角	亢	氐	房	心	尾	箕	斗			
3月	女	虚	危	室	壁	奎	奎	婁	胃	昴	畢	觜	参	井	鬼	柳	星	張	翼	軫	角	亢	氐	房	心	尾	箕	斗	女	虚	危
4月	室	壁	奎	婁	胃	昴	畢	觜	参	井	鬼	柳	星	張	翼	軫	角	亢	氐	房	心	尾	箕	斗	女	虚	危	室	壁	奎	
5月	婁	胃	昴	畢	畢	觜	参	井	鬼	柳	星	張	翼	軫	角	亢	氐	房	心	尾	箕	斗	女	虚	危	室	壁	奎	婁	胃	昴
6月	畢	觜	参	井	鬼	柳	星	張	翼	軫	角	亢	氐	房	心	尾	箕	斗	女	虚	危	室	壁	奎	婁	胃	昴	畢	觜	参	
7月	井	鬼	鬼	柳	星	張	翼	軫	角	亢	氐	房	心	尾	箕	斗	女	虚	危	室	壁	奎	婁	胃	昴	畢	觜	参	井	鬼	柳
8月	張	翼	軫	角	亢	氐	房	心	尾	箕	斗	女	虚	危	室	壁	奎	婁	胃	昴	畢	觜	参	井	鬼	柳	星	張	翼	角	亢
9月	氐	房	心	尾	箕	斗	女	虚	危	室	壁	奎	婁	胃	昴	畢	觜	参	井	鬼	柳	星	張	翼	軫	角	亢	氐	氐	房	
10月	心	尾	箕	斗	女	虚	危	室	壁	奎	婁	胃	昴	畢	觜	参	井	鬼	柳	星	張	翼	軫	角	亢	氐	房	心	尾	箕	斗
11月	女	虚	危	室	壁	奎	婁	胃	昴	畢	觜	参	井	鬼	柳	星	張	翼	軫	角	亢	氐	房	心	尾	箕	斗	女	虚	危	
12月	室	壁	奎	婁	胃	昴	畢	觜	参	井	鬼	柳	星	張	翼	軫	角	亢	氐	房	心	尾	箕	斗	女	虚	危	室	壁	奎	婁

2020年

	1	2	3	4	5	6	7	8	9	10	11	12	13	14	15	16	17	18	19	20	21	22	23	24	25	26	27	28	29	30	31
1月	胃	昴	畢	觜	参	井	鬼	柳	星	張	翼	軫	角	亢	氐	房	心	尾	箕	斗	女	虚	危	室	室	壁	奎	婁	胃	昴	畢
2月	觜	参	井	鬼	柳	星	張	翼	軫	角	亢	氐	房	心	尾	箕	斗	女	虚	危	室	壁	奎	奎	婁	胃	昴	畢	觜		
3月	参	井	鬼	柳	星	張	翼	軫	角	亢	氐	房	心	尾	箕	斗	女	虚	危	室	壁	奎	婁	胃	昴	畢	觜	参	井	鬼	柳
4月	星	張	翼	軫	角	亢	氐	房	心	尾	箕	斗	女	虚	危	室	壁	奎	婁	胃	昴	畢	畢	觜	参	井	鬼	柳	星	張	
5月	翼	軫	角	亢	氐	房	心	尾	箕	斗	女	虚	危	室	壁	奎	婁	胃	昴	畢	觜	参	畢	觜	参	井	鬼	柳	星	張	翼
6月	軫	角	亢	氐	房	心	尾	箕	斗	女	虚	危	室	壁	奎	婁	胃	昴	畢	觜	参	井	鬼	柳	星	張	翼	軫	角	亢	
7月	氐	房	心	尾	箕	斗	女	虚	危	室	壁	奎	婁	胃	昴	畢	觜	参	井	鬼	鬼	柳	星	張	翼	軫	角	亢	氐	房	心
8月	尾	箕	斗	女	虚	危	室	壁	奎	婁	胃	昴	畢	觜	参	井	鬼	柳	張	翼	軫	角	亢	氐	房	心	尾	箕	斗	女	虚
9月	危	室	壁	奎	婁	胃	昴	畢	觜	参	井	鬼	柳	星	張	翼	角	亢	氐	房	心	尾	箕	斗	女	虚	危	室	壁	奎	
10月	婁	胃	昴	畢	觜	参	井	鬼	柳	星	張	翼	軫	角	亢	氐	氐	房	心	尾	箕	斗	女	虚	危	室	壁	奎	婁	胃	昴
11月	畢	觜	参	井	鬼	柳	星	張	翼	軫	角	亢	氐	房	心	尾	箕	斗	女	虚	危	室	壁	奎	婁	胃	昴	畢	觜	参	
12月	井	鬼	柳	星	張	翼	軫	角	亢	氐	房	心	尾	箕	斗	女	虚	危	室	壁	奎	婁	胃	昴	畢	觜	参	井	鬼	柳	星

2021年

	1	2	3	4	5	6	7	8	9	10	11	12	13	14	15	16	17	18	19	20	21	22	23	24	25	26	27	28	29	30	31
1月	張	翼	軫	角	亢	氐	房	心	尾	箕	斗	女	虚	危	室	壁	奎	婁	胃	昴	畢	觜	参	井	鬼	柳	星	張	翼	軫	角
2月	亢	氐	房	心	尾	箕	斗	女	虚	危	室	室	壁	奎	婁	胃	昴	畢	觜	参	井	鬼	柳	星	張	翼	軫	角			
3月	亢	氐	房	心	尾	箕	斗	女	虚	危	室	壁	奎	婁	胃	昴	畢	觜	参	井	鬼	柳	星	張	翼	軫	角	亢	氐	房	心
4月	尾	箕	斗	女	虚	危	室	壁	奎	婁	胃	胃	昴	畢	觜	参	井	鬼	柳	星	張	翼	軫	角	亢	氐	房	心	尾	箕	
5月	斗	女	虚	危	室	壁	奎	婁	胃	昴	畢	畢	觜	参	井	鬼	柳	星	張	翼	軫	角	亢	氐	房	心	尾	箕	斗	女	虚
6月	危	室	壁	奎	婁	胃	昴	畢	觜	参	井	鬼	柳	星	張	翼	軫	角	亢	氐	房	心	尾	箕	斗	女	虚	危	室	壁	
7月	奎	婁	胃	昴	畢	觜	参	井	鬼	鬼	柳	星	張	翼	軫	角	亢	氐	房	心	尾	箕	斗	女	虚	危	室	壁	奎	婁	胃
8月	昴	畢	觜	参	井	鬼	柳	張	翼	軫	角	亢	氐	房	心	尾	箕	斗	女	虚	危	室	壁	奎	婁	胃	昴	畢	觜	参	井
9月	鬼	柳	星	張	翼	軫	角	亢	氐	房	心	尾	箕	斗	女	虚	危	室	壁	奎	婁	胃	昴	畢	觜	参	井	鬼	柳	星	
10月	張	翼	軫	角	亢	氐	房	心	尾	箕	斗	女	虚	危	室	壁	奎	婁	胃	昴	畢	觜	参	井	鬼	柳	星	張	翼	軫	角
11月	亢	氐	房	心	心	尾	箕	斗	女	虚	危	室	壁	奎	婁	胃	昴	畢	觜	参	井	鬼	柳	星	張	翼	軫	角	亢	氐	
12月	房	心	尾	斗	女	虚	危	室	壁	奎	婁	胃	昴	畢	觜	参	井	鬼	柳	星	張	翼	軫	角	亢	氐	房	心	尾	箕	斗

2022年

	1	2	3	4	5	6	7	8	9	10	11	12	13	14	15	16	17	18	19	20	21	22	23	24	25	26	27	28	29	30	31
1月	女	虚	虚	危	室	壁	奎	婁	胃	昴	畢	觜	参	井	鬼	柳	星	張	翼	軫	角	亢	氐	房	心	尾	箕	斗	女	虚	危
2月	室	壁	奎	婁	胃	昴	畢	觜	参	井	鬼	柳	星	張	翼	軫	角	亢	氐	房	心	尾	箕	斗	女	虚	危	室			
3月	壁	奎	奎	婁	胃	昴	畢	觜	参	井	鬼	柳	星	張	翼	軫	角	亢	氐	房	心	尾	箕	斗	女	虚	危	室	壁	奎	婁
4月	胃	昴	畢	觜	参	井	鬼	柳	星	張	翼	軫	角	亢	氐	房	心	尾	箕	斗	女	虚	危	室	壁	奎	婁	胃	昴	畢	
5月	畢	觜	参	井	鬼	柳	星	張	翼	軫	角	亢	氐	房	心	尾	箕	斗	女	虚	危	室	壁	奎	婁	胃	昴	畢	觜	参	井
6月	鬼	柳	星	張	翼	軫	角	亢	氐	房	心	尾	箕	斗	女	虚	危	室	壁	奎	婁	胃	昴	畢	觜	参	井	鬼	鬼	柳	
7月	星	張	翼	軫	角	亢	氐	房	心	尾	箕	斗	女	虚	危	室	壁	奎	婁	胃	昴	畢	觜	参	井	鬼	柳	星	張	翼	軫
8月	角	亢	氐	房	心	尾	箕	斗	女	虚	危	室	壁	奎	婁	胃	昴	畢	觜	参	井	鬼	柳	星	張	翼	角	亢	氐	房	心
9月	尾	箕	斗	女	虚	危	室	壁	奎	婁	胃	昴	畢	觜	参	井	鬼	柳	星	張	翼	軫	角	亢	氐	氐	房	心	尾	箕	
10月	斗	女	虚	危	室	壁	奎	婁	胃	昴	畢	觜	参	井	鬼	柳	星	張	翼	軫	角	亢	氐	房	心	尾	箕	斗	女	虚	危
11月	室	壁	奎	婁	胃	昴	畢	觜	参	井	鬼	柳	星	張	翼	軫	角	亢	氐	房	心	尾	箕	斗	女	虚	危	室	壁	奎	
12月	婁	胃	昴	畢	觜	参	井	鬼	柳	星	張	翼	軫	角	亢	氐	房	心	尾	箕	斗	女	虚	危	室	壁	奎	婁	胃	昴	畢

おわりに

本書の執筆中、「コロナ禍を的中させた占い師」として、『週刊ＳＰＡ！』（扶桑社）の取材を受けました。その中で私は、安倍晋三元首相の退任や、自殺者の増加などを言い当てています。

今、現実的に政治・経済が逼迫した状況にありますが、それ以上に深刻な問題が隠されているように私は思います。

それは、自殺願望を抱く人、実際に自殺してしまう人が増えているということです。

作家の芥川龍之介は、『続西方の人』を書き終えた後、大量の睡眠薬を飲んで自殺しました。35歳の若さでした。

彼は、遺書の中で、自殺に至る心理をこのように伝えています。

『自殺に至る動機はいろいろあるが、少なくとも僕の場合は「唯ぼんやりした不安」、「将来に対する、唯ぼんやりした不安」が理由だ』

天才作家の鋭い感性が、自殺の心理を的確に捉えている文章だと思います。すべての自殺者が同じような気持ちで死を覚悟するわけではないでしょうが、この「唯ぼんやりした不安」の言葉には、私たち現代人が抱える問題の一端が示されているように思います。

自分の感情に蓋をして、自分を押し殺すことを続けてしまうと、苦しくなってしまいます。

「もっと自由に、正直に生きたい」と願っていいのです。

そうすることで、ぼんやりした不安の泡はたちどころに消え去るでしょう。

これから始まる風の時代、あなたはどんなふうに生きていきますか？

ぜひこのシャングリラ占星術を、その水先案内人にしていただければ幸いです。


最後に、本書を出版するきっかけを与えてくださった佐藤文昭氏、いつも全力でサポートしてくれる株式会社グリモワール代表の池田比呂子氏、「シャングリラ占星術」という素晴らしい名称のヒントを与えてくれた池田利子氏、あさ出版の田賀井弘毅氏、宝田淳子氏、美しいイラストを提供してくださった株式会社ベイシカ代表の中尾恭太氏、ちゅうがんじたかむ氏に、この場をお借りしましてお礼申し上げます。

本書を手にとってくれた皆様に、多くの宇宙の導きがもたらされますよう、心よりお祈り申し上げます。

宿曜占星術最高師範：竹本光晴

愛・感謝・ありがとう

著者紹介

竹本光晴（たけもと・こうせい）

占術家（宿曜占星術最高師範　トートタロット研究家）。

株式会社グリモワール所属。福岡県出身。

ヘアメイクスタジオ経営後、芸能プロダクションのプロデューサーとして活躍。

その後、宿曜占星術師として、対面鑑定や占い雑誌などの執筆活動を始める。

サイキック能力を活かした独自のリーディングは、その的中率が話題となり、個人鑑定は３万人を超えている。最近ではパワーストーンによる結界(水晶グリッド)など、新たなメソッドを開発し、法人クライアントの業績UPに貢献している。

また、個人のクライアントからの依頼も多く、日々十数名の鑑定を行っている。

著書多数。

メルマガ
『風の時代のライフスタイル』→

イラストレーター紹介

ちゅうがんじ　たかむ

株式会社ベイシカ所属。絵本作家、イラストレーター。

主な作品に『はっはっはくしょーん』（KADOKAWA）『ひっひっひくしょーん』（KADOKAWA）『ヴァモス！』（講談社）などがある。ちょっと人間みたいな雰囲気のある動物や、かわいくて憂鬱そうな女の子のイラストにファン多数。

シャングリラ占星術《せんせいじゅつ》
あなたを守護《しゅご》する27の聖獣占《せいじゅううらな》い　〈検印省略〉

2020年　11　月　19　日　第　1　刷発行

著　者――竹本 光晴（たけもと・こうせい）
発行者――佐藤 和夫

発行所――株式会社あさ出版
〒171-0022 東京都豊島区南池袋 2-9-9 第一池袋ホワイトビル 6F
電　話　03（3983）3225（販売）
　　　　03（3983）3227（編集）
ＦＡＸ　03（3983）3226
ＵＲＬ　http://www.asa21.com/
E-mail　info@asa21.com
振　替　00160-1-720619

印刷・製本（株）シナノ

facebook　http://www.facebook.com/asapublishing
twitter　http://twitter.com/asapublishing

©Kousei Takemoto 2020 Printed in Japan

ISBN978-4-86667-242-7 C0076

本書を無断で複写複製（電子化を含む）することは、著作権法上の例外を除き、禁じられています。また、本書を代行業者等の第三者に依頼してスキャンやデジタル化することは、たとえ個人や家庭内の利用であっても一切認められていません。乱丁本・落丁本はお取替え致します。